SPRINGER COMPASS

Herausgegeben von P. Schnupp und H. Strunz

Timm Grams

Denkfallen und Programmierfehler

Mit 17 Abbildungen

Springer-Verlag Berlin Heidelberg New York
London Paris Tokyo Hong Kong

Professor Dr. Timm Grams
Fachhochschule Fulda
Fachbereich Angewandte Informatik und Mathematik
Marquardstraße 35
D-6400 Fulda

ISBN-13: 978-3-642-75325-1   e-ISBN-13: 978-3-642-75324-4
DOI: 10.1007/978-3-642-75324-4

CIP-Titelaufnahme der Deutschen Bibliothek
Grams, Timm:
Denkfallen und Programmierfehler / Timm Grams. – Berlin ; Heidelberg ; New York ;
London ; Paris ; Tokyo ; Hong Kong : Springer, 1990
(Springer compass)
ISBN-13: 978-3-642-75325-1

2145/3140-543210   Gedruckt auf säurefreiem Papier

Vorwort des Herausgebers

Was ist der Unterschied zwischen einem guten und einem schlechten Programmierer? Daß der gute keine Fehler mehr macht? Ganz falsch! Der bessere Programmierer macht nur bessere Fehler.

Wenn Sie nun fragen, was die besseren von den schlechteren Fehlern unterscheidet: Natürlich ist der bessere Fehler derjenige, der sich besser versteckt, denn ein Fehler, den man sofort sieht, ist ja keiner.

Das ist natürlich ärgerlich. Je besser wir werden, desto länger suchen wir nach unseren Fehlern!

Dieses Phänomen muß seinen Grund haben. Vielleicht liegt es daran, daß uns zwar viele Autoren erklären, wie man programmiert, aber nur wenige, wie man Fehler macht. Wahrscheinlich, weil die meisten meinen, Fehlermachen können wir alle sowieso.

Sicherlich – bloß um etwas zu vermeiden, muß man wissen, wie es funktioniert. Deshalb ist es gut, daß es endlich ein Buch über die Theorie und Praxis des Programmierfehlers gibt. Sind die Schwächen erst einmal erkannt, ist ihre Beseitigung kein großes Problem mehr. Auch dafür finden Sie hier praxiserprobte Hinweise.

Wenn Ihnen also noch immer Ihre Fehler die Freude an Ihren Programmen verderben: Jetzt können Sie etwas dagegen tun!

München, April 1990   Peter Schnupp

Vorwort

Wer einige Erfahrungen im Programmieren hat, wer sich schon einmal gewundert hat, daß er eine bestimmte Art von Programmierfehlern bereits zwei- oder gar dreimal gemacht hat, und wen interessiert, wie solche Programmierfehler zustande kommen und wie man sie vermeiden kann, für den ist dieses Buch gemacht.

Bei vielen Programmierfehlern sind Denkfallen im Spiel, und der Unvorbereitete fällt nahezu zwangsläufig herein, so wie jedermann den optischen Täuschungen erliegt. Paradoxerweise ist es nicht die Unvollkommenheit seines Denkens, die den Irrtum verursacht. Ganz im Gegenteil: Oft stellt sich heraus, daß gerade ein normalerweise sehr nützlicher Denkmechanismus den Fehler hervorgebracht hat. Der Mechanismus ist schon in Ordnung, er war nur fehl am Platz.

Solche Denkfallen werden analysiert, und es wird gezeigt, mit welchen Programmiertechniken Reinfälle zu vermeiden sind. Es geht um die Fragen:

- Inwieweit läßt sich der Programmierstil ändern, so daß die typischen Programmierfehler immer seltener auftreten?
- Welche Techniken zur Verbesserung des Programmierstils gibt es, und wie wirksam sind sie?
- Wie wirksam sind Methoden der Fehlererkennung und Fehlerkorrektur hinsichtlich der typischen Programmierfehler?
- Wie lassen sich die Methoden am besten kombinieren?

Im Mittelpunkt der Betrachtungen steht die Fehleranalyse. Ihr Zweck ist, alle häufiger auftretenden Programmierfehler auf einige wenige Prinzipien und Mechanismen unserer Wahrnehmung und unseres Denkens zurückzuführen. Eine solche Fehleranalyse läßt sich nicht vollständig im Rahmen der Computerwissenschaft abhandeln. Es fließen Erkenntnisse der evolutionären Erkenntnistheorie und der Denkpsychologie ein.

Die Fehleranalyse ist ein sehr effizienter Weg zum besseren Programmierstil. Sie zeigt, wie man optimal aus den Fehlern der Vergangenheit lernen und Fehler zukünftig wirksam vermeiden kann. Auch wenn es das Patentrezept zur Erstellung absolut fehlerfreier Software nicht gibt: Der hier eingeschlagene Weg ist erfolgversprechend, weil er den Problemen an die Wurzel geht.

Wirklichen Nutzen wird der Leser nur haben, wenn er sich aktiv mit der Methode auseinandersetzt. Deshalb enthält der Text eine Reihe von Denksportaufgaben, Übungen und Programmierstudien. Um zu verhindern, daß der Leser ungewollt bereits die Lösung studiert, noch bevor er so richtig zum Nachdenken gekommen ist, wird der Lösungsteil vom Aufgabenteil durch eine Linie und die Aufforderung HALT abgetrennt.

Die Darstellung logischer Ausdrücke und Prädikate geschieht so, daß die Leistungsfähigkeit heutiger Textverarbeitungssysteme für die Umformungsarbeit (Kopieren, Verschieben, Löschen, Ersetzen, Einfügen) gut genutzt werden kann: Jeder Ausdruck ist ein einfacher Text, eine lineare Anordnung von Zeichen also, der hoch- und tiefgestellte Abschnitte enthalten kann. Das soll den Leser anregen, sein Textverarbeitungssystem in derselben Weise direkt für die Programmentwicklung einzusetzen.

Der Text des Buches wurde mit dem Textverarbeitungsprogramm Word geschrieben und für den Lichtsatz konvertiert. Die Programme der Beispiele und Übungen wurden, bis auf wenige Ausnahmen, in Turbo Pascal erstellt und erprobt.

Bei den Literaturhinweisen, insbesondere zu den biologischen und physiologischen Grundlagen, wurde nicht versucht, immer die Originalquellen aufzuzeigen. Hier sind meist allgemein zugängliche Werke aufgeführt, die Einführungs- oder Übersichtscharakter haben und die Hinweise auf weiteres Material für ein vertieftes Studium geben.

Meinen Gesprächspartnern möchte ich danken: Wolfgang Ehrenberger (Fulda) machte mich darauf aufmerksam, daß das Problem der häufig auftretenden Programmierfehler gerade im Zusammenhang mit sicherheitsrelevanter Software von größtem Interesse ist. Er und Francesca Saglietti (Garching) eröffneten mir einen schnellen Zugang zu Literatur über Programmierfehler und Fehlertoleranztechniken. Robert L. Baber zeigte, welche erfrischenden Aspekte das Konstruieren von Software hat, wenn man Logik von Anfang an betreibt. Eine ausführliche Darstellung eines Softwarefehlers im Zusammenhang mit der Voyager 2 Mission verdanke ich William I. McLaughlin (Pasadena, Kalifornien). Für eine Diskussion psychologischer Aspekte bin ich Oswald Huber (Salzburg) dankbar. Hartmut Siebert (Mannheim) und Udo Voges (Karlsruhe) gaben mir Gelegenheit zur Diskussion der mathematischen Modelle und der Verläßlichkeitsbewertung von Software. Dem Verlag danke ich, daß er die erste Fassung des Buches einer gründlichen Kritik unterzog.

Fulda, April 1990   Timm Grams

Inhaltsverzeichnis

1.	**Einführung**	1
1.1	Eine einfache Aufgabe	1
1.2	Problem, Ziel, Methode	3
1.3	Einige Irrtümer der Vergangenheit	6
2.	**Grundmuster des Verhaltens und Denkens**	9
2.1	Ein Verhaltensmodell	9
2.2	Erkenntnis- und Wissenserwerb	14
2.3	Denkfallen und neigungsbedingte Fehler	17
2.4	Produktives Denken	20
2.5	Heuristisches kontra algorithmisches Denken	25
2.6	Semi-algorithmisches Vorgehen	27
2.7	Algorithmenorientiertes Vorgehen	30
3.	**Denkfallen beim Programmieren**	35
3.1	Das Scheinwerfermodell	35
3.2	Das Sparsamkeitsprinzip	38
3.3	Prägnanztendenz	40
3.4	Lineares Kausaldenken	44
3.5	Überschätzung bestätigender Informationen	47
3.5.1	Induktion	47
3.5.2	Konkurrenzhypothesen	50
3.5.3	Wahrscheinlichkeit von Hypothesen	51
3.5.4	Wahrscheinlichkeit und Induktion	53
3.6	Assoziationen	56
3.7	Einstellungen	58
3.8	System der Denkfallen (Zusammenfassung)	61
4.	**Fehleranalyse**	63
4.1	Klassifizierung und Bewertung von Programmierfehlern	63
4.2	Ein Katalog typischer Programmierfehler	66
4.2.1	Unnatürliche Zahlen	66
4.2.2	Ausnahme- und Grenzfälle	67
4.2.3	Falsche Hypothesen	69
4.2.4	Tücken der Maschinenarithmetik	70
4.2.5	Irreführende Namen	72

4.2.6   Unvollständige Bedingungen 73
4.2.7   Unverhoffte Variablenwerte 74
4.2.8   Wichtige Nebensachen 76
4.2.9   Trügerische Redundanz 76
4.2.10 Gebundenheit 77

5.   Programmierstil 79
5.1   Fehlervermeidung: Lernen aus den Fehlern 79
5.2   Programmieren nach Regeln 82
5.3   Testen nach Regeln 86
5.4   Fehlerbuchführung 89
5.5   Semi-algorithmisches Programmieren 90
5.5.1   Prädikate und Bedingungen 90
5.5.2   Beweisregeln für Zuweisung, Sequenz und Auswahl 96
5.5.3   Der Schleifensatz 99
5.5.4   Übersicht: Beweisregeln 105
5.5.5   Beispiel: Wortsuche 106
5.5.6   Bewertung der Methode 110
5.6   Aktivierung von Heuristiken 113

6.   Qualitätsprüfung und Fehlertoleranztechniken 119
6.1   Qualitätsprüfung 119
6.2   Fehlertoleranz 121
6.3   Bewertungsmodelle für diversitäre Systeme 124
6.3.1   Ein Zuverlässigkeitsmodell 124
6.3.2   Versagenswahrscheinlichkeiten 125
6.3.3   Ein Experiment 127
6.3.4   Erzwungene Diversität 130
6.4   Das Allokationsproblem 132

7.   Programmierstudien 137
7.1   Zur Vorbereitung 137
7.2   Beispiele 139
7.2.1   Dreiecke klassifizieren 139
7.2.2   Quadratwurzel berechnen 142
7.2.3   Der Sozialschwindler 144
7.2.4   Quadratische Gleichungen 146
7.2.5   Kleiner geht nicht 149
7.3   Quellenangaben und weitere Aufgabenstellungen 150

Literaturverzeichnis 153

Sachverzeichnis 157

Verzeichnis der Beispiele und Übungen 159

1 Einführung

1.1 Eine einfache Aufgabe

Feinschmecker, so sagt man, erkennen eine gute Küche daran, daß sie einen Eintopf richtig zubereitet. Ob ein Programmierer gut ist, zeigt sich nicht allein daran, daß er besonders anspruchsvolle Probleme lösen kann. Nein, sondern wie er die alltäglichen, auf den ersten Blick einfach anmutenden Aufgaben erledigt, darin erweist sich der Meister. Die äußere Schlichtheit des Problems kann trügen. Denkfallen zeichnen sich ja gerade dadurch aus, daß sie sich nicht leicht zu erkennen geben. „Die allgemeinsten Meinungen und was jedermann für ausgemacht hält, verdient oft am meisten untersucht zu werden" (Georg Christoph Lichtenberg).

Nehmen wir uns einmal vor, ein Programm zu schreiben, das die folgende Aufgabe löst.

Gesucht ist die größte Zweierpotenz, die nicht größer als die vorgegebene Zahl z ist.

Der Eingabewert z ist eine beliebige ganze Zahl und der Ausgabewert p (die Zweierpotenz) soll ebenfalls ganzzahlig sein.

─ HALT ──────────────────────────────────────

Das Programm ist schnell geschrieben und ein Testlauf, beispielsweise mit der Zahl 17 für z, überzeugt uns, daß es läuft. Es zeigt sich das erwartete Ergebnis: p = 16. Damit wäre die Sache zunächst einmal erledigt. Genau so hatte sich das wohl auch jener Programmierer gedacht, dessen PASCAL-Programm so aussah:

```
PROGRAM Zwei_hoch;
VAR z, p: INTEGER;
BEGIN
  write('? z= '); readln(z);
  p:= 1;
  REPEAT p:= p*2 UNTIL p*2>=z;
  writeln('! p= ', p);
END.
```

Der Leser möge die Fehler aufdecken, die in diesem Programm stecken.

─ HALT ──────────────────────────────────────

Bereits ein oberflächlicher Test macht deutlich: Ist z eine Zweierpotenz (z. B.: 8), dann liefert das Programm die nächstkleinere Zweierpotenz (hier: 4). In der Endebedingung der REPEAT-Schleife steht fälschlich das „>=“-Zeichen anstelle eines „>“-Zeichens.

Fehler dieser Art kommen oft vor und sie lassen sich keineswegs immer so einfach aufdecken wie hier.

Nachdem der Fehler behoben ist, liefert das Programm schon in sehr vielen Fällen die richtige Antwort. Aber was passiert, wenn z=1? Als Antwort ergibt sich der Wert 2 und das kann wohl nicht stimmen. Ist das Programm auf den Wert z=1 vielleicht deshalb nicht vorbereitet, weil die Zahl kleiner ist als zwei und man bei Zweierpotenzen sich nur die Zahlen 2, 4, 8, 16, ... vorstellt?

Auch negative Zahlen und die Null werden falsch behandelt: Stets ergibt sich eine Zweierpotenz größer null. Die Ausrede, daß für diese Eingabewerte keine Lösung existiert, und folglich das Programm in diesen Fällen gar nicht „richtig funktionieren“ kann, zieht nicht: Das Vortäuschen einer Lösung ist auf keinen Fall erlaubt!

Das Programm sollte unterscheiden können, ob es die geforderte Zweierpotenz gibt oder nicht. Falls nicht, sollte das auch in der Ausgabe zum Ausdruck kommen. Diese Erkenntnisse führen zu einem „verbesserten“ Programm:

```
PROGRAM Zwei_hoch;
VAR z, p: INTEGER;
BEGIN
  write('? z= '); readln(z);
  IF z<1 THEN p:= 0 ELSE BEGIN
    p:= 1;
    WHILE p <= z DO p:= p*2;
    p:= p DIV 2
  END;
  IF p=0 THEN write('Keine Lösung')
  ELSE write('! p= ', p);
END.
```

Das so modifizierte Programm liefert tatsächlich die größte Zweierpotenz ab, die nicht größer als z ist, wenn eine solche ganzzahlige Zweierpotenz existiert. Andernfalls erscheint die Meldung ‚Keine Lösung‘.

Funktioniert das Programm wirklich immer in der gewünschten Weise? Nein. Tatsächlich versagt es bei gewissen zulässigen Zahlen. Welche sind das?

— ·HALT ————————————————————————————————

Das „verbesserte“ Programm versagt bei den großen ganzen Zahlen. Bei der üblichen Zweierkomplementdarstellung ganzer Zahlen ist die größte ganze Zahl gleich einer Zweierpotenz weniger eins. Liegen maschinenintern die ganzen Zahlen beispielsweise in einer 16-Bit Zweierkomplementdarstellung vor, geht der Zahlenbereich von -2^{15} bis 2^{15}-1. Die größte ganze Zahl ist hier also gleich 32767. Für alle Zahlen von 16384 bis 32767 versagt das Programm. Das ist die Hälfte aller positiven INTEGER-Zahlen. Das Programm versagt, obwohl die Eingangsgröße z und auch das Ergebnis durchaus darstellbare ganze Zahlen sind!

Dahinter steckt ein interner Überlauf des Zahlenbereichs, der daher rührt, daß der Algorithmus stets versucht, eine Zweierpotenz zu erzeugen, die größer als die Eingabegröße z ist. Daß der Programmierer vergessen hat, eine solche Fehlerursache in Rechnung zu stellen, ist gar nicht verwunderlich: Für ihn gibt es unendlich viele ganze Zahlen. Daß der Rechner nur mit endlichen Zahlenbereichen rechnen kann, führt nur selten einmal zu Problemen. Gewöhnlich halten wir es nicht für nötig, in zwei verschiedenen Zahlenwelten (der des Computers und unserer eigenen) zu denken. Und das verursacht dann doch den einen oder anderen Reinfall.

Also enthält auch diese „einfache" Aufgabe eine Denkfalle, die gar nicht so leicht zu entdecken ist: „... was jedermann für ausgemacht hält, verdient oft am meisten untersucht zu werden."

1.2 Problem, Ziel, Methode

Ein Schreib-Lese-Speicher mit 1024 Speicherzellen kann 2^{1024}, also mehr als 10^{300}, verschiedene Zustände annehmen. Wollte man testen, ob ein Speicher alle möglichen Informationen auch richtig abspeichern kann, müßte eine Testeinrichtung alle diese Zustände nacheinander erzeugen und den Speicherinhalt auf Richtigkeit prüfen. Nehmen wir einmal an, daß die Testeinrichtung je Sekunde eine Milliarde solcher Testmuster erzeugen und prüfen kann (mehr als jeder Testautomat tatsächlich fertigbringt) und nehmen wir ferner an, daß die Testeinrichtung zwanzig Milliarden Jahre Zeit (länger als die Welt besteht) für den Test bekommt: Sie wäre nicht einmal imstande 10^{27} verschiedene Muster zu testen. Nur ein verschwindend kleiner Teil der Aufgabe wäre dann gelöst.

Die Programmspeicher unserer Rechenanlagen sind ein paar tausendmal größer als dieser Schreib-Lese-Speicher. Zu sagen, die Klasse aller denkbaren Programme sei unübersehbar groß, ist eine starke Untertreibung. Sie ist praktisch unendlich.

Die Aufgabe des Programmierers ist, in dieser Unendlichkeit ein Programm ausfindig zu machen, das sein Problem löst, das also irgendwelchen, mehr oder weniger klar beschriebenen, Spezifikationen genügt.

Vorausgesetzt, die Spezifikationen sind überhaupt erfüllbar, wird es wohl sehr viele Programme geben, die das tatsächlich und völlig korrekt tun. Das ist ein schwacher Trost: Sie stellen sich in der Praxis allzuoft als nicht auffindbar heraus.

Viele Programme arbeiten in der Praxis dennoch leidlich gut. Sie tun fast immer ihre Pflicht. Aber es kommt auch immer wieder zu überraschenden Fehlern. Die Geschichte der Datenverarbeitung ist voll der seltsamsten Geschehnisse: Schulden über 0,00 DM werden per Computer mehrmals angemahnt bis hin zur Zwangsandrohung. Leere Seiten erhalten den Aufdruck STRENG GEHEIM. Falsch programmierte Rechenvorschriften legen Kraftwerksblöcke lahm. Der Kunde eines Rechenzentrums erhält als Anlage zu seinem Ausgabeprotokoll einen Auszug aus der Lohnliste des Rechenzentrums. In Unterrichtsmaterialien für angehende Informatiker findet sich als Lehrbeispiel ein Programm zur Berechnung von Zweierpotenzen mit einer Liste der Ergebnisse: 2, 4, 7, 15, 32, 63, 127,

255, 511, 1024, 2048, 4095. Computergestützte Herzschrittmacher setzen aus, während sie vom Arzt neu eingestellt werden. Ein Gerät, das mehrere Kranke gleichzeitig überwachen soll, verwechselt die Patienten miteinander. Experten-Systeme liefern falsche Diagnosen.

Es ist eine Erfahrungstatsache, daß sich vor allem bei großen und komplexen Programmsystemen früher oder später Fehler herausstellen. Anders als bei Hardware-Einrichtungen kommen solche Fehler nicht erst mit der Zeit zustande. Sie müssen bereits beim Entwurf oder in der Entwicklung gemacht worden sein. Hardware kann ausfallen – Software ist von Anfang an kaputt.

„Wir schlagen uns seit Jahrzehnten (mit diesen Problemen) herum und scheinen nichts aus unseren Fehlern zu lernen, seien sie nun technischer Natur oder seien sie vom Management verursacht" (Baber, 1986).

Dabei fehlt es nicht an Versuchen, die Programmierer davon abzubringen, Fehler in Programme einzubauen.

Eine Empfehlung lautet, die Korrektheit von Programmen zu beweisen, so wie Mathematiker die Richtigkeit eines Theorems beweisen. Weil man dabei das Problem nochmal aus einem anderen Blickwinkel anschaut, hilft das, den einen oder anderen Fehler zu entdecken.

Aber grundsätzlich ist nicht einzusehen, warum das Vertrauen in einen Programmbeweis größer sein sollte als das Vertrauen in das Programm. Selbst große Mathematiker haben immer wieder lücken- und fehlerhafte Beweise veröffentlicht. Sogar die Beweise für einfache Grundtatsachen der Mathematik sind nicht unproblematisch, wie man an Landaus „Vorwort für den Kenner" zu seinen berühmten „Grundlagen der Analysis" sehen kann (Landau, 1930).

Dennoch ist das Vertrauen in mathematische Beweise ziemlich groß. Das liegt einfach daran, daß die bekannten Beweise die kritische Prüfung durch viele Mathematiker hinter sich haben (De Millo, Lipton, Perlis, 1979). Für Programmbeweise dagegen interessiert sich niemand, außer dem Programmierer selbst. Programmbeweise entstehen in der Einsamkeit; und dort bleiben sie, ob fehlerhaft oder fehlerfrei.

Wenn sich Fehler beim Schreiben des Programms nicht vollständig verhindern lassen, so sollten sie doch durch Tests herauszufinden sein.

Aber auch diese Methode garantiert nicht den hundertprozentigen Erfolg. Leider hat Dijkstra recht, wenn er bemerkt, daß Tests immer nur die Anwesenheit, nie aber die Abwesenheit von Fehlern beweisen können (Dahl, Dijkstra, Hoare, 1972).

Sollen wir in dieser Not die Entwurfsfehler einfach hinnehmen und die Systeme so konzipieren, daß Fehler sich nicht nachteilig bemerkbar machen? Man könnte beispielsweise dafür sorgen, daß weitere Versionen des Programms von anderen Leuten gemacht werden. Auch diese Versionen werden nicht ganz fehlerfrei sein. Die Verfechter dieser Methode leben jedoch in der Hoffnung, daß die Fehler in den verschiedenen Versionen nicht identisch sind. In der Programmausführung könnten die Versionen dann einander überwachen. Fehlererkennung und -korrektur wären prinzipiell möglich.

Leider bringt diese Art der Software-Redundanz nicht sehr viel ein, weil Programmierer bestimmte Fehler bevorzugt und in der gleichen Weise begehen (Grams, 1986 und 1987).

Also: Das Patentrezept zur Herstellung fehlerfreier Software hat man bisher nicht gefunden. Es gibt in keinem Fall eine Garantie dafür, daß die Programme schließlich fehlerfrei sind.

Aber es gibt die Chance, den Programmierstil immer weiter zu verbessern. Es ist möglich, fehlerträchtiges Verhalten abzubauen und fehlerträchtige Aufgabenstellungen zu umgehen. Allerdings darf man, will man den Gipfel der Programmierkunst erklimmen, nicht die Stolpersteine vor den Füßen übersehen.

Nirgends in der Natur gibt es für irgendwelche Probleme Patentrezepte. Das Erfolgsgeheimnis der Natur liegt nicht im großen Schöpfungsakt oder in einer „Planung im großen Stil".

Die vielen kleinen tastenden Versuche, das rücksichtslose Beseitigen der dabei auftretenden Fehler und die konsequente Bewahrung des Erfolgversprechenden kennzeichnen die Evolution.

Die Methode der Natur ist die Methode von „Versuch und Fehlerbeseitigung". Das Leben und Werden ist ein andauernder Prozeß des Lernens aus den Fehlern.

Der Programmierer lernt aus den Fehlern, indem er sich Regeln und Vorschriften gibt, die der Vermeidung dieser Fehler dienen. In diesem Sinne ist das Programmieren eine Erfahrungswissenschaft, so wie die Ingenieurwissenschaften Erfahrungswissenschaften sind.

Der Blick ist zunächst einmal abzuwenden vom Computer und seinen faszinierenden Möglichkeiten, wegzulenken von den Programmen und Techniken. Suspendieren wir vorerst die Ideale. Gehen wir den Ursachen der Fehler nach! Wir selbst und unsere Verhaltensweisen sind zum Gegenstand der Betrachtung zu machen.

Es wird sich herausstellen, daß viele Fehler auf einige wenige Verhaltensweisen und Eigenheiten unserer Wahrnehmung und unseres Denkens zurückgehen. Von grundlegender Bedeutung sind das Scheinwerferprinzip und das Sparsamkeitsprinzip, die unsere Wahrnehmungs- und Erkenntnisfähigkeit beherrschen. Dazu kommen die Basishypothesen, nach denen sich der evolutionären Erkenntnistheorie zufolge alles Leben richtet, um zum größtmöglichen Lebens- und Überlebenserfolg zu kommen. Das sind die „angeborenen Lehrmeister", die uns etwas über die Regularität und Kausalität der Welt sagen. Daneben spielen Mechanismen eine Rolle, die in der Denkpsychologie eingehend untersucht worden sind, nämlich die Assoziationen und die Einstellungen.

Wenn sich die allermeisten Fehler auf nur wenige Prinzipien zurückführen lassen, sollte es auch einen kleinen Satz von Regeln zur Verhinderung dieser Fehler geben. Solche Regeln gilt es aufzustellen und weiterzuentwickeln. Dabei bedienen wir uns am besten der Methode der Natur, der Methode von Versuch und Fehlerbeseitigung.

Diesen Grundlinien folgend, werden Programmierungstechniken unter dem Aspekt behandelt, inwieweit sie das Lernen aus den Fehlern unterstützen. Vielversprechend ist das „Programmieren nach Regeln". In dem Katalog von Programmierregeln findet der Leser auch die bekannten Regeln der strukturierten Programmierung und andere weithin akzeptierte Grundsätze wieder.

Jeder fortgeschrittene Programmierer wird einen solchen oder ähnlichen Satz von Regeln für seinen Programmierstil aktivieren und weiterentwickeln. Wie er dabei vorgehen kann, wird im Abschnitt über Programmierstil dargelegt.

Ein Abschnitt enthält die Darstellung weiterer Hilfsmittel und Methoden zur

Erzielung einer hohen Software-Qualität sowie eine Besprechung von Redundanztechniken zum Abfangen von Entwurfsfehlern (Fehlertoleranztechniken). Alle
diese Techniken werden hinsichtlich ihrer Wirksamkeit beurteilt, insbesondere
danach, wie sie mit den Denkfallen beim Programmieren fertig werden.

1.3 Einige Irrtümer der Vergangenheit

Die Erfahrung lehrt, daß es immer wieder Ereignisse gibt, an die man vorher nicht
gedacht hat. Technische Einrichtungen, die als zuverlässig und sicher gegolten
haben, laufen plötzlich und ganz überraschend doch aus dem Ruder. Oft sind es
Fehler im System, die erst in ganz bestimmten Situationen wirksam werden. Von
einigen dieser Irrtümer soll in diesem Abschnitt die Rede sein.

Das Programmieren wird als eine umfassende Tätigkeit aufgefaßt: Es handelt
sich um den Bau einer Maschine, die eine vorgegebene Aufgabe oder ein Problem
lösen soll. Dabei bedient man sich einer universellen Maschine, für die der Programmierer die Handlungsanweisungen (das Programm) festzulegen hat. Der Programmierer hat also Planungs-, Entwurfs- und Entwicklungsaufgaben zu lösen.
Folglich ist es für den Programmierer lehrreich, sich einmal Planungs- und Entwurfsfehler der Vergangenheit anzusehen, auch wenn nicht in jedem Fall Rechner
und Rechenprogramme die Hauptrolle spielen.

1. Die Cruise Missile findet sich in der UdSSR nur im Sommer zurecht, weil ihr
   Navigationssystem nicht in der Lage ist, Schneewehen von der Geländetopo-
   graphie zu unterscheiden (Tsipis, 1977). Weitere Beispiele für Denkfallen beim
   Planen sind im Buch von Schönwandt (1986) zu finden.
2. Am 9. November 1979 wurde vom Raketenwarnsystem der USA die zweite
   Alarmstufe ausgelöst: „Anzeichen eines Massenüberfalls wurden dadurch verursacht, daß ein Simulationsprogramm zum Testen irgendwelcher Systemkom-
   ponenten in das Raketenwarn-Computersystem von NORAD eingeführt
   wurde, ohne daß das Bedienungspersonal an den Bildschirmen davon Kenntnis hatte" (Blasius, Siekmann, 1987).
3. Das Programm eines chemischen Reaktors sollte spezifikationsgemäß im Feh-
   lerfall alle beeinflußten Größen auf einen festen Wert einfrieren. Zufälliger-
   weise trat die Meldung eines zu geringen Ölstands im Getriebe gerade in dem
   Moment auf, als der Katalysator aufgefüllt wurde und der Reaktor entsprechend mehr Kühlung gebraucht hätte. Aufgrund der Meldung wurde der Kühl-
   wasserfluß niedrig gehalten. Es kam zur Überhitzung des Reaktors (Leveson,
   1986).
4. Die bemannte Raumkapsel ‚Gemini V‘ verfehlte ihren Landepunkt um 160
   Kilometer, weil das Programm für die Landung nicht die Rotation der Erde um
   die Sonne berücksichtigt hatte (Lin, 1986).
5. Fünf Atomreaktoren wurden vorübergehend abgeschaltet, weil ein Programm,
   das ihre Erdbebenfestigkeit berechnen sollte, die arithmetische Summe von
   Variablen anstelle der Quadratwurzel aus der Summe der Quadrate der Variablen verwendet hatte (Lin, 1986).

6. Das Programm, das die Flugbahn der Raumsonde Voyager 2 berechnen sollte, lieferte zunächst falsche Ergebnisse, als die Sonde im Dezember 1985 am Planeten Uranus vorbeiflog. Das Programm hatte unter anderem auch fortlaufend den Schätzwert der Uranusmasse zu korrigieren. Nach einer eingehenden Analyse des Problems entdeckte ein Ingenieur dessen Wurzel: Die Anfangsschätzung lag um 0,3% neben dem wahren Wert; und das war für den Algorithmus zu viel. Er konvergierte gegen ein lokales und nicht gegen das globale Maximum. Als die komplexe Problemlage durchschaut war, gelang es, dem Computer auf die Sprünge zu helfen (Laeser, McLaughlin, Wolff, 1987).

7. Deutschen Hackern gelang es, in ein Computernetz der amerikanischen Weltraumbehörde NASA einzudringen. Der Zugang zum Computernetz war durch einen Fehler im Betriebssystem VMS für den Rechner VAX 11/785 des Herstellers Digital Equipment (DEC) möglich. Ein bestimmter Systemaufruf erlaubte unbefugten Benutzern den Zugriff auf eine Datei, in der die Kennwörter der berechtigten Anwender gespeichert waren. Diese Dateien konnten beliebig verändert werden (Meldung der ap, 16.9.1987).

8. Ein Bestrahlungsgerät fügte Patienten schwere, in einigen Fällen sogar tödliche Verbrennungen zu. Wegen fehlerhafter Programmierung wurde jeweils eine mehr als hundertfach überhöhte Strahlendosis abgegeben. Die Fehlfunktion trat nur auf, wenn der Befehlssatz von einem fingerfertigen Techniker besonders schnell eingetippt wurde (DIE ZEIT – Nr. 17 – 22. April 1988).

2 Grundmuster des Verhaltens und Denkens

2.1 Ein Verhaltensmodell

Der Programmierer sitzt einem komplexen Gebilde, dem Computer, gegenüber. Die Reaktionen des Computers lassen den Eindruck von Eigenleben aufkommen: „Was hat er denn jetzt schon wieder gemacht?" ist ein von Programmierern oft gehörter Verzweiflungsschrei. Auf diese Weise werden Fehlerursachen in den Computer hineinprojiziert. Das ist in zweierlei Hinsicht von Bedeutung: Das eigene Handeln wird hinsichtlich Zielstrebigkeit, Folgerichtigkeit und Klarheit überschätzt. Eine kritische Auseinandersetzung mit den eigenen Fehlern wird unterdrückt, das Lernen aus den Fehlern erschwert.

Jetzt wird der Spieß umgedreht: Wir betrachten das Verhalten des programmierenden Menschen und nehmen den Computer als Spiegel des Verhaltens. Wir fragen also: Auf welches Programmierverhalten läßt sich der uns vom Computer vorgehaltene Fehler zurückführen?

Wir selbst also und unser Denken und Handeln sind Gegenstand der Betrachtung. Und damit fangen die Schwierigkeiten für den üblicherweise in fest umrissenen Begriffen und exakten Relationen denkenden Informatiker und Ingenieur an: Das menschliche Denken in seiner Kompliziertheit entzieht sich weitestgehend der exakten Klassifizierung und Analyse. Das ist die Hauptschwierigkeit, der sich Verhaltensforscher und Psychologen gegenübersehen: Umfassende Theorien sind entweder exakt formuliert und bereits mehrfach widerlegt, oder sie entgehen der Widerlegung durch vage Formulierungen und relativ schwache Aussagen.

Andererseits ist von der Verhaltensforschung in Biologie und Psychologie eine Reihe von Prinzipien entdeckt worden, die Teilaspekte des menschlichen Verhaltens gut erklären und die einen Vorhersagewert besitzen. Einige dieser Prinzipien sind für das Programmierverhalten besonders wichtig.

Auch wenn sich die Verhaltenslehre vornehmlich mit dem Verhalten der Tiere und nicht so sehr mit dem Verhalten von Programmierern befaßt: In vielerlei Hinsicht sind die Unterschiede kleiner als man denkt. „Von der Amöbe zu Einstein ist es nur ein Schritt" (Popper, 1973).

Bevor wir die Prinzipien näher betrachten, die das Verhalten steuern, soll zunächst ein Begriffsraster angegeben werden, das eine Einordnung der Prinzipien gestattet. Wir gehen von dem stark vereinfachenden Blockdiagramm des Verhaltens in Bild 2.1 aus.

An einem eindrucksvollen Experiment aus der Verhaltensforschung läßt sich das Zusammenspiel der Komponenten des Modells verdeutlichen. Das Experi-

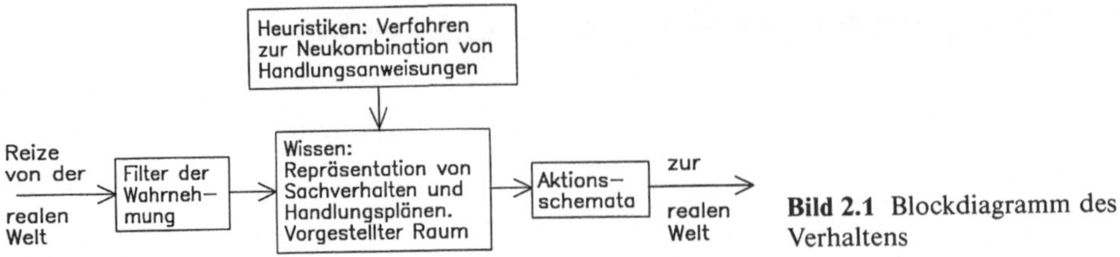

Bild 2.1 Blockdiagramm des Verhaltens

ment zeigt, wie ein Orang-Utan das Problem löst, an eine zunächst unerreichbar erscheinende Banane heranzukommen (Lorenz, 1973). Später sollen dann die Komponenten des Modells noch zur Programmiertätigkeit und zu den unterschiedlichen Arten von Programmierfehlern in Beziehung gesetzt werden.

Nun zum Orang-Utan: In einer Raumecke hängt eine Banane an einem Faden von der Decke. In der gegenüberliegenden Ecke steht eine Kiste. Zunächst findet der Orang keine Lösung seines Problems. Das Problem läßt ihm aber keine Ruhe. „Da plötzlich beginnen seine Blicke andere Wege einzuschlagen. Sie gehen zur Kiste, von dort zu dem Ort am Fußboden genau unter der Banane, von da empor zum lockenden Ziel, wieder lotrecht hinab zum Boden und zurück zur Kiste. Dann folgt blitzartig der erlösende und problemlösende Einfall, der an dem ausdrucksvollen Gesicht des Orang eindeutig abzulesen ist, und sogleich begibt er sich, vor Freude einen Purzelbaum schlagend, zur Kiste, schiebt sie unter die Banane und holt sich diese. Er braucht zu dem noch nötigen einsichtigen Verhalten kaum ein paar Sekunden".

Welche Rollen spielen die einzelnen Komponenten unseres Modells?

Filterung

Die Blicke des Affen durchwandern die Raumdiagonale. Er sieht sich das für ihn Wichtige genau an. Automatische Verrechnungsmechanismen bestimmen aus den Umweltreizen die wesentlichen Merkmale: Größenverhältnisse, Abstände usw. Ein Individuum kann nur einen kleinen Teil der von den Umweltreizen ausgehenden Informationsmenge aufnehmen. Alles neue Wissen muß mit dem bereits vorhandenen in Beziehung gebracht werden. Durch das bereits vorhandene Wissen und auch durch bewußte Steuerung wird der „Scheinwerfer" der Aufmerksamkeit auf die für wichtig erachteten Details gerichtet.

Wissen

Die Realität wird nicht einfach registriert; ein Bild der Realität wird aktiv konstruiert. Es kommt zur zentralen Repräsentation des Sachverhalts. Dabei fließt Vorabwissen ein: Man hat gewisse Erfahrungen mit Kisten und weiß, daß sie stabil und nicht übermäßig schwer sind. Sie lassen sich drehen und verschieben. Die zugehörigen Handlungsanweisungen oder Operatoren sind ebenfalls Ergebnis früherer Erfahrungen. Die Zustände im vorgestellten Raum sind veränderlich: Man kann sich quasi in dem Raum bewegen und die Zustände durch Denkoperationen variieren. Das Anwenden der Operatoren auf die Zustände ist „Handeln im vorgestellten Raum" (Lorenz, 1973). Zur Darstellung der Sachverhalte im Wissensspeicher gehört das Bilden von Kategorien, die Abstraktion, die Darstellung von Relationen, Hypothesen und Theorien. Operatoren im Wissensspeicher sind vergleichbar den Algorithmen in Rechenanlagen: Auf eine Ausgangssituation angewendet führen sie zwangsläufig zu einem bestimmten Ergebnis. Dieser Teil des Gedächtnisses enthält sozusagen das Material und die Werkzeuge sowie die Gebrauchsanleitungen. Hier findet keine Neugestaltung, kein schöpferischer Akt statt. Dafür ist der folgende Teil da (Dörner, 1979; Mayer, 1979, 162 ff.).

Heuristiken

Unter Heuristiken versteht man allgemeine Verhaltenspläne und Faustregeln, mit deren Hilfe sich geeignete Neukombinationen von Operatoren für das Handeln im vorgestellten Raum finden lassen. Heuristiken bestehen aus Änderungs- und Prüfprozessen. Der Änderungsprozeß kann aus einem ziemlich wahllosen Ausprobieren verschiedener Möglichkeiten bestehen. Der Prüfprozeß stellt Erfolg oder Mißerfolg fest. Das ist die Methode von Versuch und Irrtumsbeseitigung (Trial and Error).

Kombinationen von Operatoren sind selbst wieder Operatoren, die im Falle der erfolgreichen Anwendung auf eine Problemsituation in den Wissensspeicher übernommen werden. Das neue „Werkzeug" kommt in die „Werkzeugkiste". Das ist Lernen durch Erfolg und Mißerfolg.

Aktionsschemata

Ist der Einfall einmal da und seine Machbarkeit in der Vorstellung vorläufig erwiesen, kann es an die Ausführung gehen. Dazu sind geeignete Aktionsschemata zu aktivieren und zu koordinieren. Aktionsschemata sind fest programmierte elementare Bewegungsweisen, die sich zu einer quasi-hierarchischen Steuerungsstruktur für komplizierte Bewegung zusammenfügen lassen (Eibl-Eibesfeldt, 1984; Lorenz, 1973).

Wie Wissen im Gedächtnis repräsentiert wird, welche physiologischen Vorgänge dabei ablaufen und wie das Wiederauffinden von Informationen genau passiert, darüber weiß man heute noch recht wenig. „Die Suche nach dem Engramm, nach der Gedächtnisrune, die das Lernen hinterläßt, ist bisher in einer beinahe entmutigenden Weise erfolglos geblieben" (Lorenz, 1973). Der Denkpsychologie bleibt also kaum etwas anderes übrig, als das Wesentliche der internen Darstellung, Wiederauffindung und Verknüpfung von Informationen von den äußeren Erscheinungen, vom beobachtbaren Verhalten her zu modellieren.

Eines dieser Modelle läuft auf eine Verfeinerung des Blockdiagramms des Verhaltens hinaus: Es wird zwischen

- dem sensorischen Speicher
- dem Kurzzeitgedächtnis
- dem Langzeitgedächtnis unterschieden (Dörner, 1979; Anderson, 1988).

Der sensorische Speicher hat eine riesige Kapazität zur vorübergehenden Abbildung von Reizsituationen. Der Inhalt des sensorischen Speichers verfällt rasch (in Sekundenbruchteilen).

Das Kurzzeitgedächtnis hat eine sehr geringe Kapazität und kann nicht mehr als etwa sieben Einheiten wie Zahlen, Gegenstände, Begriffe usw. gleichzeitig enthalten. Der Inhalt des Kurzzeitgedächtnisses verändert sich vor allem dadurch, daß neu aufgenommene Einheiten vorhandene Einheiten verdrängen.

Das Langzeitgedächtnis nimmt, im Vergleich zu den anderen Speichern, neue Informationen nur sehr langsam auf. Es scheint dafür eine praktisch unbegrenzte Kapazität zu haben. Information scheint im Langzeitgedächtnis nicht dadurch verloren zu gehen, daß sie gelöscht wird, sondern dadurch, daß man sie nicht wiederfindet.

Ein bekanntes Modell für die interne Darstellung von Informationen im Langzeitgedächtnis ist das „semantische Netz". In diesem semantischen Netz erscheinen die verschiedenen Gedächtnisinhalte als Knoten. Die Beziehungen oder Relationen, die diese Gedächtnisinhalte miteinander verknüpfen, stellen die Verbindungen zwischen den Knoten her und bilden die Maschen des Netzes. Ein Sachverhalt erhält Bedeutung durch seine Stellung im semantischen Netz.

Lernen heißt bei diesem einfachen Modell, daß an das semantische Netz weitere Maschen angefügt werden.

Der Denkprozeß läßt sich als ein interpretativer Prozeß auffassen: Fortlaufend werden Knotenpunkte des Netzes herausgegriffen und ins Kurzzeitgedächtnis geholt. Wegen der Kapazitätsbeschränkung befinden sich immer nur etwa sieben solcher Knoten im Kurzzeitgedächtnis. Der interpretative Prozeß besteht darin, daß die Umfelder dieser Knoten abgesucht und verarbeitet werden (Dörner, 1979).

Welche Relevanz hat das Blockdiagramm des Verhaltens für das Programmieren? Das Fehlverhalten, das im Zusammenhang mit dem Programmieren von Rechenanlagen auftritt, kann man tatsächlich den verschiedenen Teilfunktionen zuordnen.

Filterung und Programmieren

Die Filterung der angebotenen Umweltreize und die Selektivität der Aufmerksamkeit lassen uns Aufgaben nicht oder falsch verstehen. Wir übersehen Bedingungen und nutzen Werkzeuge nicht oder nicht richtig, weil wir ihren Zweck nicht erkennen. Wenn wir beispielsweise eine neue Programmiersprache lernen, bewegen wir uns mit Vorliebe auf vertrauten Pfaden. Neue Konzepte sind nicht auf Anhieb verständlich. Die Aufmerksamkeit wird so gesteuert, daß wir vor allem die Dinge sehen, die wir mit Hilfe unseres bereits erworbenen Wissens interpretieren können. Um in der Modellwelt des semantischen Netzes zu bleiben: Neue Maschen entstehen nur, wenn bereits Denkinhalte (Knoten) existieren, mit denen sich die neuen Denkinhalte verbinden lassen.

Kaum einem Anfänger im Programmieren wird wohl auf Anhieb klar werden, welche Anwendungsbreite boolesche Ausdrücke haben, welche Möglichkeiten die dynamischen Datenstrukturen oder die Rekursion bieten. Der Blickwinkel bleibt begrenzt, auch wenn ihm ganz allgemeine Definitionen gegeben werden. Tatsächlich kann die Mitteilung der allgemeinen Definition das Lernen ganz verhindern, weil der Lernende keinen Knoten im semantischen Netz findet, an dem er den mitgeteilten Sachverhalt festmachen kann. Die Sache bleibt dann abstrakt und ungreifbar.

Wissen und Programmieren

Das Wissen im Langzeitspeicher ist nur langsam zu verändern. Doch ist es dieses Wissen, was uns hilft, in der sich rasch ändernden Computerwelt zurechtzukommen. Gefahr lauert folglich in der Veraltung des Wissens. Sie lauert auch darin, daß unser Wissen auf bestimmte Problemlagen nicht paßt und wir das nicht merken! Niemand wird bezweifeln, daß man durch x^2 dividieren darf, wenn x ungleich null ist. Aus der Schule wissen wir, daß das Quadrat einer Zahl nicht null sein kann, wenn die Zahl selbst ungleich null ist. Wendet man dieses Wissen unbedacht beim Programmieren eines Rechners an, kann es gründlich daneben gehen: Die REAL-Arithmetik hat ihre eigenen Gesetze.

Heuristiken und Programmieren

Das Programmieren ist ein kreativer Prozeß. Die Suche nach neuen Lösungen verlangt immer wieder, eingefahrene Denkbahnen zu verlassen und vorhandenes Wissen neu zu kombinieren. Wenn wir einen eleganten Algorithmus für die Lösung eines Problems nicht finden können, liegt das daran, daß wir die passenden Heuristiken nicht aktivieren und Denkblockaden und Fehleinstellungen nicht überwinden können. Zur Illustration möge ein Beispiel aus dem Gebiet der digitalen Simulation dienen: Die Anstrengungen beim Lösen der Aufgabe waren so sehr auf die Behandlung der Gleichungen und arithmetischen Beziehungen gerichtet, daß zunächst eine elegante Problemlösung übersehen wurde. Später konnte durch Vorschalten eines Sortieralgorithmus der Zeitaufwand für die Berechnungen erheblich reduziert werden. Hier kam es darauf an, ein an und für sich numerisches Problem nicht allein mit Algorithmen aus dem Bereich der Numerik zu behandeln. Der Programmierer mußte von den gewohnten Bahnen „wegdenken".

Aktionsschemata und Programmieren

Auch bei der Umsetzung der Idee in motorische Aktionen treten ganz typische Fehler auf, die sich oft als Koordinationsfehler beim Zusammenfügen elementarer Aktionen interpretieren lassen. In diese Kategorie gehören die Tippfehler beim Schreiben eines Programms. Verlangt der Editor bei einer häufig auftretenden Operation eine bestimmte Tastenfolge, nehmen wir an diese sei „Ctrl, o, -, 1", dann schleifen sich die zugehörigen Bewegungsabläufe ein. Kommt nun hin und wieder eine Operation vor, die eine leicht veränderte Tastenfolge verlangt, beispielsweise „Ctrl, o, S, 1", dann wird es sehr häufig zu Tippfehlern kommen, indem zuerst die gewohnte Folge eingegeben wird. Hübsch ist in diesem Zusammenhang die Geschichte von einer geistesabwesenden Person, die sich zurückzog, um sich zum Abendessen umzuziehen. Sie zog ein Kleidungsstück nach dem anderen aus und fand sich schließlich im Bett wieder. Solche und ähnliche Fälle sind Gegenstand der Untersuchungen von Norman (1981).

2.2 Erkenntnis- und Wissenserwerb

Der Programmierer löst Aufgaben und Probleme mit Hilfe seines Denkapparats und seines Wissens. Wenn der Programmierer Fehler macht, sind sein Wissen oder seine Denkmechanismen der Aufgabenstellung nicht angemessen. Also heißt es: Lernen.

Unsere Lernfähigkeit hängt davon ab, inwieweit unsere Denkmuster starr oder veränderlich sind und ob man sich fehlerträchtige Denkgewohnheiten überhaupt abtrainieren kann. Das führt direkt zu folgenden Fragen: Wie wird Wissen erworben und wie lassen sich Denkmechanismen verändern? Wie starr ist das erworbene Wissen verankert?

Diese Fragen stellt man am besten dem Biologen. Er verweist uns auf die universell gültigen Prinzipien der Evolution (Dawkins, 1978; Monod, 1970). Die für die Entwicklung der Arten formulierten Prinzipien und Mechanismen (Darwin, 1859) werden längst auch für die Entwicklung der Kultur und der Erkenntnis als gültig angesehen (Boltzmann, 1979; Popper, 1973; Riedl, Bonet, 1987; Vollmer, 1983).

Allen Evolutionsprozessen gemeinsam sind die elementaren Vorgänge

- Speichern
- Kopieren
- Erfinden
- Auslesen.

Beim Speichern und Kopieren bleiben Strukturen, Baupläne für Strukturen, allgemein: Informationen (= Einprägungen) unverändert. Das ist die dogmatische Seite aller Evolutionsprozesse.

Die schöpferische Komponente kommt in die Evolution durch gelegentliche, zufällige kleine Abwandlungen der Information hinein. Auslöser solcher Variationen sind

- Kopierfehler
- Neukombination von Informationen
- die Integration oder Verknüpfung von zunächst unabhängigen Strukturen.

Jedenfalls entsteht dabei immer etwas unvorhersehbar Neues. Der Aufbau höherer Systeme aus niedrigeren trägt „jedesmal den Charakter des Zufälligen, wenn man will, den einer Erfindung" (Lorenz, 1973).

Auf diese Weise entstehen naturgemäß viele ungeeignete, fehlerhafte, zum Absterben verurteilte Strukturen. Die Konkurrenz der Strukturen um den begrenzten Lebensraum sorgt dann für die Auslese (Selektion) der bestangepaßten. („Survival of the fittest" ist eine von Herbert Spencer und später von Charles Darwin gebrauchte Formulierung für die Selektion.) Das ist der Akt der Fehlerbeseitigung. Da nur die besser zur Umwelt passenden Strukturen übrigbleiben, entsteht im Nachhinein der Eindruck einer zielgerichteten Entwicklung.

Die Evolution bringt also zweckmäßige Strukturen hervor. Und das Frappierende ist, daß zur Erklärung dieser Tatsache nicht auf irgendeinen Schöpfungsplan zurückgegriffen werden muß.

Eigenartigerweise fällt es heute vielen leicht, diese Erklärung für die Entstehung der Arten zu akzeptieren. Wenn es aber um die vergleichsweise bescheidenen Schöpfungen des Menschen geht, sehen wir viel eher planenden Verstand beteiligt. Aber das ist eine falsche Einschätzung der menschlichen Fähigkeiten. Nur aus größerer Entfernung sieht die kulturelle und insbesondere die technische Entwicklung planvoll und zielstrebig aus. Wenn man näher hinsieht, ist zu erkennen, daß tatsächlich vor allem Dogmatismus und Zufall am Werk sind.

Das Festhalten am einmal Erprobten führte beispielsweise bei der Entwicklung der Eisenbahnwagen dazu, daß zunächst einmal Kutschenkarosserien hintereinander auf Eisenbahnräder gestellt wurden. Daher war jedes Abteil nur von der Seite her zugänglich. Das zwang den Schaffner dazu, außen am Zug entlangzuturnen. Der Mittelgang wurde erst verhältnismäßig spät eingeführt. Von verstandesmäßiger Planung ist hier nicht viel zu entdecken (Lorenz, 1973).

Auch für die Rolle des Zufalls gibt es viele Belege. Aufschlußreich ist der „Wettlauf um das Telefonpatent" (Hounshell, 1981): Das Telefon von Philip Reis war nicht mehr als „eine Spielerei für physikalische Cabinette". Elisha Gray, ein professioneller Erfinder, entdeckte das Telefon zufällig, als sein Neffe mit einer seiner Apparaturen spielte. Er erkannte die Bedeutung seiner Entdeckung ebenfalls nicht.

Anders war es bei Alexander Graham Bell. Sein Metier waren Sprecherziehung und Sprechtherapie. Die Elektrotechnik betrieb er als Hobby. Auch er war wie Gray eigentlich auf der Suche nach dem sogenannten Mehrfachtelegrafen. Seine Versuchsaufbauten hatten längst nicht die Qualität derjenigen des Elisha Gray.

Als Bell aber die Möglichkeit der Sprachübertragung entdeckte, schätzte er die Bedeutung dieser Erfindung richtig ein. Er verfolgte die Idee mit Nachdruck und leitete damit ihren Erfolg ein. Hier war der Zufall ein weiteres Mal am Werk: Das Zusammentreffen verschiedener Gedankenwelten, die Kenntnis sowohl der Sprachphysiologie als auch der Elektrotechnik machten Bell zu einem bahnbrechenden Erfinder der elektrischen Nachrichtentechnik.

Der kleine Ausflug in die Evolutionslehre soll den Bezugsrahmen unseres Denkens und Lernens deutlich machen. Es geht um zwei Dinge:

1. um den *Grad der Starrheit,* mit dem das Vorabwissen (Hintergrundwissen), das zur Lösung von Problemen befähigt, fixiert ist;
2. um die Methode von „Versuch und Fehlerbeseitigung", die die beherrschende *Methode der Evolution* und auch unseres Denkens ist.

Genetisch bedingte Strukturen sind ziemlich starr. Die biologische Evolution verläuft langsam, wenn man geschichtliche Maßstäbe zugrundelegt. Aufgeregtes Herumexperimentieren am genetischen Material ist kein Erfolgsrezept, da sich erst nach Generationen zeigt, ob eine „Erfindung" erfolgreich ist oder nicht. Denn die einzige Bewährungsprobe ist das Leben selbst, und Fehlerbeseitigung geht nur über den Tod des Organismus, das Aussterben der Art. Unsere Wahrnehmungsapparate und unser Denkapparat sowie grundlegende Verrechnungsmechanismen und Programme zum Wissenserwerb sind genetisch fixiert, also angeboren. Im Laufe eines Lebens läßt sich an diesem Vorabwissen nichts „verbessern". Dasselbe gilt für die Resultate irreversibler Lernvorgänge aufgrund frühkindlicher Erfahrung (Singer, 1985). Irreversible Lernvorgänge in fest begrenzten Phasen der Entwicklung eines Lebewesens hat die Verhaltensforschung bei vielen Tieren entdeckt. Nach Konrad Lorenz werden diese Lernvorgänge Prägung genannt.

Nichts kann uns dazu bringen, einen Würfel, der auf der Netzhaut ein flächiges Abbild erzeugt, für ein flaches Gebilde zu halten. Selbst wenn man ihn auf einem Blatt Papier skizziert: Es bleibt der Eindruck eines räumlich ausgedehnten Gegenstands. Offensichtlich ist Vorabwissen im Spiel, wenn die Nachbildung des Gegenstands in unserer Vorstellung entsteht. Dieses Vorabwissen hilft uns, in der uns üblicherweise umgebenden Welt zurechtzukommen.

Weit weniger starr sind Informationen, die im Gedächtnis oder auf dem Papier stehen. Sie lassen sich relativ schnell aufnehmen, ändern und auch wieder löschen. Die Informationen sind Gedanken, Ideen, Vorstellungen, Theorien. Sie betreffen Sachverhalte, die nicht so unerschütterlich sind wie die Tatsache, daß ein Würfel dreidimensional ist.

Der Prozeß des Informationsgewinns kann flexibler sein, wenn es bei der Überprüfung der Zweckmäßigkeit nicht mehr um Leben und Tod geht. Mit dem Denken ist uns die Möglichkeit gegeben, „daß wir unsere Hypothesen anstelle von uns selbst sterben lassen" (Popper, 1973). Wir können die Konsequenzen unserer Ideen gedanklich durchspielen und die Ideen verwerfen, wenn sie nichts bringen.

Das ist es, was die Programmierkunst, unseren persönlichen Programmierstil ausmacht: angeborene Wahrnehmungs-, Denk- und Verhaltensweisen auf der einen Seite – Denkgewohnheiten, erworbene Fähigkeiten und Erlerntes auf der anderen Seite.

Ein Programm zur Weiterbildung des Programmierstils muß mit beiden Komponenten unseres Wissens rechnen, denn überall dort, wo angeborenes Wissen eine Rolle spielt, müssen Training, Übung und Lernen scheitern. Hier hilft nur das Umgehen der grundlegenden Schwierigkeiten. Geht man den Schwierigkeiten aber überall aus dem Weg, auch dort, wo Lernen eine aussichtsreiche Strategie ist, wird der Erfolg ebenfalls ausbleiben. Damit ist man beim Grundproblem: Herausfinden, was angeboren und was erlernt ist.

Beispielsweise wird es wenig Sinn haben, das Kurzzeitgedächtnis zu trainieren mit dem Ziel, mehr als etwa sieben Einheiten (Zahlen, Buchstaben, Begriffe, Gegenstände, Themen) gleichzeitig zu überblicken und zu verarbeiten. Biologisch bedingte Grenzen vereiteln den Versuch.

Da blickt der Programmierer fast neidvoll auf die Meisen. Trotz ihres vergleichsweise winzigen Gehirns sind sie fähig, die Verstecke von Hunderten von Samen zu behalten (Gould, Marler, 1987). Der Programmierer hat schon Schwierigkeiten, ein Dutzend Variablennamen gleichzeitig zu überblicken und korrekt zu behandeln.

Für den Programmierer heißt das, daß er seine Probleme geeignet aufspalten muß, so daß möglichst getrennt zu bearbeitende und überschaubare Teilprobleme entstehen. Das ist ein typischer Fall, wo man zu einer „Umgehungsstrategie" kommen muß, weil der Versuch einer Vervollkommnung der Fertigkeiten ohne Aussicht auf Erfolg ist.

Der folgende Hauptabschnitt über Denkfallen beim Programmieren ist vor allem der Aufgabe gewidmet, starre Bedingungen und Grenzen unseres Denkens und damit auch der Programmierkunst aufzuzeigen.

Der zweite Grund für den Ausflug in die Evolutionslehre war die Frage, inwieweit die Methode der Natur, die *Methode von Versuch und Fehlerbeseitigung,* auch eine grundlegende Methode unseres Denkens ist. Wenn erst einmal die Tragweite dieser Methode erkannt ist, wird auch klar, wie man den Programmierstil vervollkommnen kann: Wir müssen lernen, möglichst viel aus unseren Fehlern zu lernen.

In diesem Sinne ist es möglich, den Ansatz, der hier verfolgt wird, als evolutionäres Programmieren zu bezeichnen.

2.3 Denkfallen und neigungsbedingte Fehler

Hier soll eine erste Klassifizierung von Programmierfehlern erfolgen. Die Klassifizierung geschieht nach dem Gesichtspunkt, ob das Hintergrundwissen der Aufgabenstellung angemessen ist oder nicht.

Der Begriff des Hintergrundwissens umfaßt hier angeborene und erlernte Vorabinformationen, die wir bewußt oder auch unbewußt benutzen. Es ist das augenblicklich als unproblematisch angenommene Wissen (Popper, 1973, S. 85). Mit Hintergrundwissen wird also der Teil des Wissens bezeichnet, der einer größeren Population (beispielsweise derjenigen der Programmierer) gemeinsam ist. Man kann es auch als das überindividuelle Wissen bezeichnen.

Informationen neigen dazu zu veralten. Im Laufe der Evolution ändert sich die Umwelt. Neue Konkurrenten entstehen. Die alten Rezepte werden wirkungslos. Es entsteht eine Diskrepanz zwischen den potentiellen Möglichkeiten und den tatsächlich realisierten, egal ob es sich um Lebensformen, um Verhaltensweisen von Lebewesen oder um Ideen handelt.

In diesem Sinne läßt sich jeder Evolutionsprozeß auch als Problemlösungsprozeß auffassen (Popper, 1973, S. 268 ff.). Und mit jeder Lösung stellen sich neue Probleme ein.

Beispielsweise wurde es mit der Erfindung der elektrischen Telegrafie möglich, Nachrichten blitzschnell Hunderte von Kilometern weit zu übertragen. Mit Inbetriebnahme der ersten solchen Verbindung (1844 zwischen Washington und Baltimore) begann der Siegeszug der elektrischen Nachrichtentechnik. Die Nachfrage war so groß, daß bereits wenige Jahrzehnte später mehrere hunderttausend Kilometer Draht verlegt waren. Da die Verlegung der Kabel hohe Kosten verursachte, stellte sich ein neues Problem ein: Mit der damaligen Technik, nämlich der Nachrichtenübertragung mittels Gleichstrom, war eine Mehrfachausnutzung der Kabel nicht möglich. Es begann die Suche nach dem Mehrfachtelegrafen, der es gestatten sollte, über ein einziges Kabel mehrere Telegrafenverbindungen gleichzeitig herzustellen.

Bild 2.2 zeigt das allgemeine Schema der Evolution unter dem Blickwinkel des Problemlösens.

Problem → Lösungsversuch → Bewertung → Fehlerbeseitigung

Bild 2.2 Evolution als Problemlösungsprozeß

Dieses Schema findet man bei der Entwicklung der Arten wie bei der kulturellen Evolution. Aber auch das individuelle Lernen durch Erfolg oder Mißerfolg folgt diesem Muster (Lorenz, 1973, S. 112).

Das Verhalten einer Person ist von ihrem Wissen und weiteren Persönlichkeitsfaktoren wie Intelligenz, Charakter und Temperament abhängig. Wir wollen das durchschnittliche Verhalten der Individuen, die einer Population mit dem gemeinsamen Hintergrundwissen H entstammen, mit V bezeichnen. Das Verhalten ist von der Umwelt U und von dem Hintergrundwissen H abhängig. Die individuellen Persönlichkeitsmerkmale mögen sich in der Statistik verlieren. Das Grundsätzliche des Zusammenhangs kommt in der Funktionsschreibweise

$$V = f(H, U)$$

zum Ausdruck.

Sei nun H das Hintergrundwissen, das auf die Umwelt U hin selektiert worden ist. Das Verhalten $V = f(H, U)$ ist der Umwelt angepaßt und erfolgversprechend. In einer (beispielsweise durch die Evolution im Rahmen des obigen Rückkopplungskreises) veränderten Umwelt U' kann das durch das Hintergrundwissen H hervorgebrachte Verhalten $V' = f(H, U')$ falsch oder zumindest nachteilig für den Überlebenserfolg sein. Ein Problem ist entstanden, das durch Evolution des Hintergrundwissens $H \longrightarrow H'$ zu lösen wäre.

Das Problem des Programmierers ist nun, daß er sich in einer Welt U' aufhält, für die sein Hintergrundwissen H nicht selektiert worden ist. Der Denkapparat des Programmierers ist nicht zum Zwecke des Programmierens selektiert oder gar konstruiert worden!

Die Erfahrungswelt unserer Vorfahren ist von der des Programmierers im zwanzigsten Jahrhundert zu verschieden. Die Fähigkeit, in komplexen Entscheidungssituationen schnelle und relativ treffsichere Entscheidungen zu fällen, war für den Jäger und den Kämpfer von herausragender Bedeutung. Folglich können auch wir das besonders gut. Dagegen geht uns weitgehend die Fähigkeit ab, Problemsituationen in aller Ruhe und unter allen Aspekten zu betrachten. Aber genau das hat der Programmierer nötig.

Ist das angeborene Hintergrundwissen der Aufgabenstellung nicht angemessen, neigen alle Programmierer in der gleichen Weise dazu, Fehler zu machen.

Ganz ähnlich steht es mit Fehlern, die auf inadäquates Hintergrundwissen zurückgehen, das zur allgemeinen Tradition gehört und das beispielsweise im Rahmen der allgemeinen Schul- und Hochschulausbildung weitergegeben wird.

Von Denkfallen spricht man, wenn das Hintergrundwissen der Aufgabenstellung nicht angemessen ist.

Fehler und Irrtümer lassen sich im Hinblick auf die Wissensbasis klassifizieren (Bild 2.3): Die überindividuellen Irrtümer gehen auf Denkfallen zurück. Programmierfehler aufgrund überindividueller Irrtümer sind Ausdruck der Tatsache, daß die biologische Evolution und die kulturelle Entwicklung nicht den Programmierer zum Ziel hatten.

Programmierer können aber auch eine für diesen Beruf unzureichende Bega-

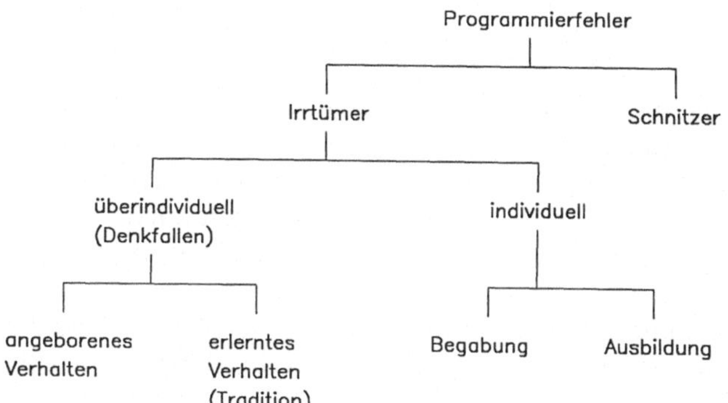

Bild 2.3 Klassifizierung von Programmierfehlern

bung oder unzulängliche Ausbildung haben. Daraus resultieren dann die individuellen Irrtümer.

Fehlern aufgrund von Irrtümern ist gemeinsam, daß der Programmierer auch beim wiederholten Durchlesen seines Programms den Fehler nicht sieht. Davon zu unterscheiden sind die reinen Tippfehler, Versprecher usw. Diese Fehler seien zur Klasse der „Schnitzer" zusammengefaßt. Kann man im Blockdiagramm des Verhaltens (Bild 2.1) die Irrtümer der Komponente Wissen zuordnen, so muß man die Schnitzer im Bereich der Aktionsschemata und deren Koordinierung sehen (Rasmussen, Duncan, Leplat, 1987, S. 45 ff.).

Schnitzer werden in dieser Arbeit nicht weiter betrachtet. Sie sind weniger eine Angelegenheit des Programmierstils als eine der Mensch-Maschine-Schnittstelle (Norman, 1983). Auch die Fehlhandlungen, die auf mangelnde Motivation, Übermüdung usw. und äußere und vorübergehende Bedingungen zurückgehen, sind nicht Gegenstand der Betrachtungen.

Besonders wichtig sind die überindividuellen Irrtümer. Sie manifestieren sich in den neigungsbedingten Fehlern.

Definition

Gibt man eine bestimmte Aufgabe oder ein bestimmtes Problem einer Gruppe von Personen, die unabhängig voneinander arbeiten und deren Hintergrundwissen bezüglich des Problems ähnlich ist, und enthalten die Lösungsvorschläge relativ oft denselben Fehler, dann handelt es sich um einen neigungsbedingten Fehler.

Der Begriff Neigung wird hier gebraucht im Sinne eines Abhangs, der jedem zum Verhängnis wird, der sich zu weit vorwagt, und nicht etwa im Sinne von Vorliebe. Es soll deutlich zum Ausdruck kommen, daß etwas schief ist: Hintergrundwissen und Problem passen nicht zusammen; man hat es mit einer Denkfalle zu tun.

Verwechslungen sind nicht zu befürchten, da andernfalls neigungsbedingte Fehler als die Fehler anzusehen wären, für die man eine Vorliebe empfindet. Und das ist dann doch eine ziemlich unsinnige Begriffsbildung, zumindest aus der Sicht des Informatikers.

2.4 Produktives Denken

Das Schema des letzten Abschnitts erfaßt Denkfallen, die vor allem die Wissensbasis betreffen – also die Repräsentation von Sachverhalten und Handlungsplänen. Sicher spielt das Vorabwissen beim Programmieren eine entscheidende Rolle. Und viele der besonders unangenehmen Programmierfehler gehen auch tatsächlich auf Informationen und Verhaltensweisen zurück, die in diesem Sinne als vorgegeben anzusehen sind.

Die ganze Palette der Programmiertätigkeit wird damit aber nicht erfaßt. Denn: Der Programmierer hat vor allem Probleme zu lösen. Und das geht nicht nur mit dem Wissen der Vergangenheit. Er muß wirklich neue Lösungen finden, kreativ sein.

Folglich ist es sinnvoll, bei der Suche nach Denkfallen nicht nur zu fragen, inwieweit das angehäufte Wissen unpassend ist. Auch die Lösungsfindeverfahren, die Heuristiken zur Neukombination der Informationen müssen Gegenstand der Untersuchung sein. Und damit sind wir beim produktiven Denken.

Dieser Abschnitt geht auf einige für das Programmieren wesentliche Mechanismen des produktiven Denkens ein. In einem späteren Abschnitt werden dann die Fehler behandelt, die auf Beschränkungen im produktiven Denken zurückführbar sind.

Was ist unter produktivem Denken zu verstehen? Produktives Denken ist problemlösendes Denken. Ein *Problem* im Sinne des produktiven Denkens ist gekennzeichnet durch

- einen unerwünschten Anfangszustand (Ist-Zustand)
- einen erwünschten Zielzustand (Soll-Zustand)
- Hindernisse für eine sofortige Lösung auf direktem Weg.

Eine Lösung ist genau dann erreicht, wenn es gelingt, eine Folge von Operatoren (Handlungsanweisung) zu finden, die den Anfangs- in den Zielzustand überführt (Dörner, 1976).

Aufgaben unterscheiden sich von Problemen dadurch, daß es die erwähnten Hindernisse nicht gibt: Die Handlungsanweisung zur Aufgabenlösung ist bekannt und kann zu einer quasi mechanisch ablaufenden Bearbeitung abgerufen werden.

In der Gestaltpsychologie faßt man den Vorgang des Problemlösens als schrittweises Umstrukturieren des Problems (oder auch des Ziels) auf. Es werden verschiedene Lösungsvorschläge ausprobiert. Diese Lösungsvorschläge haben mehr oder weniger Sinn: sie haben gewisse Funktionalwerte. Nach Duncker (1966) erhält man den Funktionalwert eines Lösungsvorschlags als Antwort auf die Frage: „Warum soll denn das eine Lösung des Problems sein?“ Nicht alle Lösungsvorschläge führen geradlinig zum Ziel. Im Versuchs-Irrtums-Verfahren werden Lösungspfade wieder verlassen, wenn es nicht recht weitergeht. Man kehrt zu einer früheren Problemphase zurück und versucht es mit einem anderen Lösungsvorschlag erneut. Auf diese Weise entsteht eine Art Lösungsbaum.

Nehmen wir als Beispiel das Pendelproblem (Duncker, 1966): Die Schwingungsdauer des Pendels einer Uhr hängt bekanntlich von seiner Länge und diese wiederum von der Temperatur ab. Wie kann man die Schwingungsdauer konstant halten?

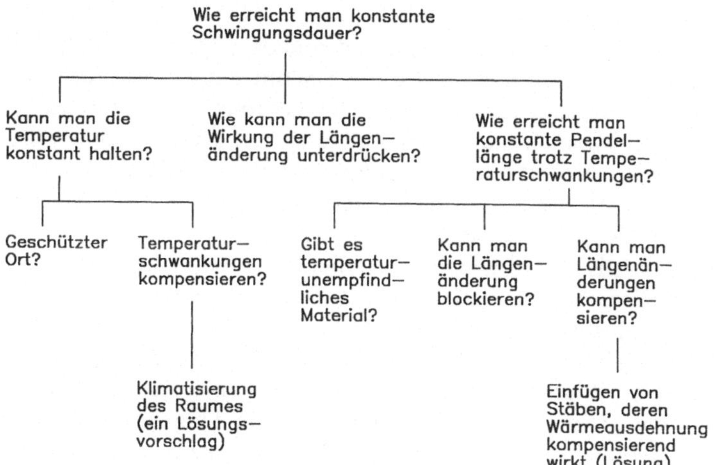

Bild 2.4 Ein Lösungsbaum zum Pendelproblem

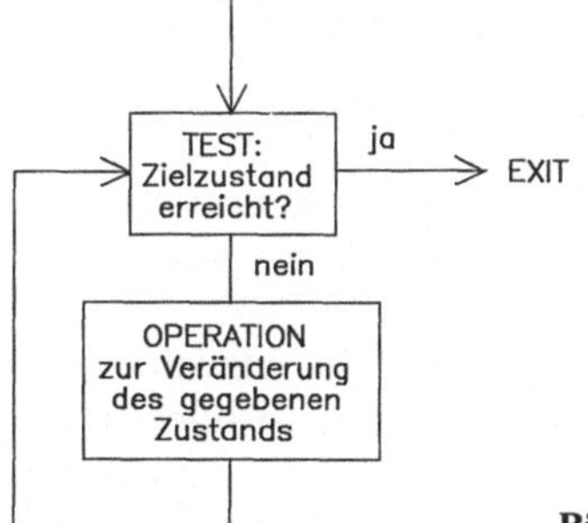

Bild 2.5 Die TOTE-Einheit

Die zum lauten Denken aufgeforderten Versuchspersonen lieferten Antworten, aus deren Funktionalwerten sich der Lösungsbaum des Bildes 2.4 entwickeln läßt (Oerter, 1971).

Bei dieser Art von Denkprozessen wechseln sich zwei Teilprozesse fortwährend ab: ein Veränderungs- und ein Prüfprozeß. Da wir Probleme als Soll-Ist-Abweichung auffassen, besteht der Prüfprozeß immer darin festzustellen, ob diese Soll-Ist-Abweichung durch die Lösungsversuche kleiner wird oder nicht. Bild 2.5 zeigt ein wichtiges Grundschema von Heuristiken, die sogenannte TOTE-Einheit (Test-Operate-Test-Exit).

Wir verfügen über eine Menge von Faustregeln (Heuristiken) zum Auffinden von Operatoren. Wenn wir vor einem schwer lösbaren Problem stehen, hilft uns manchmal die folgende Regel weiter: „Mal sehen, ob schon einmal ein ähnliches Problem gelöst worden ist."

Eine systematische Behandlung von Problemtypen und Heuristiken ist bei Dörner (1979) zu finden. Eine breit angelegte Darstellung des Gebietes aus der Sicht der Computerwissenschaft bietet das Werk „Human Problem Solving" von Newell und Simon (1972). Wie man durch bewußte Anwendung von Heuristiken aus Sackgassen des Denkens herausfinden und Blickverengungen überwinden kann, wird im Abschnitt 5.6 in Anlehnung an Pólya (1949) entwickelt.

Eine Grundform der Heuristik ist das *Versuchs-Irrtums-Verhalten*, das auf ein wahlloses Ausprobieren einer Reihe von Operatoren hinausläuft, wobei sich die Prüfung darauf beschränkt, festzustellen, ob der Zielzustand erreicht ist. Tatsächlich taucht dieses Versuchs-Irrtums-Verhalten auch in komplexeren Heuristiken immer wieder in mehr oder weniger starker Ausprägung auf. Dieses Problemlösungsverhalten ist nicht nur bei elementaren Lernvorgängen zu beobachten (Lernen durch Erfolg oder Mißerfolg). Auch in schwierigen Problemlösungsphasen bietet es manchmal die einzige Chance weiterzukommen.

Als Beispiel für die heuristische Vorgehensweise diene eine einfache Divisionsaufgabe. Es gilt, festzustellen, ob die Zahl 15 in der Zahl 1025 enthalten ist (genauer: ob es eine natürliche Zahl z gibt, so daß $z \cdot 15 = 1025$ gilt). Für jemanden, der das Dividieren noch nicht gelernt hat, stellt diese Aufgabe schon ein Problem dar.

Zur Erläuterung einiger Prinzipien machen wir die (freilich unrealistische) Annahme, daß wir es mit einem in Sachen Rechnen völlig Ungeübten zu tun haben. Er kann zwar ausgezeichnet Zahlen miteinander multiplizieren, ist ansonsten aber ziemlich ahnungslos.

Er greift sich wahllos ein paar Zahlen $z = 78, 17, 22, 53\ldots$ und multipliziert sie mit 15. Er stellt fest, daß sich nie die gewünschte Zahl ergibt. Diese Extremform des wahllosen Suchens und Ausprobierens führt hier nicht zum Ziel.

Neben der Extremform des wahllosen Suchens gibt es eine Reihe von Varianten, die auf eine *Suchraumeinschränkung* oder auch auf eine Strukturierung des Suchraums und Systematisierung der Suche hinauslaufen (Wertheimer, 1964, S. 88):

Ein etwas aufgeweckterer „Problemlöser" etwa probiert bei der Divisionsaufgabe vielleicht nur die Zahlen in aufsteigender Folge aus, läßt von vornherein die geraden Zahlen weg (Ausnutzung der Tatsache, daß 1025 nicht durch 2 teilbar ist), schließt die Zahlen kleiner 10 und größer 100 aus der Suche aus (Ausnutzung der Monotonie des Produkts) usw. Ein solches Vorgehen führt ihn schließlich zu einer Antwort wie: „68·15 ist kleiner und 69·15 ist größer als 1025. Die gesuchte Zahl z müßte zwischen 68 und 69 liegen. Das aber ist unmöglich; 15 ist demnach nicht in 1025 enthalten." Damit wäre der Zielzustand erreicht.

Bevor Sie weiterlesen, versuchen Sie doch selbst einmal, das folgende „Baumproblem" zu lösen: Es sind zehn Bäume in fünf geraden Reihen zu je vier aufzustellen.

— HALT ————————————————————————————————————

Besprechung des Baumproblems: Ein „Problemlöser" berichtete als Ergebnis der Selbstbeobachtung: „Nach einer Reihe von Versuchen mit matrixförmigen Anordnungen und unter Einbeziehung der Diagonalen habe ich versucht, möglichst viele Schnittpunkte zu erzeugen" (Zwischenziel). Das führte schließlich zur Lösung: Die Anordnung der Baumreihen in Form eines Pentagramms (Drudenfuß), wobei die Bäume an den Ecken und den Kreuzungspunkten der Linien stehen. Offenbar überwiegt bei dieser Art der Problemlösung das Versuchs-Irrtums-Verhalten.

Zwei einander entgegengesetzte Schwierigkeiten können eine Problemlösung verhindern:

1. Der Suchraum, in dem der problemlösende Operator vermutet wird, ist so groß, daß eine planlose Durchmusterung dieser Mengen aussichtslos ist oder
2. der problemlösende Operator wird in einem zu kleinen Raum gesucht, in einem Raum also, der den problemlösenden Operator überhaupt nicht enthält.

Zur Überwindung der ersten Schwierigkeit wenden wir (meist sogar automatisch) das Mittel der Suchraumeinschränkung an. Tatsächlich wird das Problemlösungsverhalten durch unsere Zielvorstellungen tendenziell determiniert.

Einen Schritt weiter geht M. Wertheimer, wenn er sagt: „Meine These ist, daß nichts anderes als die strukturellen Eigentümlichkeiten in S_1," das ist bei Wertheimer der Anfangszustand, „mit ihrer besonderen konkreten Natur es sind, die die Vektoren samt ihrer Richtung, Qualität, Stärke hervorbringen, die ihrerseits zu den Schritten und Operationen führen, die dynamisch zu den Forderungen der Sache passen. Diese Entwicklung ist bestimmt durch das sogenannte Prägnanz-Prinzip, durch die Tendenz zur guten Gestalt, durch die verschiedenen Gestaltgesetze" (Wertheimer, 1964, S. 225).

Bei manchen Problemen legt die „Tendenz zur guten Gestalt" die Denkrichtung fest: Manchmal geht ein Problem „ganz von selbst aus der Struktur des gegebenen Materials hervor" und kommt in Störungen, strukturellen Lücken zum Ausdruck. Ist das Problem erst einmal richtig gesehen, läuft die Problemlösung auf die Beseitigung dieser Störungen hinaus. „Das rechte Problem zu sehen und zu stellen, ist oft eine weit bedeutendere Leistung, als die gestellte Aufgabe zu lösen" (Wertheimer, 1964, S. 229).

Wertheimer demonstriert diese Art der Problemlösung an einer Reihe von Beispielen. Nehmen wir die Folge von Zahlen:

```
-63, -26, -7, 0, 1, 2, 9, 28, 65
```

Es gilt, die Summe der Zahlen zu bilden. Bevor man blindlings addiert, schaue man sich die Folge der Zahlen genau an. Man wird eine etwas verborgene Symmetrie entdecken. Ein typisches Problemlösungsprotokoll: „Nach rechts wächst die Reihe immer schneller; ähnlich nimmt sie links ab. Diese Zahlen entsprechen einander irgendwie, die -63 und 65, -26 und 28, -7 und 9. Wie steht es denn um die Mitte? ... O, die Reihe ist verrutscht!! Die wirkliche Mitte ist, wo $+1$ steht. Diese 1 sollte Null sein..." (Wertheimer, 1964, S. 134). Jetzt ist es zu einer sehr einfachen Lösung nicht mehr weit: Von jeder Zahl wird 1 abgezogen. Offensichtlich ist die Summe der so entstehenden Reihe gleich null. Die neun Einsen sind zu guter Letzt wieder zu addieren, so ergibt sich die Summe neun.

Denksportaufgaben sind geeignet, die zweite der genannten Schwierigkeiten beim Problemlösen zu verdeutlichen; zum Beispiel das Neun-Punkte-Problem.

Das Neun-Punkte-Problem: Neun Punkte, je drei untereinander und je drei nebeneinander, sind in einem Zug durch vier gerade Linien zu verbinden:

$$\begin{matrix} \cdot & \cdot & \cdot \\ \cdot & \cdot & \cdot \\ \cdot & \cdot & \cdot \end{matrix}$$

— HALT —————————————————————————————————————

Falls Sie die Lösung noch nicht gefunden haben, versuchen Sie doch das folgende, scheinbar schwierigere Problem zu lösen: Wir ergänzen die obere Punktreihe, indem wir rechts einen weiteren Punkt anfügen. Außerdem verlängern wir die erste Spalte um einen Punkt:

Die Aufgabe lautet nun, alle elf Punkte mit einem Zug durch vier gerade Linien zu verbinden.

— HALT ——

Eine Lösung des Elf-Punkte-Problems: Ausgehend vom Punkt links oben zieht man die erste Linie zum Punkt rechts oben. Von da geht es zum Punkt links unten. Die dritte Linie führt zurück zum Punkt links oben. Von dort aus verbindet eine Linie die restlichen Punkte. Selbstverständlich ist mit der Lösung des Elf-Punkte-Problems auch eine Lösung des Neun-Punkte-Problems gefunden.

Verblüffenderweise ist das auf Anhieb schwieriger eingeschätzte Elf-Punkte-Problem leichter zu lösen als das Neun-Punkte-Problem. Vermutlich liegt das daran, daß man beim Elf-Punkte-Problem nicht den durch die Punkte abgesteckten Bezirk verlassen muß.

Die Lösung des Neun-Punkte-Problems wird zunächst dadurch erschwert, wenn nicht gar verhindert, daß man sich bei der Suche auf die möglichen Verbindungslinien zwischen den Punkten beschränkt. Das schränkt die Suche aber zu sehr ein: Die Lösung wird erst gefunden, wenn man die Beschränkung fallen läßt und auch Strecken in Betracht zieht, die über die Punktereihen hinausgehen.

Die Schwierigkeit besteht offenbar darin, daß der Suchraum, in dem die Lösung gesucht wird, zu klein ist. Das kann daran liegen, daß die relevanten Operatoren unbekannt sind, aber auch daran, daß sie bei der Suche nicht berücksichtigt werden. Die Beschränkung des Suchraums, so daß gewisse Operatoren einfach nicht in Betracht gezogen werden, ist normalerweise sehr hilfreich. Dadurch wird die Kompliziertheit der Situation reduziert. Das funktioniert nur, wenn die Vorauswahl, die Suchraumeingrenzung, treffsicher ist und nicht die problemlösenden Operatoren ausklammert. Weitere Beispiele sind bei Dörner (1979) zu finden.

Die Ausrichtung des Denkens, also die stets zu beobachtende Suchraumeinschränkung und Strukturierung beim Problemlösen, ist Ergebnis der Erfahrungen; sie ist also ererbt oder erlernt. Und sie ist dem „Normalfall" angepaßt. In besonderen Situationen kann das dazu führen, daß wir ein Problem nicht oder nur schlecht lösen, weil das Blickfeld womöglich zu weit eingeschränkt ist. So führt die Ausrichtung des Denkens, die die erste Schwierigkeit beim Problemlösen (nämlich den zu großen Suchraum) überwinden soll, tendenziell zu einer Verschärfung der zweiten (nämlich zum Außerachtlassen des problemlösenden Operators).

Denkfallen haben wir als Diskrepanz zwischen dem Hintergrundwissen und der *Aufgaben*stellung definiert (letzter Unterabschnitt). Jetzt liegt es nahe, diese Definition auch auf das produktive Denken auszudehnen: Eine Denkfalle beim produktiven Denken liegt vor, wenn die Ausrichtung des Denkens der *Problem*stellung nicht angemessen ist. Das äußert sich darin, daß wir den (prinzipiell vorhandenen) problemlösenden Operator nicht finden können oder uns mit einer schlechten Lösung zufrieden geben müssen.

Wenn wir Wertheimers Auffassung von den Denkvorgängen zugrundelegen, dann ist bei bestimmten Problemtypen das Wissen über „gute Gestalten" wesentlich für den Problemlösungsprozeß.

Folglich werden wir bei der Suche nach Denkfallen auf dieselben Mechanismen stoßen, wie sie im Zusammenhang mit dem Hintergrundwissen zutage treten. Die meisten Mechanismen von Denkfallen betreffen folglich sowohl die Wissensbasis als auch das produktive Denken.

2.5 Heuristisches kontra algorithmisches Denken

Erst in den folgenden Abschnitten wird es um die Mechanismen gehen, die den Denkfallen zugrundeliegen. An dieser Stelle ist aber noch eine andere Frage zu erörtern, die gerade im Zusammenhang mit der Programmierung eine große Rolle spielt: Lassen sich die Schwierigkeiten beim Problemlösen vielleicht dadurch beseitigen, daß man allgemeine Lösungsverfahren aufstellt, die für eine ganze Klasse von Problemen gültig sind und mit deren Hilfe sich die Lösungsoperatoren nach festen Regeln gewinnen lassen? Da es beim Programmieren letztlich um die Formulierung von Algorithmen geht, kann man die Frage auch so stellen:

Gibt es Algorithmen zur Konstruktion von Algorithmen?

Im Abschnitt 2.4 wurde Aufgabe so definiert, daß man sagen kann: Aufgabenlösendes Denken ist algorithmisches Denken. Der Operator oder Algorithmus zur Überführung des Anfangszustands in den Zielzustand ist bekannt und braucht nur noch mechanisch ausgeführt zu werden. Die Grundeigenschaften eines *Algorithmus* sind:

1. die Bestimmtheit: Auf jeder Stufe k der Bearbeitung ist durch den erreichten Bearbeitungszustand z_k die nächste Elementaroperation und damit der Folgezustand eindeutig festgelegt:

$$z_{k+1} = f(z_k).$$

2. die Allgemeingültigkeit: Der Algorithmus ist auf eine ganze Klasse von Problemen anwendbar; z. B. kann der Anfangszustand aus einer Klasse möglicher Anfangszustände kommen:

$$z_0 \in Z_{Anfang}.$$

3. die Zielorientiertheit: nach einer endlichen Zahl N von Schritten wird der Zielzustand erreicht:

$$z_N \in Z_{Ziel}.$$

Die Menge Z_{Ziel} ist durch *Zielbedingungen* – auch *Endebedingungen* genannt –
festgelegt.

Bei der Divisionsaufgabe des letzten Unterabschnitts liegt eine algorithmische
Lösung nahe: Die Zahl 1025 wird durch 15 dividiert. Geht die Division ohne Rest
auf, lautet die Antwort ja, ansonsten nein. Die einzelnen Zustände im Lösungsprozeß sind hier durch die nichtnegativen Zahlen q und r gegeben, wobei
$1025 = q*15 + r$ ist. Und die Zielbedingung lautet: $r < 15$. Die Antwort ergibt sich
aus dem Zielzustand: Falls $r = 0$ ist, geht die Division auf, sonst nicht.

Ist der „Problemlöser" etwas in Algebra bewandert, kommt er noch schneller
zum Ziel. Er prüft einfach, ob sich die Zahl 1025 durch 3 und durch 5 (das sind
die Primfaktoren von 15) teilen läßt.

Ob es sich um eine Aufgabe oder um ein Problem handelt, hängt ganz offensichtlich nicht nur von dem ab, was zu tun ist, sondern auch vom Hintergrundwissen der Person. Diese Begriffsbildung macht es schwer, von Aufgaben oder von
Problemen zu sprechen, wenn man die damit befaßten Personen gar nicht kennt.
Oft spielt der Abgrenzungsgesichtspunkt eine untergeordnete Rolle, und dann
wird man im Zweifelsfall von Problemen sprechen, selbst wenn möglicherweise
ein Algorithmus bereits bekannt ist.

Ist ein Algorithmus bekannt, führt er bei ausreichender Sorgfalt zum
gewünschten Ergebnis. Unwägbarkeiten und Ungewißheiten, die mit den
Lösungsfindeverfahren, also mit dem heuristischen Denken einhergehen, lassen
sich demnach ausschließen.

Es erscheint folglich vernünftig, heuristische Verfahren möglichst durch algo-
rithmische zu ersetzen. Tatsächlich zeichnen sich die entwickelten technischen
Disziplinen dadurch aus, daß sie in weiten Bereichen die anfangs üblichen
Lösungsfindeverfahren durch „Lösungskonstruierverfahren" ersetzt haben. In der
Nachrichtentechnik beispielsweise kommt heute niemand mehr auf die Idee, eine
Filterschaltung durch probeweises Zusammenschalten von Schwingkreisen zu
„erfinden". In diesem Bereich gibt es ausgefeilte Algorithmen.

Die Informatik ist auch im Bereich Programmierung auf dem Weg, eine solche
entwickelte Disziplin zu werden. Allerdings kann man in keiner technischen Disziplin völlig auf heuristische Verfahren verzichten. Eine besondere Gefahr (und
Denkfalle!) besteht auch darin, daß man die Algorithmisierbarkeit überschätzt
und sich auf automatisch gefundene und dennoch falsche „Lösungen" verläßt.
Eindrucksvolle Beispiele für die blinde und mechanische Anwendung von Operationen gibt Wertheimer (1964).

„Da es Probleme gibt und geben wird, für die Algorithmen nicht existieren
oder noch nicht entwickelt sind, müssen wir sie mittels nicht-algorithmischer
Methoden lösen." Und „heuristische Probleme, für die Algorithmen nicht exisitie-
ren oder unbekannt sind, können grundsätzlich nicht anders als durch Trial and
Error", also im Versuchs-Irrtums-Verfahren, „gelöst werden" (Landa, 1976).

Aber nicht nur die Tragweite des konstruktivistischen Vorgehens ist begrenzt;

darüberhinaus werden auch Zweifel laut, ob ein streng deduktives Herleiten von Handlungsanweisungen aus einigen als richtig anerkannten Prämissen überhaupt durchführbar ist. Sogar den Beweisen in der Mathematik muß man mit Vorsicht begegnen.

„Beweise sind nicht unbedingt korrekt... Wenn sich die verschiedenen Beweise richtig anhören und die Ergebnisse aus genügend vielen Blickwinkeln geprüft sind, dann hält man die Wahrheit des Satzes schließlich für erwiesen. Das Theorem wird dann im klassischen Sinn für wahr gehalten, so als ob es durch formale, deduktive Logik hätte bewiesen werden können, obwohl es für fast alle Sätze nie eine solche Deduktion gegeben hat noch jemals geben wird... Der Beweis als solcher ist nichts wert; nur wenn er den sozialen Prozessen der Mathematikergemeinde unterworfen worden ist, wird er glaubwürdig" (DeMillo, Lipton, Perlis, 1979). Der Beweis selbst erscheint so als Hypothese, die der Widerlegung harrt.

Auf der anderen Seite haben sich gerade in der Informatik konstruktive Methoden als erfolgreich oder zumindest erfolgversprechend erwiesen: „Ein Programm und sein Beweis sollten Hand in Hand entwickelt werden, wobei der Beweis normalerweise den Weg weist... Gesunder Menschenverstand und Intuition allein sind unangemessen, da sie zuviele Fehler und schlechte Entwürfe zulassen" (Gries, 1981, S. 164).

Eines der Themen wird sein, inwieweit die konstruktive Methode helfen kann, Denkfallen zu vermeiden. Da beim Programmieren aber weder das algorithmische noch das heuristische Vorgehen in Reinkultur anzutreffen sind, haben wir vorher noch wichtige Zwischen- und Mischformen zu besprechen. Das Wesentliche der Denkarbeit beim Programmieren kommt im semi-algorithmischen und im algorithmenorientierten Vorgehen zum Ausdruck. Darum wird es in den folgenden beiden Unterabschnitten gehen.

2.6 Semi-algorithmisches Vorgehen

Anders als beim Algorithmus, genauer: beim algorithmischen Vorgehen (oder Denken), sind beim semi-algorithmischen Vorgehen die einzelnen Schritte nicht exakt vorgezeichnet. Der Problemlöser hat gewisse Entscheidungsmöglichkeiten, die alle zu einer richtigen Lösung führen. Die Suchräume sind auf jeder Stufe des Entscheidungsprozesses genau definiert. Das ist beispielsweise dann der Fall, wenn man mathematische Bedingungen kennt, denen sie genügen müssen. Aber durch die Auswahl wird der Lösungsweg erst festgelegt.

Das semi-algorithmische Vorgehen ist dadurch gekennzeichnet, daß verschiedene Problemlöser auf möglicherweise verschiedenen Lösungspfaden zu möglicherweise verschiedenen, aber in jedem Fall richtigen Lösungen kommen (Landa, 1976). Das semi-algorithmische Vorgehen nimmt eine Zwischenstellung zwischen dem heuristischen und algorithmischen ein, wobei es näher bei letzterem liegt.

Bei einem Problemlösungsprozeß lassen sich meist nur Teilschritte in dieser Weise behandeln. Die Zielbedingungen müssen für diese Teilschritte ganz präzise formuliert werden. Und das Aufstellen dieser Zielbedingungen (beispielsweise die formale Funktionsbeschreibung für einen Programmabschnitt) erfordert oft sehr viel Kreativität, wie der Abschnitt über semi-algorithmisches Programmieren zeigen wird.

Das semi-algorithmische Denken ist typisch für bestimmte Phasen des Entwurfs- und Entwicklungsprozesses bei technischen Systemen. Ist nämlich eine zu entwerfende technische Einrichtung erst einmal hinreichend genau spezifiziert, läßt sich in einigen Fällen ihr Aufbau (Struktur und Dimensionierung) nach festen Regeln gewinnen. Diese Regeln garantieren wohl, daß bei ihrer Befolgung eine funktionierende Einrichtung entsteht, nicht aber, daß das Ergebnis optimal ist. Im allgemeinen sind mehrere Lösungspfade und Resultate möglich – auch schlechte.

Das semi-algorithmische Vorgehen findet man beispielsweise beim Entwurf von Schaltnetzen (Steinbuch/Ruprecht/Wendt, Band 3, 1982).

Beispiel: Zu entwerfen ist eine Schaltung, deren zweiwertiges Ausgangssignal von drei ebenfalls je zweiwertigen Eingangsgrößen abhängt. Die Funktion $f = f(x,y,z)$ ist durch eine Wertetabelle gegeben:

```
x | y | z | f(x,y,z)
--+---+---+---------
0 | 0 | 0 |    1
1 | 1 | 1 |    0
0 | 1 | 1 |    1
1 | 1 | 0 |    0
```

Für alle anderen Wertekombinationen der Eingangsgrößen x, y und z ist die Funktion nicht festgelegt. Wir wollen die Werte 0 und 1 mit den Wahrheitswerten FALSCH (bzw. FALSE) und WAHR (bzw. TRUE) identifizieren.

Es gibt verschiedene Möglichkeiten, logische Ausdrücke für x, y und z zu formulieren, die die Ergebnisse der Wertetabelle liefern. Ein Entwickler kann sich beispielsweise auf die Erzeugung der Einsen konzentrieren. Er wählt also die sogenannte disjunktive Normalform und kommt zu diesem Resultat:

$$f = \neg x \cdot \neg y \cdot \neg z + \neg x \cdot y \cdot z$$

Das logische UND wird in dieser Formel durch · und das logische ODER durch ein + dargestellt. Das Zeichen ¬ bedeutet, daß der unmittelbar folgende Faktor (eine der Konstanten 0 oder 1, eine Variable oder ein geklammerter Ausdruck) negiert wird. Mittels logischer Tautologien läßt sich eine Vielzahl äquivalenter Ausdrücke gewinnen. Durch Ausklammern erhält man beispielsweise einen geringfügig einfacheren Ausdruck:

$$f = \neg x \cdot (\neg y \cdot \neg z + y \cdot z)$$

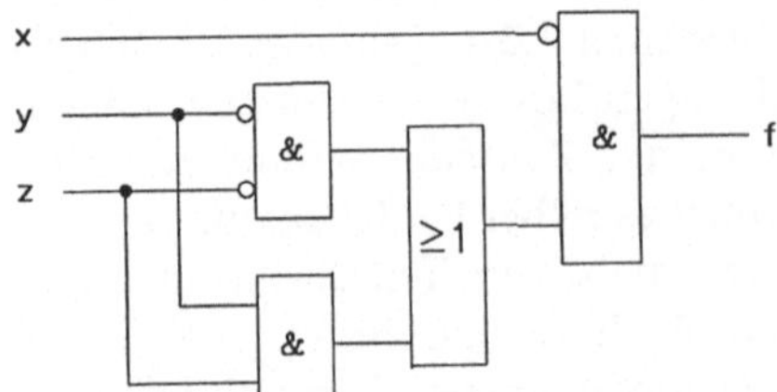

Bild 2.6 Ein Schaltnetz

Die zugehörige Schaltung zeigt Bild 2.6.

Ein anderer Entwickler konzentriert sich bei seinem Entwurf auf die Erzeugung der Nullen und verwendet die sogenannte konjunktive Normalform. Er kommt zu folgendem Ergebnis:

$$f = (\neg x + \neg y + \neg z) \cdot (\neg x + \neg y + z)$$

Das läßt sich durch einige Umformungen vereinfachen:

$$f = \neg x + \neg y + z \cdot \neg z$$
$$= \neg x + \neg y$$
$$= \neg (x \cdot y)$$

Die Variable z geht offenbar nicht in das Ergebnis ein. Das zugehörige Schaltnetz sieht recht einfach aus (Bild 2.7).

Und es geht noch einfacher: durch $f = \neg x$ wird ebenfalls eine mögliche Lösung definiert. Man braucht also nur x zu negieren.

Das semi-algorithmische Denken spielt auch in der Programmierung eine große Rolle. Bereits hier lassen sich ein paar Aussagen dazu formulieren:

- Startpunkt des semi-algorithmischen Vorgehens ist eine formale und vollständige Beschreibung oder Spezifikation des Systems. Beim Beispiel war eine Wertetabelle gegeben.
- Bei der Erstellung der formalen Spezifikation ist Kreativität im Spiel. Ist die Spezifikation erst einmal erstellt, ist ein Großteil der Entwurfstätigkeit schon erledigt.
- Die Spezifikation ist nicht notwendigerweise fehlerfrei. Fehler in der Spezifikation setzen sich bei rein deduktiver Ableitung des Ergebnisses bis zu diesem fort.
- Das semi-algorithmische Vorgehen führt nicht notwendig zu einem (in irgendeinem Sinne) optimalen Ergebnis. Selbst bei korrekter Ableitung sind mehrere mit der Spezifikation verträgliche Lösungen erreichbar.
- Die Herleitungen können sehr umfangreich werden. Die sequentielle Arbeitsweise birgt die Gefahr, daß die Übersicht verloren geht.
- Die deduktive Vorgehensweise ist aufwendig, und es besteht die Gefahr der Ermüdung und in deren Folge die Verlockung, scheinbar zeitsparende Abkürzungen zu wählen. Das aber bedeutet Abkehr von der streng deduktiven Arbeitsweise. Dadurch können sich dann doch wieder Fehler einschleichen.
- Die semi-algorithmische Vorgehensweise bietet die Chance, bei kritischer und sorgfältiger Anwendung tatsächlich zu sehr guten Entwürfen zu kommen, die anders nicht oder nur durch Zufall zu bekommen wären.

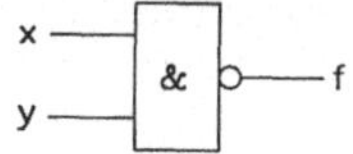

Bild 2.7 Eine weitere Realisierung

2.7 Algorithmenorientiertes Vorgehen

Typisch für das Programmieren ist das Nebeneinander von heuristischem und algorithmischem Denken. Der Programmierer pflegt eine bestimmte Denkweise: er will zur Problemlösung möglichst Algorithmen einsetzen, weil er dann die Hauptarbeit dem Computer überlassen kann. Die Arbeit zerfällt für ihn dann in zwei Teile: Entwurf des Algorithmus und Anwendung des Algorithmus. Am ersten Teil ist heuristisches Denken mehr oder weniger stark beteiligt, am zweiten nicht.

Diese Denkweise wird man naheliegenderweise algorithmenorientiert nennen. Sie tritt bereits bei einfachen Denksportaufgaben in Erscheinung. Das Problem „Blockwenden" gehört zu dieser Sorte.

Das Problem „Blockwenden": Gegeben sei die folgende Anordnung von Reversi-Steinen (Diese Reversi-Steine seien auf einer Seite schwarz und auf der anderen Seite weiß):

```
S  W  S
W  S  W
S  W  S
```

Von zwei Personen wird ein Spiel nach den folgenden Regeln gespielt: Abwechselnd wenden die Spieler rechteckige Blöcke, also Blöcke aus m Zeilen und n Spalten: m, n $\in$ {1, 2, 3}. Für jeden Zug können die Blockgröße (also die Anzahl der Zeilen und Spalten) und die Lage des Blockes im Spielfeld neu bestimmt werden. Jeder Stein eines solchen Blockes muß bei einem Spielzug gewendet werden und es sind nur Blöcke zulässig, die in der rechten unteren Ecke einen schwarzen Stein haben. Wer den letzten Stein wenden kann (weiß macht) gewinnt. Für den ersten Spieler (also den, der den ersten Spielzug machen darf) gibt es eine sichere Gewinnstrategie. Diese ist aufzufinden.

Versuchen Sie dieses Problem selbst zu lösen und schreiben Sie auf, welche Denkschritte sie dabei machen (Selbstbeobachtung).

— HALT —————————————————————————————————

Protokoll einer Selbstbeobachtung beim Lösen des Problems „Blockwenden":

Phase I: Es wird eine Reihe von Regeln und Orientierungshilfen durchprobiert und wieder verworfen:

- Versuche, immer eine gerade Zahl schwarzer Steine zu erzeugen.
- Sorge dafür, daß Weiß nur schwarze Nachbarn hat.
- Versuche zu erreichen, daß du aus der „/"-Diagonalen stets den letzten Stein nehmen kannst.
- Mache die Anzahl von Spalten und Zeilen mit schwarzen Steinen gerade.
- Den Feldern Wertigkeiten zuordnen. Wertigkeiten der mit Schwarz belegten Felder addieren.
- Wie muß man die Wertigkeiten festlegen, daß sich eine einfache Gewinnstrategie formulieren läßt?
- Hilft eine Dualzahldarstellung weiter?

An dieser Stelle wird der Pfad abgebrochen und es wird eine Reihe von Stellungen untersucht, die gewinnsichernd sind. Gewinnsichernd heißt: Kann der erste Spieler diese Stellungen dem zweiten vorlegen, kann der erste Spieler immer gewinnen. Folgende Stellungen gehören dazu:

```
W S W      W S W      W S W      S W W
S W S      W S W      S W W      S S W
W S W      S W W      W W W      W W W
```

- Es wird nun beobachtet, daß durch Spiegelung der gewinnsichernden Stellungen an der Hauptdiagonalen wieder gewinnsichernde Stellungen entstehen, z. B. aus den obigen:

```
W S W      W W S      W S W      S S W
S W S      S S W      S W W      W S W
W S W      W W W      W W W      W W W
```

- Die Bewertung der Felder unterliegt der Symmetrie.

An dieser Stelle wird der Suchprozeß längere Zeit unterbrochen. Nach Wiederaufnahme des Lösungsprozesses wird der Symmetriegedanke weitergesponnen. Der problemlösende Einfall erscheint plötzlich:

- Mache stets symmetrieerhaltende Züge! Mache die Hauptdiagonale weiß!

Kommentar: Offensichtlich war bis zur Formulierung dieses Lösungsvorschlags ein starker Widerstand zu überwinden, der darin lag, daß es nicht-symmetrische gewinnsichernde Stellungen gibt. Tatsächlich gibt es eine allgemeinere Gewinnstrategie als die hier vorgeschlagene, die nicht auf der Symmetrie fußt (Spektrum der Wissenschaft, 1979, Heft 5, Seiten 4–7).

Phase II: Die Gewinnstrategie (also der Algorithmus) wird vollständig ausformuliert. Der erste Zug des Gewinners zielt darauf ab, dem Gegner eine symmetrische Stellung vorzulegen, die einen symmetrieerhaltenden Zug nicht zuläßt. Das geht, indem man die Steine der Hauptdiagonalen weiß macht. Das gelingt durch Wenden sämtlicher Steine:

```
S W S    1.    W S W
W S W   ===>   S W S
S W S          W S W
```

Die Symmetrie läßt sich vom ersten Spieler aufrechterhalten, indem er stets den bezüglich der Hauptdiagonalen symmetrischen Gegenzug macht. Wendet nun beispielsweise der zweite Spieler alle Steine der ersten beiden Spalten, dann muß der erste Spieler anschließend die Steine der ersten beiden Zeilen wenden. Es entstehen die folgenden beiden Spielpositionen:

```
2.      S W W   1.    W S S
===>    W S S  ===>   S W W
        S W W         S W W
```

Der erste Spieler kann durch seine Gegenzüge stets die zwei folgenden Bedingungen erfüllen:

- Die Spielposition ist bezüglich der Hauptdiagonalen symmetrisch
- In der Hauptdiagonalen liegen nur weiße Steine

Diese Bedingungen sind *invariant* in dem Sinne, als sie während des gesamten Spielverlaufs vom ersten Spieler erfüllt werden können.

Es läßt sich leicht zeigen, daß das Spiel zwangsläufig zum Ende kommt (und zwar unabhängig von der gewählten Strategie). Irgendwann wendet ein Spieler den letzten schwarzen Stein und erreicht damit die Endebedingung. Das kann hier nur aus einer unsymmetrischen Stellung heraus geschehen. Folglich ist (bei Befolgung der Strategie) der erste Spieler der Sieger.

Die algorithmenorientierte Lösung eines Problems läßt sich durch die folgenden Schritte charakterisieren:

1. Sammle Beispiele und Fälle.
2. Suche nach dem Gesetz und zeige *Invarianten* auf.
3. Formuliere eine Handlungsanweisung (auch: Operations- oder Rechenschema bzw. *Algorithmus*), so daß bei deren Ausführung die Invarianten erhalten bleiben.
4. Wende den Algorithmus immer wieder an, bis die *Endebedingung* erfüllt ist.
5. Das Eintreffen der Endebedingung und die Gültigkeit der Invarianten lösen das Problem.

Beim Blockwenden trug die Phase I (hier ging es um die Suche nach der Invarianten, die Symmetriebedingung) ganz deutliche heuristische Züge. Ist der Algorithmus erst einmal formuliert (Phase II), ist das Problem gelöst. Der Rest läuft mechanisch ab. Man kann ihn einem Rechner überlassen.

Das Bestreben, die erste Phase des algorithmenorientierten Vorgehens zu algorithmisieren, führt im Bereich der Programmierung von Rechenanlagen zu einem semi-algorithmischen Vorgehen. Es ist dadurch charakterisiert, daß das Programm (also die Problemlösung) aus einem mathematischen Beweis heraus entwickelt wird („Programmierung auf der Grundlage von Korrektheitsbeweisen"). Diese wichtige Programmiertechnik wird im Abschnitt 5.5 über semialgorithmisches Programmieren besprochen.

Diesen Abschnitt wollen wir mit einer schönen Denksportaufgabe beschließen, bei der algorithmenorientiertes Denken zum Ziel führt: „Das indische Schachgeheimnis" (Smullyan, 1979).

+		x		□	x		+
v	v	v	v	v	v	v	v
		o'					
					o		
						o'	
		o					
v'	v'	v'	v'	v'	v'	v'	v'
	+'	x'	□'		x'		+'

Die Symbole der Schachfiguren:

□ Das Bannquadrat des Königs

o Der Springerkreis

+ Das stehende Kreuz des Turmes

x Das liegende Kreuz des Läufers

✳ Der achtzackige Stern der Dame

v Die Gabel des Bauern

Bild 2.8 Der Spielstand

Zwei Schachspieler haben ihr Spielbrett verlassen. Die Stellung der Figuren ist unten wiedergegeben. Zur Darstellung wurden mittelalterliche Figurensymbole gewählt (Orbán, 1974). Wir interessieren uns für den Spielstand und müssen leider feststellen, daß die Figuren etwas absonderlich gefertigt sind: Sie sind nicht schwarz und weiß, so wie es üblich ist, sondern sie sind rot und grün gefärbt. In der grafischen Darstellung (Bild 2.8) sind die Symbole für die roten Steine mit einem Strich markiert. Es läßt sich nicht feststellen, welche Figuren den üblichen schwarzen und welche den weißen entsprechen. Folglich ist unklar, welcher Spieler zuerst gezogen hat.

Läßt sich wirklich nicht feststellen, welche Figuren zuerst am Zuge waren: die mit oder die ohne Markierung? Wir sehen etwas genauer hin und stellen fest: Es läßt sich doch etwas mehr aus der Spielstellung herauslesen. Wenn wir voraussetzen, daß das Schachspiel nach den üblichen Regeln gespielt worden ist, kann man zwingend herleiten, welche Figuren den weißen entsprechen.

— HALT ———————————————————————————————

Wir verzichten auf irgendeine Probierlösung und entscheiden uns für das algorithmenorientierte Vorgehen. Hier geht es zwar nicht darum, mittels eines Algorithmus ein Problem zu lösen. Aber es gilt, ein allgemeines Gesetz, eine wesentliche Invariante zu finden. Diese Invariante sollte dann, zusammen mit der Endebedingung, die durch die schließlich erreichte Stellung gegeben ist, Rückschlüsse auf die Anfangssituation (hier konkret die Zuordnung der Farben weiß und schwarz zu den Figuren) ermöglichen.

Zur Formulierung der logischen Bedingungen soll hier, wie später auch, eine PASCAL-ähnliche Notation verwendet werden. Sei W eine boolesche (logische) Variable mit der Bedeutung

```
W = Weiß ist am Zug
```

Nun gilt: W ist genau dann wahr, wenn sowohl Weiß als auch Schwarz dieselbe Anzahl von Zügen gemacht haben, wenn also die Gesamtzahl der Züge gerade ist. Die boolesche Variable G wird definiert durch

```
G = Gesamtzahl der Züge ist gerade
```

Damit stellt sich eine *Invariante* I des Schachspiels als Äquivalenz von W und G dar:

```
I = (W = G)
```

Nun läßt sich der oben gezeigten Stellung entnehmen, daß eine Sorte von Figuren eine ungerade Anzahl von Zügen hinter sich hat und die andere eine gerade Anzahl, wobei zunächst unklar bleibt, mit welcher Sorte von Steinen die gerade Anzahl von Zügen gemacht wurde.

Die *Endebedingung* wird mit E bezeichnet. Es gilt:

```
E = NOT G
```

Zum Beweis der Endebedingung: Die Läufer und die Bauern wurden nicht gezogen und beide Damen wurden geschlagen, bevor sie ziehen konnten. Die grünen, nicht markierten Türme haben je eine gerade Anzahl von Zügen hinter sich, die grünen Springer ebenfalls, da sie wie zu Beginn auf Feldern unterschiedlicher Farbe stehen (Springer wechseln von Zug zu Zug die Farbe des Feldes). Die roten Springer und die roten Türme haben je eine ungerade Zahl von Zügen hinter sich. Also ist auf beiden Seiten die Gesamtzahl der Züge von Springern und Türmen jeweils gerade. Bleiben noch die Könige: Diese stehen sich zu Beginn des Spiels genau gegenüber. Jetzt stehen sie auf verschiedenen Spalten. Also hat einer der Könige eine gerade und der andere eine ungerade Anzahl von Zügen hinter sich. Insgesamt liefert das die obige Endebedingung.

Zum Schluß sind die Endebedingung und die Invariante wahr:

```
I AND E.
```

Also gilt:

```
(W=G) AND NOT G.
```

Umformungen nach den Gesetzen der Logik liefern die Aussage: NOT W. Also ist nach Spielstand Schwarz am Zug.

Da der markierte (rote) König im Schach steht, ist klar, daß Rot am Zuge ist. Folglich entsprechen die markierten (roten) Figuren den schwarzen und die nicht markierten (grünen) Figuren den weißen.

3 Denkfallen beim Programmieren

3.1 Das Scheinwerfermodell

Prüfungsordnungen für das Hochschulstudium entstehen in einem sehr langwierigen Prozeß. Vom ersten Entwurf bis zur endgültigen Veröffentlichung im Amtsblatt wird ein solcher Text von vielen Leuten gelesen und geprüft. In einer solchen (veröffentlichten!) Prüfungsordnung befindet sich diese Stelle:

„Das Studium wird mit der Diplomprüfung abgeschlossen. Sie besteht aus folgenden Teilen:

1. Teil: studienbegleitende Prüfungen
2. Teil: Diplomprüfung
3. Teil: Mündliche Diplomprüfung."

Niemandem war aufgefallen, daß die Bezeichnung des zweiten Teils falsch ist, obwohl viele, die es besser wissen mußten, den Text vor der Veröffentlichung gelesen hatten: Die Diplomprüfung kann nicht Teil der Diplomprüfung sein. Jetzt, da der Problempunkt bekannt ist, fällt die Korrektur leicht. Richtig muß es heißen: „2. Teil: Diplomarbeit".

Obwohl mit den Sinnen erfaßt, wird vieles einfach nicht wahrgenommen. Wir sind zuweilen blind für Dinge, auch wenn wir sie sehen. Grund dafür ist der Engpaß der Wahrnehmung, die Filterwirkung des Nervensystems (Keidel, 1971).

Die Sinnesorgane können nur einen Teil der Signale aus unserer Umwelt über-

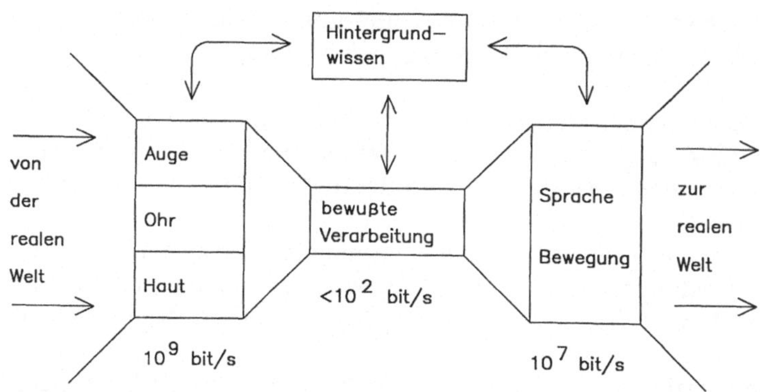

Bild 3.1 Der Engpaß der Wahrnehmung

haupt empfangen. Hören und Sehen beschränkt sich jeweils auf einen nur kleinen Teil der mechanischen und elektromagnetischen Schwingungen. Die Sinnesorgane zerlegen die komplexen Schwingungen in handliche Teile (Spektrum), wobei bereits von den Phasenbeziehungen der Teilschwingungen untereinander abgesehen wird. Die Verteilung der Sinneszellen, ihre endliche Anzahl und die spezifischen Empfindlichkeitsschwellen begrenzen den aufnehmbaren Informationsfluß. Dennoch ist die Informationsflut, die über Auge, Ohr und Haut auf uns einströmt, gewaltig groß und beträgt etwa 10^9 bit/s (Keidel, 1971; Zemanek, 1959).

Die vom Zentralnervensystem bewußt verarbeitbare Informationsmenge ist wesentlich geringer als dieses Informationsangebot, sie liegt unter 100 bit/s. Die Reduktion des Informationsflusses geschieht auf mehreren Stufen und in einer Reihe von Umcodierungs- und Filterungsprozessen (Vollmer, 1983). Was letztlich bewußt verarbeitet werden kann, sieht man am Informationsfluß, der bei schnellem Sprechen entsteht (16...24 bit/s) oder auch beim Lesen ($<$ 50 bit/s). Siehe dazu Steinbuch und Rupprecht (1982) sowie Zemanek (1959).

Die geringe Informationsmenge, die bewußt aufgenommen werden kann, korrespondiert mit der Kapazitätsbeschränkung des Kurzzeitgedächtnisses. Zusammengenommen heißt das: Aus dem riesigen Informationsangebot der Außenwelt werden stets nur relativ kleine Portionen ausgewählt und bewußt verarbeitet.

Das verhindert aber nicht, daß wir uns in komplizierter Umgebung ganz gut zurechtfinden. Die menschlichen Reaktionen über Sprache und Motorik sind sehr komplex (10^7 bit/s; Keidel, 1971).

Ein Großteil unseres Verhaltens unterliegt unbewußten Steuerungsmechanismen, und auch die Wahrnehmung selbst wird von einer Vielzahl von Operatoren und Mechanismen unterstützt, von denen wir normalerweise nichts merken. Was das heutige Wissen über die physiologischen, biologischen und psychologischen Mechanismen angeht, mit denen die Wahrnehmungsapparate die relevanten Merkmale aus den Sinneseindrücken extrahieren, speichern und wiederauffinden, können hier nur Hinweise auf einführende Darstellungen gegeben werden. Diese findet man bei Anderson (1988, S. 76 ff.), Keidel (1971), Kohonen (1988), Gillam (1980), Ritter (1986), Poggio und Koch (1987), Ramachandran und Anstis (1986).

Was wir erfahren, ist im Grunde bereits eine Rekonstruktion der Umwelt durch unsere Wahrnehmungsapparate. Und diese Rekonstruktion ist keineswegs ein getreues Abbild. Beispielsweise sehen wir keine Wellenlängen, sondern Farben. Diese Farben sind – anders als die Tonhöheempfindung beim Hören – nicht direkt mit der Spektralzerlegung der Schwingungen verknüpft (Vollmer, 1983; Schnapf, Baylor, 1987).

Die Wahrnehmungsapparate filtern aus den Umweltreizen das für uns Wesentliche zur weiteren Verarbeitung aus. Das für uns Wesentliche ist das, was uns hilft, in unserer Umwelt zu bestehen. Ausgewählt wird die Information, die im Normalfall am nützlichsten ist.

Die Aufmerksamkeit, also die teils willentliche und teils unwillkürliche Ausrichtung unserer Wahrnehmung, legt den jeweils bewußt erfaßbaren kleinen Ausschnitt fest (Vollmer, 1983, S. 73). Unsere Wahrnehmung folgt also dem Scheinwerferprinzip.

Das Scheinwerferprinzip finden wir auch bei höheren kognitiven Leistungen. Wenn bereits die Wahrnehmung durch Erwartungen gelenkt wird, kann es auch keine vorurteilslose Erkenntnis geben. Popper spricht vom Scheinwerfermodell der Erkenntnis (Popper, 1973, S. 369ff.): „Wir erfahren ja erst aus den Hypothesen, für welche Beobachtungen wir uns interessieren sollen, welche Beobachtungen wir machen sollen; die Hypothese wird zum Führer zu neuen Beobachtungsresultaten."

Unsere Erkenntnis, unser Weltbild, entpuppt sich bei näherem Hinsehen als eine Sammlung von Vorurteilen. In den empirischen Wissenschaften spricht man nicht von Vorurteilen; dort heißen die Vorurteile Hypothesen oder noch anspruchsvoller: Theorien.

Das Wort Vorurteil steht hier für unbegründete Annahme oder Antizipation (Popper, 1982, S. 223). Der negative Beiklang des Wortes macht klar: Vorurteile muß man bekämpfen. Und genau dieser Kampf gegen Vorurteile bringt uns voran, selbst wenn wir wieder nur Vorurteile – aber immerhin bessere – an ihre Stelle setzen (Riedl, 1981, S. 32). Durch Gebrauch dieses Wortes wird eine negative oder kritische Haltung unterstützt, die auch der Programmierer braucht.

In unser inneres Bild von der Welt fließen immer Erfahrungen aus der Vergangenheit ein. Zum Großteil sind es sogar Erfahrungen aus der Jahrmillionen währenden Stammesgeschichte des Menschen. Es ist folglich auch kein Wunder, daß diese Vorurteile den Scheinwerfer unserer Aufmerksamkeit im Normalfall gut steuern.

Schwierig wird es in einer veränderten Umwelt. Dann kann es passieren, daß wir das Wesentliche nicht sehen und daß wir das, was wir sehen, falsch interpretieren.

Betrachten wir einmal einen Programmierer, der sein Handwerk in einer bestimmten Programmierumgebung gelernt hat. Er hat sich gewisse Vorstellungen und Modelle vom Funktionieren des Rechners gemacht und kommt damit auch ausgezeichnet zurecht. Diese Modelle müssen stets starke Vereinfachungen sein, da es unmöglich ist, die Funktionsweise eines Computers vollständig zu überblicken. Wird nun diese Umgebung verändert, beispielsweise durch einen moderneren Compiler, eine neue Version des Betriebssystems oder gar durch Austausch des gesamten Systems, werden manche der bisherigen Erfolgsrezepte hinderlich sein – der Scheinwerfer wird falsch eingestellt.

Nach dem Scheinwerferprinzip liegt stets nur ein kleiner Ausschnitt der momentan zu bearbeitenden Sache im Licht der Aufmerksamkeit. Vieles bleibt im Dunkeln. Leider sind es nicht immer die unwichtigen Dinge, die unbeachtet bleiben. Viele Fehler aus dem Programmieralltag bezeugen das (Abschnitt 4.2): Ausnahme- und Grenzfälle werden übersehen (beispielsweise der Fall, daß eine Schleife nullmal durchlaufen wird); die Initialisierung von Variablen wird vergessen; Funktionen entfalten unübersehbare Nebenwirkungen; Korrekturen und Programmüberarbeitungen bleiben bruchstückhaft, weil wir nicht das gesamte Wirkungsgefüge des Programms überblicken.

3.2 Das Sparsamkeitsprinzip

Unter der Maßgabe, daß der Lebensraum begrenzt ist, wird derjenige Vorteile haben, der die verfügbaren Ressourcen am wirtschaftlichsten nutzt. Aber auch derjenige ist bevorzugt, der seine spezifischen Begabungen am wirksamsten einsetzt. Verschwender gehen im Konkurrenzkampf unter. Es kommt also darauf an, sein Ziel mit möglichst geringem Aufwand zu erreichen. Das ist das Sparsamkeits- oder Ökonomieprinzip.

Dieses Sparsamkeitsprinzip wird schnell klar, wenn man sich den Software-Ingenieur vor Augen hält, der eine bestimmte Aufgabe zu lösen hat. Er wird nur dann erfolgreich sein und sein Produkt an den Mann bringen können, wenn das Programm die Aufgabe effizient löst. Es muß möglichst sparsam mit Speicherplatz und Rechenzeit umgehen. Andernfalls wird es bald Konkurrenzprodukte geben, die nach den Gesetzen der Ökonomie dieses Programm verdrängen.

Zugegeben, das Beispiel ist idealisiert: Es setzt unter anderem einen transparenten Markt voraus und ausreichend entwickelte Urteilskraft der Käufer. Viele Mißstände in unserer marktwirtschaftlich orientierten Welt scheinen zu zeigen, daß das Ökonomieprinzip nicht funktioniert: Der Raubbau an unseren natürlichen Ressourcen macht deutlich, daß wir doch nicht haushälterisch wirtschaften können.

Zweifel an der Gültigkeit des Sparsamkeitsprinzips nähren auch die Luxusbildungen im Tierreich, die bizarren Schmuckfedern der Paradiesvogelmännchen beispielsweise.

Der mit dem Ökonomieprinzip eng verwandte Einfachheitsgrundsatz in der Wissenschaft ist ebenfalls in Verruf gekommen, weil sich durchaus nicht immer die, im naiven Sinne, einfachsten Theorien durchsetzen. Die Wahrheit kann ungeheuer kompliziert sein.

Diese Einwände stellen eigentlich nicht das Ökonomieprinzip und den Einfachheitsgrundsatz in Frage. Sie sprechen nur gegen eine zu oberflächliche Interpretation dieser Prinzipien.

Das Ökonomieprinzip führt nicht zu einem Optimum im Sinne der besten Lösung für alle und zu jeder Zeit. Das zu leisten, wird auch nicht beansprucht. Es kommt auf das Ziel, den Bewertungsmaßstab und die sich fortwährend ändernde Umgebung an. Gerade die egoistische Anwendung des Ökonomieprinzips steckt hinter der Zerstörung der Gemeingüter. Garret Hardin nennt das „The Tragedy of the Commons" (Global 2000, 1980).

Auch die Luxusbildungen widerlegen das Sparsamkeitsprinzip nicht (Dawkins, 1978, S. 186 f.): „Ursprünglich . . ., so kann man sich vorstellen, wählten die Weibchen die Männchen auf der Basis offensichtlich nützlicher Eigenschaften wie starke Muskeln aus. . . Starke Muskeln mögen eine wirklich gute Eigenschaft sein, die ein Weibchen auswählen kann, aber was sollte ein Männchen daran hindern, sich Scheinmuskeln wachsen zu lassen, die nicht mehr echte Substanz haben als wattierte Schultern beim Menschen? Wenn es ein Männchen weniger kostet, sich falsche Muskeln zuzulegen als echte, dann sollte die sexuelle Auslese die Gene für die Erzeugung falscher Muskeln begünstigen." Zumindest vorübergehend – aber was heißt in der biologischen Evolution schon vorübergehend – kann diese Strategie der Männchen erfolgreich sein. Wenigstens eins kann man den Männchen nicht vorwerfen: daß sie dabei das Sparsamkeitsprinzip misachten.

Das Ökonomieprinzip wirkt in komplexen vernetzten Systemen auf vielfältige Weise. Es kann Verschwendung hervorbringen. Man kann nicht erwarten, daß ein solches dezentral wirkendes Prinzip ganz nebenbei auch noch ein, wie auch immer definiertes, globales Optimum erzeugt.

Gegen den Einfachheitsgrundsatz läßt sich ebenfalls nicht viel einwenden, wenn wir ihn mit Pólya (1962, S. 289) im Sinne des heuristischen Prinzips „Versuche das Einfachste zuerst" auffassen.

Wir sind gezwungen, auf Gesetzmäßigkeiten unserer Welt aus einer begrenzten, oft sehr kleinen Anzahl von Beobachtungen zu schließen. Wir sind gut beraten, zuerst die einfachste aus einer Reihe von konkurrierenden Hypothesen zu wählen, wobei wir mit Popper (1982, S. 97 ff.) unter der einfacheren Hypothese die besser prüfbare, also die leichter widerlegbare, verstehen wollen. Derjenige folgt dem Sparsamkeitsprinzip, der sich nicht zuerst mit den verwickelten Vermutungen und Theorien herumschlägt, sondern der erst die einfachsten prüft.

Ein Experimentator möge eine Meßreihe durchgeführt und eine Reihe von Meßpunkten für die Abhängigkeit zweier Meßgrößen voneinander ermittelt und in ein Koordinatensystem eingetragen haben. Die Vermutung, daß die Punkte auf einer Geraden liegen, kann bereits mit drei Meßpunkten widerlegt werden. Die Vermutung, daß es sich bei der Kurve um eine Parabel handelt, erfordert zur Widerlegung bereits vier Meßpunkte. Der Experimentator wird von den Kurvenklassen mit den wenigen freien Parametern zu denjenigen mit mehr freien Parametern, von den einfacheren zu den weniger einfachen Hypothesen voranschreiten.

Die Verhaltensforschung kennt viele Beispiele dafür, wie die Natur unter sparsamstem Einsatz der Mittel bestimmte Funktionen verwirklicht. Verblüffend ist, wie wenig Informationen die Lebewesen brauchen, um auch komplexe lebenserhaltende Reaktionen auszulösen. „Die angeborene Information des Auslösemechanismus ist so einfach kodiert, wie dies nur möglich ist, ohne ein Ansprechen auf eine andere als die biologisch adäquate Situation wahrscheinlich zu machen. Das klassische Beispiel einer einfachen, aber unter natürlichen Bedingungen für das Tier voll ausreichenden Information ist in dem angeborenen Auslösemechanismus enthalten, der die Stechreaktion der gemeinen Zecke auslöst." Es ist nachgewiesen, „daß dieses Tier alles sticht, was eine Temperatur von 37 °C hat und nach Buttersäure riecht. So einfach diese Kennzeichnung des natürlichen Wirts der Zecke, nämlich des Säugetiers, ist, so unwahrscheinlich ist es, daß die Reaktion durch irgendeinen anderen, im Wald vorkommenden Gegenstand ausgelöst wird" (Lorenz, 1973).

Die bewußte Verarbeitung von Information, unser Denken, ist unser leistungsfähigstes, aber auch anspruchsvollstes Instrument. Unsere Fähigkeiten zu abstrahieren, Modelle zu bilden und verschiedene Gedankeninhalte zu verknüpfen und zu weiterführenden Schlußfolgerungen zu kommen, macht uns überlegen und - zumindest bisher - so erfolgreich. Das bewußte Denken kann nur richtig funktionieren, wenn es nicht mit unwesentlicher Information zugeschüttet wird.

Es kommt also darauf an, mit dieser Kapazität zur bewußten Informationsverarbeitung haushälterisch umzugehen. Daß das prinzipiell überhaupt möglich ist, verdanken wir den Wahrnehmungsfiltern. Sie ermöglichen die Auswahl der bewußt zu verarbeitenden Information. Jetzt geht es nur noch darum, den Scheinwerfer der Wahrnehmung so zu steuern, daß die Information ins Bewußtsein dringt, deren bewußte Verarbeitung den größten Nutzeffekt hat.

Bei der Ausprägung von Wahrnehmungsapparaten und Denkmechanismen ist also immer auch das Ökonomieprinzip beteiligt. Es begegnet uns auf Schritt und Tritt, wenn wir weitere Mechanismen der Wahrnehmung und des Denkens untersuchen. Als übergeordnetes Prinzip ist es allgegenwärtig. Der Trend zum sparsamen Einsatz der verfügbaren Mittel birgt allerdings auch Gefahren.

Eine Lösung ist im allgemeinen nur unter bestimmten Bedingungen optimal. Mit einem Wechsel der Situation, mit der Veränderung der Umwelt fangen die Schwierigkeiten an: Für Bodentiere ist es vernünftig, bei Trockenheit in tiefere Schichten des Bodens zu krabbeln. Setzt der Sammler eine Bodenprobe in einen Trichter und trocknet sie von oben, dann steuert dieser einfache und normalerweise sehr effiziente Verhaltensmechanismus die Tiere in den Tod: Sie fallen in das Sammelgefäß (Riedl, 1981).

Denk- und Verhaltensmechanismen, die unter normalen Umständen Gewinn bringen, können dem Programmierer zum Verhängnis werden. Seine künstlich geschaffene Umwelt stellt sicherlich neue und ungewohnte Anforderungen an die Wahrnehmungs- und Denkökonomie. Wie die Bodentiere geht er in die Falle. In den allermeisten Fällen glücklicherweise ohne fatale Konsequenzen.

Das Sparsamkeitsprinzip allein liefert noch keine ausreichende Erklärung für Irrtümer und Fehler. Erst durch die Umstände – beispielsweise durch den Wechsel der Umgebungsbedingungen oder die Veränderung der Problemlage – wird die Gefahr heraufbeschworen. Typische Fehler, die hauptsächlich auf das Sparsamkeitsprinzip zurückzuführen sind, gehen auf falsche Hypothesen über die Arbeitsweise des Computers zurück. Insbesondere mit der Maschinenarithmetik kommen wir aufgrund zu einfacher Modellvorstellungen meist nur schlecht zurecht (Abschnitte 4.2.3 und 4.2.4). In diesen Fällen hat man es speziell mit der Prägnanztendenz zu tun, von der im nächsten Unterabschnitt die Rede sein wird.

3.3 Prägnanztendenz

Die Gültigkeit des assoziativen Gesetzes für reelle Zahlen wird wohl kein Programmierer im Ernst bezweifeln. Nur: Sein Computer hält sich nicht an solche Regeln. Er ist leicht zu überführen. Man braucht ihn nur nach dem Wahrheitswert des Ausdrucks

```
(a+b)+c = a+(b+c)
```

zu fragen. Bei manchen Zahlenkombinationen wird er mit TRUE antworten. Aber in vielen Fällen heißt das Ergebnis FALSE. (Man wähle beispielsweise für a und b die Werte 1 und −1 und für c eine Zahl mit kleinem Betrag.) Schuld daran sind die Rundungsfehler, hervorgerufen durch die Gleitkommaarithmetik. Das ist eigentlich nichts Neues. Aber wer denkt schon immer daran.

Selbst geübte Programmierer fallen immer mal wieder auf den Rechner herein. Sie fallen herein, obwohl sie es besser wissen! Und das hat einen tieferen Grund.

Auf höheren Stufen des Lebens wird das Herausziehen wesentlicher Informationen aus den komplexen Sinneseindrücken durch Verrechnungsmechanismen unterstützt. Die Fülle von Informationen, die beispielsweise über unsere Netzhaut auf uns einströmt, wird größtenteils automatisch verarbeitet. Dabei wird das Nebensächliche unterdrückt, das Gesetzmäßige hervorgehoben. Unsere Wahrnehmungsapparate erbringen eine Abstraktionsleistung, wenn sie uns ermöglichen, „die Größe eines Gegenstandes als eines seiner konstanten Merkmale wahrzunehmen, obwohl die Ausdehnung des Bildes, das auf unserer Netzhaut von ihm entworfen wird, mit dem Quadrat seiner Entfernung abnimmt. Wieder andere Mechanismen bringen das bewunderungswürdige Kunststück zuwege, uns den Ort, an dem sich ein Sehding befindet, als konstant wahrnehmen zu lassen, obwohl sein Bild auf unserer Netzhaut bei jeder kleinsten Bewegung unseres Kopfes und erst recht unserer Augen die wildesten Zickzacksprünge vollführt" (Lorenz, 1973).

In unsere Wahrnehmungsapparate sind Vorstellungen (Vorabwissen, Hypothesen, Vorurteile, Theorien) über unsere Umwelt eingebaut. Versuche zeigen, daß sich beispielsweise die optische Wahrnehmung unter anderem nach den folgenden Hypothesen richtet: Objekte sind fest zusammenhängend, sie bewegen sich nach dem Trägheitsgesetz und sie verschwinden nicht, auch wenn sie momentan unsichtbar sind (Ramachandran, Anstis, 1986). Man kann sich gut vorstellen, wie wichtig diese Vorurteile sind, wenn es darum geht, schnell festzustellen, ob das, was sich im Gebüsch bewegt, ein Raubtier oder ein Beutetier ist.

Daß die Wahrnehmungsapparate so effizient die wirklich relevanten Informationen auswählen, ist ein Ergebnis der Evolution. Weniger geeignete Wahrnehmungsapparate hatten im Laufe der biologischen Entwicklung keine Überlebenschance. Sie sind mit den so mangelhaft ausgestatteten Individuen und Stämmen untergegangen.

Die Wahrnehmungsapparate sind durch die uns (oder besser: unsere Vorfahren) normalerweise umgebende Welt selektiert worden. In dieser Umgebung leiten sie uns ganz vorzüglich. In ungewohnten Situationen dagegen kann es zu Irrtümern kommen. Die Vorurteile sind zwar nicht verkehrt, aber sie sind dann fehl am Platz.

Zur Illustration diene ein Beispiel aus dem Bereich der optischen Wahrnehmung (Bild 3.2). Die linke Figur soll einen Körper - ähnlich einem Pyramidenstumpf - darstellen. Er wird von oben betrachtet. Die äußere sechseckige Umrandung ist Grundfläche. Die obere Begrenzungsfläche wird dargestellt durch das innere Quadrat. Sie ist parallel zur Grundfläche.

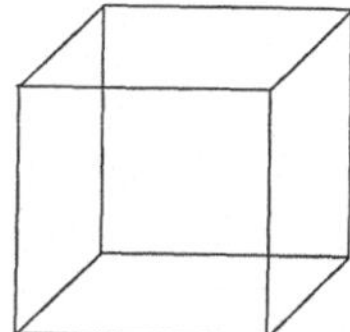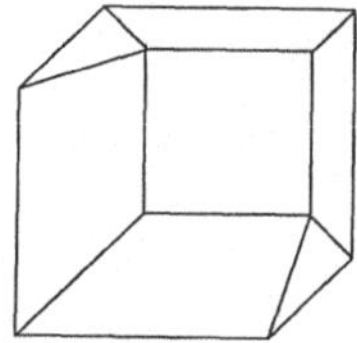

Bild 3.2 Ein „Pyramidenstumpf"

Aus dem Bild heraus läßt sich kein Widerspruch zu der Beschreibung des Gegenstands ableiten. Dennoch ist das, was wir sehen, etwas ganz anderes. Nicht das Bild des „Pyramidenstumpfs" stellt sich ein. Was man sieht, ist ein Würfel, der berühmte Necker-Würfel nämlich, den man zeitweise von oben und zeitweise von unten sieht (Gropengießer, 1986).

Da Netzhautbilder flächig sind und die uns umgebende Welt räumlich ist, werden die Linien so gedeutet, daß der Raumeindruck entsteht. Das funktioniert natürlich nur, wenn gewisse Annahmen gemacht werden. Diese Annahmen betreffen das übliche Aussehen von Gegenständen. Nahezu rechtwinklig aufeinanderstoßende Begrenzungsflächen begegnen uns oft. Der Einbau eines entsprechenden Vorurteils in unsere Wahrnehmungsapparate ermöglicht oder erleichtert zumindest die Rekonstruktion der dreidimensionalen Gestalt dieser Körper. Der Wahrnehmungsapparat kann die linke Figur mühelos als Würfel deuten, nicht aber als das, was sie tatsächlich darstellen soll: den seitlich von geneigten Flächen begrenzten Körper.

Erst eine leichte Veränderung des Blickwinkels läßt uns den Körper richtig erkennen. Die rechte Figur zeigt den Körper in der neuen Perspektive.

Von welchen Hypothesen unsere Wahrnehmung ausgeht, wird schlaglichtartig immer dann deutlich, wenn uns die Hypothesen irreführen. In der Wahrnehmungspsychologie sind die optischen Täuschungen genauer analysiert worden. Berühmt sind die Müller-Lyer-Illusion, die Sandersche Figur und einige andere, die zur Klasse der Distanzillusionen gehören (Eibl-Eibesfeldt, 1984). Reizvoll sind die Bilder von M. C. Escher, die auf immer wieder neue Art zeigen, wie sich unser Wahrnehmungsapparat täuschen läßt (Ernst, 1986).

Die Gestaltpsychologie hat eine Reihe von Gesetzmäßigkeiten herausgearbeitet, nach denen unsere Wahrnehmung sich richtet. Dazu gehören das Gesetz von Figur und Grund, das Gesetz der Nähe und die Prägnanztendenz. Das Gesetz von Figur und Grund besagt, daß ein Bild in zwei Komponenten aufgeteilt wird: einen Hintergrund und eine Figur, die sich von diesem abhebt. Die linke Figur von Bild 3.3 demonstriert diesen Effekt: Wenn man zunächst auf das rechte Ende der wellenförmigen Linien sieht, erscheint ein Zaun aus oben und unten sich verbreiternden Latten; schaut man zuerst auf das linke Ende, erscheinen oben und unten abgerundete Latten.

Die rechte Figur des Bildes demonstriert das Gesetz der Nähe: Man neigt dazu, die Flächen zwischen den enger beieinanderliegenden Linien mit etwas angefüllt zu sehen. Die größeren Flächen zwischen den Linien dagegen erscheinen leer.

Ausgehend von den Gestaltgesetzen der Wahrnehmung wurden die Untersu-

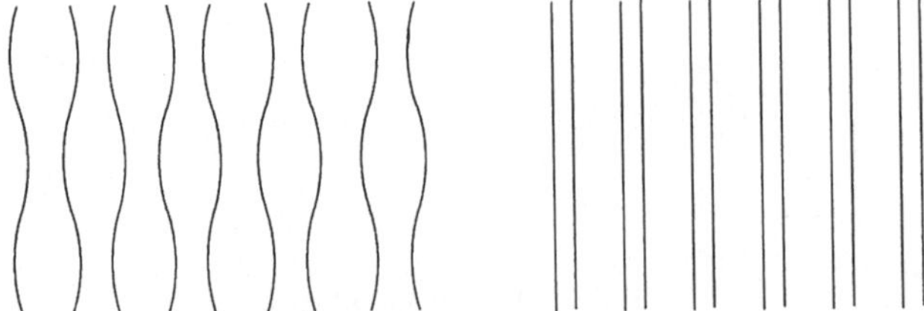

Bild 3.3 Zwei Lattenzäune

chungen auch auf die höheren kognitiven Leistungen ausgedehnt. Wenn man der Gestaltpsychologie folgt, wirken auch in unserem Denken vor allem die Gestaltgesetze (Wertheimer, 1964, S. 225). Besonders wichtig ist in diesem Zusammenhang die Prägnanztendenz.

Der Organismus geht von der im Laufe der Stammesgeschichte erworbenen Hypothese aus, daß er Regelmäßiges vorfindet und daß es sich lohnt, diese Ordnung aufzuspüren und auszunutzen. Lebewesen besitzen eine *Tendenz zur Prägnanz* (Wertheimer, 1964; Eibl-Eibesfeldt, 1984).

Diese Hypothese bestimmt auch unser bewußtes Denken: Die Fähigkeit, in geschichtlichen Zeiträumen immer bessere Theorien, immer besser geeignete Hypothesen über unsere Umwelt zu entwickeln, zeichnet den Menschen aus. Die Prägnanztendenz hat so erfolgreiche Theorien wie die Newtonschen Gesetze der Mechanik und die Maxwellschen Gleichungen für die elektromagnetischen Erscheinungen hervorgebracht.

Unsere Vorliebe für einfache und elegante Beschreibungen ist selbst wieder ein Ergebnis der Evolution und in Anpassung an die realen Gegebenheiten entstanden. Die Tendenz zur Prägnanz ist erfolgreich, weil es Naturgesetze zu erkennen gibt. Oder, vorsichtiger ausgedrückt: Es hat sich bislang als richtig erwiesen anzunehmen, daß die Welt von Gesetzmäßigkeiten regiert wird. Das ist die Position des hypothetischen Realismus (Vollmer, 1983, S. 34ff.). Durch den Erfolg bei der Suche nach Ordnung und Regelmaß wird die Tendenz zur Prägnanz verstärkt und kann sich im evolutionären Prozeß behaupten.

Eine wirkungsvolle Methode, Ordnung in die zunächst unübersichtlich erscheinende Welt zu bringen, ist das Bilden von Kategorien. Wir unterscheiden vorzugsweise zwischen gut und schlecht, hell und dunkel. Das kontinuierliche Spektrum des Lichts ordnen wir nach einigen Hauptfarben (Eibl-Eibesfeldt, 1984).

Die Prägnanztendenz und die Neigung zur Kategorienbildung sind Abstraktionsmechanismen, in denen wieder das Sparsamkeitsprinzip der Natur zum Ausdruck kommt: Es geht immer darum, mit geringem Aufwand einen Zweck zu erreichen. Das geht gut, solange die Merkmale der Umwelt sich nicht ändern.

Prägnanztendenz und kategoriales Denken sind es aber auch, die uns in außergewöhnlichen Situationen gelegentlich zu Irrtümern, zu unpassenden Vorurteilen und zu Fehlverhalten verleiten. Unsere Entscheidungen und Reaktionen arten zur Dummheit aus. Das ist der Trick der Demagogen, Propagandisten und Werbeleute: Sie führen uns aufs Glatteis, so daß unsere Vorurteile versagen.

Eine Reihe von Programmierfehlern läßt sich auf die Prägnanztendenz zurückführen. Und damit sind wir wieder beim eingangs erwähnten Beispiel aus der Maschinenarithmetik.

Mit der Einführung der Zahlen hat sich der Mensch ein mächtiges Instrument geschaffen. Damit ist er den Gesetzmäßigkeiten der Welt so richtig auf die Spur gekommen. Vieles ist meßbar und damit in einem höheren Maße als vorher abstrakt behandelbar geworden. Wir können die Zahlen nach sehr einfachen Rechenregeln manipulieren, und eine Fülle von Gesetzmäßigkeiten der Natur findet sich in diesen Rechenregeln wieder. Beispielsweise ist das assoziative Gesetz der Addition eine Darstellung des entsprechenden Gesetzes der Streckenrechnung durch Zahlen.

Heute halten wir die mathematische Beschreibung der Natur für selbstverständlich. Die Modelle haben sich durchgesetzt, weil wir damit erfolgreich sind. Die Einführung der reellen Zahlen und die Differential- und Integralrechnung haben uns geholfen, die Ordnung hinter den zunächst chaotisch erscheinenden Planetenbewegungen zu erkennen. Die Erfassung der elektromagnetischen Erscheinungen und ihre Beschreibung in einem knappen Gleichungssystem schafften die Voraussetzung für viele heute nicht mehr wegzudenkende Techniken.

Dabei sind unsere Modelle stets Vereinfachungen, sie sind bestenfalls Annäherungen an die Realität. Bereits das Kontinuum der reellen Zahlen hat keine strenge Entsprechung in der Natur: Die Welt wird heute als endlich aufgefaßt und die Quantentheorie läßt nur Sprünge, also keine stetigen Übergänge zu.

Aber der Erfolg unserer Modelle verleitet uns dazu, sie zuweilen nicht für ein Abbild, sondern für die Realität selbst zu halten. Das Rechnen mit Zahlen ist uns so in Fleisch und Blut übergegangen, daß wir die Gültigkeit der Regeln nicht in Frage stellen. Und wir tendieren dazu, unsere Umwelt nach diesen Regeln zu ordnen. Wir bleiben auch dann noch bei den einfachen Gesetzen, wenn der Anwendungsbereich sich ändert und eine eingehendere Analyse und Ergänzung des Modells eigentlich angebracht wären.

Das ist dann auch die Quelle vieler Arithmetikfehler in Programmen. Anstatt die komplizierten Modelle der Maschinenarithmetik anzuwenden, begnügen wir uns mit den einfachen Rechenregeln für die reellen Zahlen. Die Prägnanztendenz steckt auch dahinter, wenn wir nicht an die Möglichkeit denken, daß eine Variable negative Werte annehmen kann; sie spielt eine Rolle, wenn wir eine Aufgabe in wichtige und unwichtige Teile zerlegen und dadurch einflußreiche Nebenwirkungen übersehen (Abschnitt 4.2).

Allgemein gilt: Fehler, die darauf beruhen, daß der Ordnungsgehalt der Dinge überschätzt wird oder den Dingen zuviele Gesetze auferlegt werden, gehen auf die Prägnanztendenz zurück.

3.4 Lineares Kausaldenken

Wir neigen dazu, irgendwelche Erscheinungen vorzugsweise nur einer einzigen Ursache zuzuschreiben. Wenn wir z. B. die Ursache eines Programmabsturzes suchen, geben wir uns manchmal schon zufrieden, wenn wir einen Fehler gefunden haben. Eine ausgiebige und umfassende Analyse des Absturzes unterbleibt. Die eigentliche Ursache wird dadurch in vielen Fällen später als nötig gefunden.

Was macht uns blind für die Vernetzung von Ursache-Wirkungs-Beziehungen, wie sie beispielsweise in umfangreichen Programmen gang und gäbe sind? Da wird wohl wieder ein allgemeines Prinzip dahinter stecken, das in normalen Fällen durchaus Gewinn bringt.

Die Erwartung, daß die gleichen Erscheinungen dieselbe Ursache haben, bewährt sich so überwältigend oft, daß dieses Vorurteil zum festen Bestand unseres Denkens gehört und nur mit Anstrengung überwunden werden kann, falls dies tatsächlich einmal erforderlich sein sollte. Die Hypothese, daß wir es vor allem mit linearen Kausalketten zu tun haben, ist also erstens erfolgreich, aber sie ist zweitens auch sehr einfach („Hypothese von der Ur-Sache" (Riedl, 1981)).

Hinter dem eindimensionalen Ursache-Wirkungs-Denken steckt wiederum das Sparsamkeitsprinzip. Offensichtlich ist, daß dieses Denken uns schnell handlungsfähig macht. Würden wir nämlich stets alle Wirkungslinien verfolgen, alle Nebenwirkungen von Ereignissen bedenken, gerieten wir in Gefahr, den Überblick zu verlieren und entscheidungsunfähig zu werden. Wir könnten „den Wald vor lauter Bäumen nicht mehr sehen".

In einem Moment der Selbsterkenntnis gab einmal ein Spitzenmanager den denkwürdigen Satz von sich: „Der Fortschritt lebt vom Mut der Ahnungslosen".

Daß wir vorzugsweise in linearen Kausalketten denken, kommt auch zum Ausdruck darin, daß wir Beweisen, die aus einer strengen Sequenz elementarer logischer Schlüsse bestehen, eher trauen, als bildlich anschaulichen Erläuterungen des Sachverhalts. Strenge Schlußfolgerungen verbreiten den Eindruck der Seriosität. Die Argumentation in linearen Kausalketten wirkt überzeugend, aber auch verführend. Vage Voraussetzungen und wacklige Ausgangshypothesen erhalten durch ein knackiges Formelwerk mehr „Autorität", täuschen mehr Glaubwürdigkeit vor, als ihnen zukommt.

Wenn es auch oft gut geht: das lineare Ursache-Wirkungs-Denken kann in komplexen Entscheidungssituationen fürchterlich versagen. Einige unserer Schwierigkeiten kommen daher, daß unsere Welt komplex ist. Unsere Umwelt – die des Programmierers allemal – ist ein vernetztes System. Sie ist so kompliziert, daß wir die Konsequenzen unseres Tuns niemals vollkommen übersehen können. Gutgemeinte Aktionen zeigen ungeahnte Nebenwirkungen.

Tatsache ist, daß man auch in recht einfachen vernetzten Systemen mit Effekten rechnen muß, die unseren eigentlichen Absichten zuwiderlaufen. Schon die einfachsten Räuber-Beute-Systeme zeigen aufgrund des sogenannten Volterra-Prinzips (Wilson, Bossert, 1973) ein schwer vorhersagbares Verhalten. „Zum Beispiel ist Entomologen aufgefallen, daß bei der Schädlingsbekämpfung durch Besprühen mit Insektiziden die Population des Schädlings häufig zwar abnimmt, aber nur um dann sprunghaft noch höher als zuvor anzusteigen. Dieses Phänomen ließ sich auf die Mitvernichtung der natürlichen Räuber und Parasiten der Schädlingsart zurückführen." Es gibt eine Fülle von Planungspannen, die auf irreleitendes Ursache-Wirkungs-Denken zurückzuführen sind (Schönwandt, 1986, Kapitel 12).

Das lineare Kausaldenken ordnet das Nacheinander der Erscheinungen; es besagt, daß wir vorzugsweise in eindimensionalen Ursache-Wirkungs-Ketten denken. Aber selbst dann, wenn wir mehrere Ursachen in Rechnung stellen, werden diese vornehmlich linear verrechnet.

Um zu erläutern, was unter linearer Verrechnung zu verstehen ist, nehmen wir als Modell ein nachrichtentechnisches System, genauer: ein elektrisches Netz aus linearen Bauelementen (Steinbuch, Rupprecht, Band 2, 1982). In einem solchen linearen System gilt das Superpositionsprinzip, auch Überlagerungssatz genannt: Bei gleichzeitigem Vorhandensein mehrerer Ursachen überlagern sich die jeweiligen Wirkungen additiv. Wir stellen die Tatsache, daß die Ursache U (ein Quellensignal) als Wirkung das Signal W hat, so dar:

$$U \longrightarrow W$$

Hat ein System mehrere Quellen, dann können auch mehrere Ursachen gleichzeitig wirken. Das gleichzeitige Vorliegen zweier Ursachen kann man beispielsweise so schreiben:

$$(U_1, U_2)$$

Die Abwesenheit einer Ursache entspricht dem Nullsignal. Das Superpositionsprinzip für lineare Netze läßt sich jetzt so formulieren: Aus

$$(U_1, 0) \longrightarrow W_1$$

und

$$(0, U_2) \longrightarrow W_2$$

folgt

$$(U_1, U_2) \longrightarrow W_1 + W_2$$

Da jede Zweiggröße eines solchen linearen Netzes (ob Stromstärke oder Spannung) als eine Wirkung aufgefaßt werden kann und da man die Summe von Ursachen durch geeignete Zusammenschaltungen von Quellen bilden kann, gilt allgemein auch diese Fassung des Superpositionsprinzips: Die Summe von Ursachen hat stets auch die Summe ihrer Wirkungen zur Folge. So gesehen, setzt sich die Linearität der Bauelemente auf die Linearität des Systems fort.

Das Superpositionsprinzip finden wir in vielen alltäglichen Erscheinungen wieder: Bei der Überlagerung von Tönen, den Wellenbewegungen des Wassers, den elektromagnetischen Schwingungen des Rundfunks, dem Licht usw. Die Allgegenwart des Superpositionsprinzips prägt unser Denken. Das führt zu einem Summen-Modell des Denkens.

Es besagt, daß wir uns eine bestimmte Wirkung quasi als Summe von Ursachen vorstellen. Das wird auch durch das Hydraulik-Modell von Nisbett und Ross (1980, S. 128) ausgedrückt. „Summe" ist hier nicht nur im Sinne der Arithmetik, sondern auch im Sinne des logischen ODER zu verstehen. Dabei wird von einer Vernetzung und von den möglichen wechselseitigen Beeinflussungen der Ursachen abgesehen.

Erkennt man nun aber eine Wirkung als Summe von Ursachen, erscheint es gerechtfertigt, den dominierenden „Summanden" als Hauptursache zu benennen. Das eindimensionale Ursache-Wirkungs-Denken ist eine Konsequenz des „Summen-Denkens". Offenbar ist dabei wiederum die Prägnanztendenz im Spiel.

Mit der linearen bzw. additiven Verrechnung von Ursachen sind wir bei den uns häufig begegnenden linearen Systemen außerordentlich erfolgreich. Schief liegt man mit dieser Denkweise, wenn die Verknüpfung verschiedener Ursachen eher „multiplikativ" ist (im Sinne der Arithmetik oder im Sinne des logischen UND). Beispielsweise wird ein Stein gesprengt, wenn Wasser eindringt UND dieses gefriert. Die Ursachen „Wasser" und „Kälte" sind beide unabdingbar für die Wirkung „Sprengung".

Derjenige Programmierer, der die Tatsache, daß sein Programm viel zu langsam läuft, allein der niedrigen Rechengeschwindigkeit der Hardware zuschreibt, verhält sich ganz im Sinne des Summen-Modells. Der Zeitbedarf des Algorithmus ist, so nehmen wir einmal an, das Produkt $N \cdot T$ aus der Anzahl der benötigten Rechenoperationen N und der für jeden Rechenschritt nötigen Zeit T. Also kommen als Ursachen für den zu hohen Zeitbedarf N und T in Frage. Und keine der Ursachen läßt sich in irgendeiner Weise als dominierend auffassen. Möglicherweise läßt sich eine Reduzierung der Rechenzeit viel wirksamer durch einen besseren Algorithmus mit deutlich reduzierter Zahl von Rechenoperationen erreichen als mit einer etwas schnelleren Hardware.

Aber nicht nur dann, wenn das Summen-Modell von vornherein nicht anwendbar ist, weil die Zusammenhänge nichtlinear sind, kommt es zu Fehlern. Auch in Fällen, wo sich die Ursachen summieren, kann das Hervorheben einer einzigen Ursache und die Vernachlässigung der anderen zu folgenreichen Irrtümern führen: Das Unterschlagen oder Übersehen logischer Bedingungen ist auf einen inadäquaten Umgang mit Summen zurückzuführen. (Siehe dazu den Abschnitt 4.2.6 über unvollständige Bedingungen.)

3.5 Überschätzung bestätigender Informationen

3.5.1 Induktion

„Ein FORTRAN-Compiler wurde mit einem neuen Computersystem mitgeliefert, das Anfang der 60er Jahre in einem kleinen neuen Rechenzentrum installiert wurde. Angeblich war der Compiler in der Softwareabteilung des Herstellers getestet und bereits mehrfach erfolgreich bei anderen Kunden installiert worden. Als es den Benutzern im Rechenzentrum nicht einmal gelang, das einfachste Programm zu kompilieren, wurden die Software-Serviceleute des Herstellers bestellt. Nach vielen Stunden fanden sie einen Fehler im Compiler" (Baber, 1986).

Es ist eine kostspielige Praxis, wenig ausgetestete Programme für die Anwendung freizugeben. Trotz aller ihrer Nachteile und trotz aller Anstrengungen, sie zu überwinden: Diese Praxis ist nicht beschränkt auf die 60er Jahre; sie hat sich hartnäckig gehalten und vermutlich werden wir ihr auch in Zukunft begegnen.

Dahinter steckt unsere Neigung zur Überschätzung bestätigender Informationen: Ein Test, der das erwartete Resultat liefert, wird in der Aussagekraft überschätzt.

Diese Tendenz zur Überschätzung bestätigender Information ist die Kehrseite unserer Fähigkeit, Gesetzmäßigkeiten der uns umgebenden Welt schnell zu erkennen und auszunutzen. Wer wird schon bezweifeln, daß ein Gegenstand zu Boden fällt, wenn man ihn losläßt, oder daß die Sonne morgen wieder aufgehen wird? Eine Unmenge solcher Gesetzmäßigkeiten haben wir gelernt; und wir haben sie schnell gelernt. Begriffsstutzigkeit bringt hier keinen Vorteil. Nur Nachteile sind zu erwarten, wenn aus Erfahrungen zu langsam das Grundsätzliche, das Gesetz, herausgeschält wird. Dieses Schließen vom Besonderen auf das Allgemeine heißt

Induktion. (Der Induktion steht die Deduktion gegenüber, bei der aus allgemein-gültigen Sätzen und Hypothesen nach den Regeln der Logik Aussagen über den Einzelfall abgeleitet werden.)

Viele der sogenannten Intelligenztests entpuppen sich bei näherem Hinsehen als Tests unserer Fähigkeit, schnell und treffsicher Hypothesen über Gesetzmäßig-keiten zu bilden. Nehmen wir einmal den Test von H. J. Eysenck, dem sich der Schachweltmeister Garri Kasparow unterzogen hat (Spiegel Nr. 52/1987). Dort wird unter anderem gefragt, mit welchen Zahlen bestimmte Folgen fortzusetzen sind. Hier ist eine solche Frage:

8   12   16   20   ?

Man stellt fest: jede Zahl ist (abgesehen von der ersten) um vier größer als ihr Vor-gänger. Das Fragezeichen steht demnach für die Zahl 24.

„Die Welt, in der wir leben, war bisher nicht so chaotisch, wie sie sein könnte, sondern relativ konstant und geordnet. Die Erwartung einer Regelmäßigkeit, die Fähigkeit, durch Versuch und Irrtum zu lernen, die Neigung, von der Vergangen-heit auf die Zukunft zu ,schließen', die Disposition zu induktiven Hypothesen haben sich deshalb bisher bewährt" (Vollmer, 1983, S. 160).

Aber: Zwingende Gewißheit kann es nicht geben. Selbst bei der obigen einfach gebildeten Zahlenfolge kann man sich eine Vielzahl von Varianten des Bildungs-gesetzes ausdenken, die zu anderen Fortsetzungen führen. Wäre der Zahlenbe-reich endlich (wie in jedem Computer beispielsweise), dann könnte ein solches Bildungsgesetz lauten, daß alle Rechnungen modulo N durchzuführen sind oder daß bei Erreichung einer Obergrenze stets diese zu wiederholen ist usw.

Nehmen wir einmal eine andere Zahlenfolge, nämlich eine, die mit den Zahlen 1, 3 und 7 beginnt. Ein mögliches Bildungsgesetz für die n-te Zahl der Folge wäre 2^n-1. Nach dieser Hypothese sind die nächsten drei Zahlen der Folge 15, 31 und 63. Eine damit konkurrierende Hypothese besagt, daß die n-te Zahl der Folge durch n^2-n + 1 gegeben ist. In diesem Fall würde die Folge anders fortgesetzt, nämlich mit den Zahlen 13, 21 und 31.

Noch einmal: Im Gegensatz zur Deduktion ist die Induktion kein zwingendes Schließen. Manchmal denken wir uns sogar Gesetze in ziemlich unzusammenhän-gende Sachverhalte hinein. Wir erkennen Gesetzmäßigkeiten vorschnell als gesi-chert an. Dadurch machen wir uns Dinge klar, die eigentlich recht verwickelt und undurchsichtig sind. Wir bilden uns die Sicherheit unserer Erkenntnisse manch-mal nur ein.

In der kognitiven Psychologie ist ein damit zusammenhängendes Phänomen genauer untersucht worden: Vielen Menschen fällt es schwer, logisches und plau-sibles Denken auseinanderzuhalten. Zur Erläuterung des Sachverhalts sei fol-gende Grundsituation gegeben: H sei eine Hypothese, die auf ein Ereignis E schließen läßt. Das heißt: H impliziert E. (H und E sind Aussagen.)

Ein typischer logischer Schluß ist:

H impliziert E. H hat sich als wahr erwiesen. Daraus folgt: E ist wahr.

Beispiel für logisches Schließen:

Wenn es regnet, dann wird das Spiel abgesagt. Es regnet. Daraus folgt: Das Spiel wird abgesagt.

Ein typischer plausibler Schluß ist etwa der folgende (Pólya, 1963):

H impliziert E. E ist wahr. Daraus folgt: H ist glaubwürdiger.

Beispiel für plausibles Schließen:

Wenn es regnet, wird die Straße naß. Die Straße ist naß. Also hat es vermutlich geregnet.

Für viele Leute scheint es ausgemacht zu sein, daß H durch die Beobachtung E nicht nur glaubwürdiger, sondern gar zwingend wahr ist (Anderson, 1988, S. 248).

Tatsächlich ist die Hypothese streng logisch höchstens widerlegbar (falsifizierbar), nämlich beispielsweise dann, wenn E falsch ist. Keinesfalls kann man sie durch die Beobachtung des Ereignisses als erwiesen (verifiziert) ansehen.

Das ist das *logische Induktionsproblem:* Wir wollen Beweise für unsere Hypothesen, und können sie in vielen Fällen (bei wissenschaftlichen Theorien prinzipiell, bei komplexen Programmen faktisch) nicht bekommen.

Unsere Schwierigkeit, das einzusehen, führt zum *psychologischen Induktionsproblem:* Der Glaube an die Hypothese tritt an die Stelle des Beweises. Dazu Popper (1982, S. 226): „Unser ‚Glaube‘ ist eine Anpassungserscheinung und wird selektiv ausgewählt. (*Jeder* Glaube ist irrational; aber er kann für unser Handeln praktisch wichtig sein.)"

Dieser Glaube mag praktisch wichtig sein. Eine Quelle für Irrtümer ist er aber ebenfalls. Tatsächlich hat man von vielen für selbstverständlich gehaltenen Verallgemeinerungen Ausnahmen gefunden. Die Aussage „Alle Schwäne sind weiß" ist beispielsweise durch die Entdeckung von Trauerhals-Schwan und Trauerschwan widerlegt worden. Die Theorie, daß jedes entstandene Lebewesen verfallen und sterben muß, ist durch die Entdeckung widerlegt worden, daß sich Bakterien durch Teilung vermehren.

Im Zusammenhang mit der Programmierung stößt man vielerorts auf das Induktionsproblem und auf die Denkfalle, daß bestätigende Informationen überschätzt werden. Hier sind drei Beispiele:

1. Algorithmen: Die Suche nach einem geeigneten Algorithmus für ein gegebenes Problem läßt sich mit einer Bergwanderung im Nebel vergleichen: Wenn man eine Bergkuppe erreicht hat, kann man nicht sicher sein, daß es der Gipfel ist. Die Tatsache, daß es rechts und links nur abwärts geht, verleitet womöglich zur Annahme, das Ziel erreicht zu haben. Man fällt nur allzu leicht auf die Tendenz zur Überschätzung bestätigender Informationen herein. Das heißt: Der Programmierer gibt sich manchmal schon mit einer schwachen Lösung zufrieden. Nach einer besseren wird nicht gesucht. Das Programm wird für optimal gehalten, nur weil es augenscheinlich funktioniert.
2. Zuverlässigkeitsmodelle: Es gibt eine Vielzahl von Modellen für die Software-Zuverlässigkeit. Das zukünftige Verhalten der Software wird dabei aus ihrer Geschichte (also dem bisher beobachteten Fehlverhalten und den Fehlerkorrekturmaßnahmen) prognostiziert. Die Vielzahl der Modelle und die Dürftigkeit des Datenmaterials scheinen ein Hinweis darauf zu sein, daß es die

Gesetzmäßigkeiten, die die Zuverlässigkeitsmodelle nachbilden sollen, überhaupt nicht gibt. Vermutlich wird der Tatbestand, daß ein Modell zu einem bestimmten Datensatz und vielleicht auch zu zwei oder drei anderen paßt, in der Bedeutung überbewertet (Becker, Camarinopoulos, 1987).

3. Software-Sicherheit: In sicherheitsrelevanten Anwendungen (Flugverkehr, Kerntechnik, Militärtechnik) reicht es nicht aus, fehlerarme Software anzustreben. Vielmehr muß man hier die vollständige Abwesenheit von sicherheitskritischen Fehlern nachweisen. Das schließt Lernen aus den Fehlern aus; ebenso ist die Anwendung von Prognosemodellen, wie sie in der Software-Zuverlässigkeit angewendet werden, ausgeschlossen. Mangels ausreichender Datenbasis besteht die Gefahr, daß man sich die Software-Sicherheit nur einbildet, so wie man sich die Sicherheit von technischen Anlagen solange einbildet, bis es zur Katastrophe kommt (Leveson, 1986; Lin, 1986; IEEE spectrum, 1979). Hier wird der Tatbestand überschätzt, daß es bislang nicht zur Katastrophe gekommen ist. Unsere Neigung zur Überschätzung bestätigender Informationen ist immer dann brisant, wenn hohes Gefährdungspotential im Spiel ist. Unsere Erfahrungen leiten sich dann naturgemäß nur aus vorwiegend positiven Erfahrungen ab.

3.5.2 Konkurrenzhypothesen

Die Neigung zur Überschätzung von bestätigenden Informationen kann man auch noch von einer anderen Seite beleuchten: Zu den allgemein anerkannten Hypothesen ist meist eine Vielzahl von konkurrierenden Hypothesen denkbar, die ebenfalls mit den Tatsachenfeststellungen und Beobachtungen verträglich sind. Nur: wir nehmen sie nicht zur Kenntnis. Die allermeisten dieser Hypothesen werden niemals formuliert. Und selbst von denen, die in den Köpfen anderer oder auf dem Papier existieren, erfahren wir nichts.

Ein Großteil der wissenschaftlichen Theorien führt ein kümmerliches Dasein am Rande der etablierten Wissenschaft. Wenn eine der Theorien sich als Verbesserung herausstellt, wird sie eine der bisher allgemein akzeptierten verdrängen.

Tatsächlich mußte das heliozentrische Weltbild durch Galilei nicht erst erfunden werden. Im Grunde zeigten seine Himmelsbeobachtungen nur, daß das bis dahin vorherrschende geozentrische Weltbild unhaltbar ist. Dadurch wurde der Weg für das heliozentrische Weltbild frei. Eine Theorie, die Kopernikus bereits siebzig Jahre vorher veröffentlicht hatte.

Betrachten wir nun eine Reihe von Hypothesen H_1, H_2, ..., H_n, die alle mit dem Tatsachenmaterial in Einklang stehen und die einander logisch ausschließen, das heißt: Höchstens eine von ihnen kann wahr sein.

Möge nun aus jeder der Hypothesen die Aussage E zu folgern sein. E sei als wahr erwiesen. Ein plausibler Schluß, nach dem eine der Hypothesen, beispielsweise H_1, den anderen vorzuziehen sei, kann daraus nicht gezogen werden. Irgendwelches Tatsachenmaterial kann uns sehr wohl bestärken, einer bestimmten Hypothese mehr Vertrauen entgegenzubringen. Aber ebenso wird durch dieses Material eine Vielzahl anderer Hypothesen gestützt. Nur wirkt sich das nicht auf unsere Einschätzung aus, weil wir die Konkurrenzhypothesen nicht kennen.

Diese Bevorzugung einer bestimmten Hypothese, die das vorliegende Tatsachenmaterial erklärt, geht wohl auf unseren Hang zurück, in linearen Kausalketten zu denken. Durch logische Argumente ist diese Bevorzugung jedenfalls nicht zu rechtfertigen.

Aus der Programmierpraxis: Viele Fehler sind schon übersehen, viele Fehler sind in Programme eingebaut worden, weil das Programmversagen falsch gedeutet und weil mit falschen Hypothesen über den Fehlermechanismus gearbeitet wurde.

Wenn man sich die Denkfallen bewußt macht, die diesen Schwierigkeiten zugrunde liegen, besteht eine Chance, sie zukünftig zu umgehen.

3.5.3 Wahrscheinlichkeit von Hypothesen

K. R. Popper bestreitet die Möglichkeit des Induktionsschlusses. Sogar den Versuch, den Theorien wenigstens eine gewisse Wahrscheinlichkeit zuzubilligen, lehnt er mit guten Gründen ab (Popper, 1982, S. 438 ff.).

Andererseits wollen wir uns unserer Sache sicher sein. Wir sprechen davon, daß etwas „wahrscheinlich wahr", daß ein Programm mit „hoher Wahrscheinlichkeit fehlerfrei" ist.

Den Generalisierungen Wahrscheinlichkeiten zuzumessen, und zwar möglichst große, scheint uns ein Grundbedürfnis zu sein. Wir wollen Sicherheit in einer ungewissen Welt.

Nehmen wir einmal an, einer bestimmten Hypothese H komme die a-priori-Wahrscheinlichkeit $P(H)$ zu; das ist diejenige Wahrscheinlichkeit, die wir der Hypothese (mehr oder weniger willkürlich) zumessen, bevor wir die Beobachtungsdaten kennen. Für die Wahrscheinlichkeit, daß die Hypothese nicht zutrifft, gilt die Beziehung $P(\neg H) = 1 - P(H)$. Kennt man die Wahrscheinlichkeiten $P(E \mid H)$ und $P(E \mid \neg H)$ für das Eintreten des beobachteten Ereignisses E unter den Bedingungen, daß die Hypothese wahr bzw. daß sie nicht wahr ist, dann kann man die a-posteriori-Wahrscheinlichkeit $P(H \mid E)$, also die Wahrscheinlichkeit der Hypothese unter der Bedingung, daß das Ereignis E tatsächlich eingetreten ist, nach dieser Formel berechnen:

```
P(H|E) = 1/(1+A·B)
```

Die Größen A und B sind folgendermaßen definiert:

```
A = P(E|¬H)/P(E|H)
B = P(¬H)/P(H)
```

Das ist die Bayessche Formel (Fisz, 1976) in einer geringfügig umgeformten Version. Wenn $A = 1$ ist, dann ist das beobachtete Ereignis neutral, d. h. es spricht weder für die Hypothese noch für die Gegenhypothese: $P(H \mid E) = P(H)$. Falls $A < 1$, dann macht E die Hypothese wahrscheinlicher: $P(H \mid E) > P(H)$. Ist $A > 1$, dann wird die Hypothese eher unwahrscheinlicher.

Als Beispiel für die Anwendung dieser Formel nehmen wir einen Fall, bei dem die a-priori-Wahrscheinlichkeiten bereits durch empirisches Material abgeschätzt werden können (Anderson, 1988): Aus der Polizeistatistik sei bekannt, daß die Wahrscheinlichkeit, daß zu einer bestimmten Zeit in ein Haus eines bestimmten Wohnviertels eingebrochen wird, 1/1000 beträgt. Die a-priori-Wahrscheinlichkeit für die Hypothese, daß ein Einbruch tatsächlich stattgefunden hat, ist also $P(H) = 0,001$. Entsprechend gilt $P(\neg H) = 0,999$. Also ist das B in der obigen Formel gleich 999.

Nun kommen die Bewohner nach Hause und bemerken, daß die Haustür offensteht. Ihr Schreck ist groß. Sie befürchten, daß eingebrochen worden ist. Sie halten einen Einbruch für höchstwahrscheinlich. Aber: Mit welcher Wahrscheinlichkeit liegt tatsächlich ein Einbruch vor?

Zur Ermittlung der a-posteriori-Wahrscheinlichkeit der Hypothese benötigt man noch die bedingten Wahrscheinlichkeiten für das Ereignis, daß die Tür offenbleibt. Die Wahrscheinlichkeiten für dieses Ereignis unter normalen Umständen bzw. nach einem Einbruch seien gleich 0,01 bzw. 0,8. Also ist $A = P(E \mid \neg H)/P(E \mid H) = 0,0125$. Nachdem nun eine offene Haustür vorgefunden wurde, gilt für die a-posteriori-Wahrscheinlichkeit $P(E \mid H)$, das ist die Wahrscheinlichkeit dafür, daß tatsächlich ein Einbruch stattgefunden hat,

```
P(H|E) = 1/(1+AB) = 1/(1 + 0,0125·999) = 0,074.
```

Das Wissen um die offene Haustür macht die Vermutung, daß ein Einbruch geschehen ist, um den Faktor 74 wahrscheinlicher. Mit immer noch über 90-prozentiger Wahrscheinlichkeit ist die Haustür aus Versehen offengeblieben.

Die Überreaktion der Bewohner ist typisch: Wie alle Menschen neigen sie dazu, die a-priori-Wahrscheinlichkeit zu vernachlässigen und die Bedeutung der vorliegenden Information zu überschätzen (Anderson, 1988, S. 274). Wenn ein Ereignis E mit großer Wahrscheinlichkeit aus der Hypothese H folgt, wird das Auftreten des Ereignisses E als in hohem Maße für H sprechend angesehen. Das heißt, es wird fälschlich angenommen, daß $P(H \mid E) \approx P(E \mid H)$ ist. Wir werden auf diesen Sachverhalt bei der Diskussion des Induktionsproblems zurückkommen.

Oft ist es so, daß wir die a-priori-Wahrscheinlichkeiten der Hypothesen gar nicht kennen. Außerdem sind meist mehrere Hypothesen denkbar, die mit einem beobachteten Ereignis in Einklang stehen. Gäbe es nun n verschiedene miteinander konkurrierende Hypothesen, dann läge es nahe, jeder Hypothese zunächst dieselbe Wahrscheinlichkeit zuzubilligen. Für eine Hypothese H hätte man somit eine a-priori-Wahrscheinlichkeit gemäß $P(H) = 1/n$ und entsprechend wäre $P(\neg H) = 1 - 1/n$. Damit wäre $B = n - 1$. Bei unverändertem A würde somit nach obiger Formel die aposteriori-Wahrscheinlichkeit für die Hypothese immer kleiner, je größer die Zahl der Alternativen ist.

Es ergibt sich ein erkenntnistheoretisches Paradoxon: Je weniger Alternativen in Betracht gezogen werden, je weniger Hypothesen miteinander konkurrieren, desto „wahrscheinlicher" wird die bevorzugte Aussage oder Hypothese, desto sicherer ist man sich seiner Sache. Die Gewißheit ist um so größer, je weniger man weiß. Oder umgekehrt: Die Unsicherheit wächst mit der Erkenntnis.

3.5.4 Wahrscheinlichkeit und Induktion

Was die Philosophen das Induktionsproblem nennen, hängt ganz offensichtlich mit der Denkfalle zusammen, die hier „Überschätzung bestätigender Informationen" genannt wird. Ein gutes Verständnis des Induktionsproblems hilft auch dem Programmierer, sich das anzueignen, was man die negative (oder kritische) Methode nennt, und die ihm hilft, diese Denkfalle zu entschärfen.

Um das Induktionsproblem noch weiter auszuloten, wollen wir versuchen (wie viele andere es auch schon getan haben), den Hypothesen Wahrscheinlichkeiten zuzumessen: Die Hypothesenwahrscheinlichkeit gibt an, in welchem Maß eine Hypothese als gesichert angesehen wird.

Beim Beispiel des letzten Unterabschnitts konnten wir Wahrscheinlichkeitsrechnung auf einer recht sicheren Grundlage betreiben: Die a-priori-Wahrscheinlichkeiten der Hypothesen ließen sich durch relative Häufigkeiten abschätzen, denen Beobachtungsdaten zugrunde lagen.

Wie aber steht es mit der Wahrscheinlichkeit von generalisierenden Aussagen und wissenschaftlichen Hypothesen? Statistiken über ihre Richtigkeit oder Falschheit gibt es nicht. Das ist ganz analog zu der Situation, in der der Tester eines Programms sich befindet: Wie bei den Gesetzmäßigkeiten der Natur kann er bei seinen Programmen die zu testenden Eigenschaften als konstant voraussetzen. Ein korrektes Programm bleibt korrekt und ein defektes wird nicht besser.

Die Korrektheit eines hinreichend umfangreichen und komplexen Programms muß man als eine Hypothese auffassen, die sich nicht beweisen läßt. Das ist ganz analog zu den wissenschaftlichen Hypothesen. Und wie bei wissenschaftlichen Theorien neigt der Mensch dazu, aufgrund von nur wenigen Beobachtungen zu sagen: die Hypothese ist wahrscheinlich wahr.

Eine „Wahrscheinlichkeitstheorie für induktive Schlüsse" auf der Grundlage relativer Häufigkeiten zu begründen, ist zum Scheitern verurteilt. Wir halten es mit K. Popper (1982, S. 209): „ Dennoch wollen wir *fingieren*, daß die Konstruktion eines solchen Begriffes der ‚Hypothesenwahrscheinlichkeit' gelungen sei, um uns zu fragen: Was würde daraus folgen?"

Eine Argumentationskette, die auf dieser Linie liegt, finden wir bei Pólya (1963, S. 199ff.). Wir folgen Pólya, schließen uns aber nicht überall seiner Ausdrucksweise an.

Die Astronomen versuchten, mittels der Newtonschen Theorie die Bewegungen der Planeten zu berechnen. Beim Planeten Uranus ergaben sich zu große Abweichungen zwischen vorhergesagter und tatsächlicher Bahn. Manche Astronomen formulierten seinerzeit die Vermutung, daß sich diese Abweichungen auf die Anziehung eines weiteren, noch unbekannten Planeten zurückführen lassen. Die Astronomen Leverrier und Adams berechneten die Bahn eines hypothetischen Planeten aus den Unregelmäßigkeiten der Uranusbahn. Tatsächlich wurde der Planet Neptun am 23. September 1846 weniger als ein Grad neben dem vorhergesagten Ort entdeckt. Masse und Bahn des Planeten stimmten ungefähr mit den Voraussagen überein.

Den Berechnungen lag die Newtonsche Theorie zugrunde. Wir bezeichnen sie mit H. E sei das vorhergesagte Ereignis, also die Behauptung der Astronomen, die sich durch die Entdeckung des Neptun schließlich bewahrheitet hat.

Wir fragen nun, wie stark die Entdeckung des Neptun den Grad des Vertrauens in die Newtonsche Theorie erhöht. Den Grad des Vertrauens geben wir als Wahrscheinlichkeit an. Vorausgesetzt sei, daß mit den Wahrscheinlichkeiten nach den üblichen Regeln gerechnet werden darf (Carnap, Stegmüller, 1959).

$P(H)$ sei der Grad des Vertrauens in Newtons Theorie vor der Entdeckung des Neptun (a-priori-Wahrscheinlichkeit von H).

$P(H \mid E)$ bezeichne den Grad des Vertrauens nach der Entdeckung (aposteriori-Wahrscheinlichkeit).

$P(E)$ ist die Glaubwürdigkeit (Wahrscheinlichkeit) der Vorhersage ohne Bezugnahme auf die Theorie H.

$P(E \mid H)$ ist die Glaubwürdigkeit der Vorhersage unter der Bedingung, daß die den Berechnungen zugrundeliegende Theorie wahr ist.

Die Vorhersage kann man fast als zwangsläufig ansehen, wenn die Theorie richtig ist: $P(E \mid H) = 1$. Dagegen ist ein Ereignis der beobachteten Art außerordentlich unwahrscheinlich, wenn allein der Zufall im Spiel ist. Wir übernehmen den von Pólya errechneten Wert: $P(E) = 0,00007615$.

Die elementare Wahrscheinlichkeitsrechnung liefert eine Formel für Wahrscheinlichkeitsverhältnisse:

$$(0) \quad P(H \mid E)/P(H) = P(E \mid H)/P(E).$$

Im Verhältnis $P(E \mid H)/P(E)$ kommt der Vorhersagewert der Hypothese H bezüglich des Ereignisses E zum Ausdruck. Dieses Verhältnis ist gleich dem relativen Zuwachs der Glaubwürdigkeit der Theorie.

Durch die Entdeckung sollte sich nach obiger Formel und bei den zugrundeliegenden Daten der Grad der Glaubwürdigkeit der Newtonschen Theorie wenigstens um den Faktor 13131 vergrößert haben: $P(H \mid E)/P(H) = 1/0,00007615 = 13131$.

Das impliziert, daß $P(H) < 0,00007615$ sein muß. Dazu Pólya (1963, S. 202): „In der Tat könnte die Newtonsche Theorie im Jahr 1846, schon vor der Entdeckung Neptuns, als fest begründet betrachtet werden, und so könnte es lächerlich aussehen, (dieser Theorie) eine so niedrige Glaubwürdigkeit zuzuweisen."

Pólya untersucht diesen Widerspruch nicht weiter. Er meint: „Die Moral der Geschichte scheint zu sein: Bei der Anwendung der Wahrscheinlichkeitsrechnung auf plausibles Schließen vermeide man prinzipiell numerische Werte."

Aus diesem Beispiel läßt sich aber mehr lernen. Wir sehen uns dazu die Argumentation Poppers an: Wenn man überhaupt ein Wahrscheinlichkeitskalkül auf Hypothesen und Beobachtungen anwenden will, ist man zur Vermeidung von Widersprüchen gezwungen, den Hypothesen sehr kleine Wahrscheinlichkeiten zuzumessen. Er meint sogar, daß man nicht umhin kann, sie gleich null zu setzen: „Wenn also a unser Gesetz ist und b irgendeine Tatsachenfeststellung, dann behaupte ich: (1) p(a) = 0 und auch (2) p(a, b) = 0." In unsere Schreibweise übersetzt, heißt das:

$$(1) \quad P(H) = 0$$
$$(2) \quad P(H \mid E) = 0$$

Popper begründet das im Rahmen einer formalen (axiomatischen) Theorie der Wahrscheinlichkeit, die auch die hier benötigten logischen Wahrscheinlichkeiten umfaßt (Popper, 1982, Neuer Anhang).

Die Nullwahrscheinlichkeiten (1) und (2) rütteln an den Grundfesten unseres Weltbildes: All die Gesetze, die für wahr zu halten wir uns angewöhnt haben, sollen eine verschwindend kleine Wahrscheinlichkeit haben, selbst wenn die beobachteten Ereignisse immer wieder für sie sprechen?

Die Nullwahrscheinlichkeiten sind eine radikale Formulierung der Denkfalle durch Überschätzung bestätigender Informationen. Das Anerkennen der Nullwahrscheinlichkeiten kann uns bei der Überwindung dieser Denkfalle helfen, indem wir als Konsequenz dieser Einsicht einen kritischen Standpunkt zu unseren Werken (Hypothesen, Programmen usw.) einnehmen.

Um einem Mißverständnis vorzubeugen: Es gibt allgemeine Aussagen, deren Wahrscheinlichkeiten größer als null oder gar gleich eins sind. Nehmen wir als Beispiel die Tautologien oder Aussagen der Art: „Wenn der Hahn kräht auf dem Mist, ändert sich das Wetter oder es bleibt wie es ist." Also: „Wenn man auf hohe Wahrscheinlichkeit wert legt, muß man wenig sagen – oder besser gar nichts" (Popper, 1982, S. 216).

Anders ausgedrückt: Die für uns interessanten Hypothesen lassen sich gerade durch die Nullwahrscheinlichkeit und einen hohen Bewährungsgrad von allen anderen abgrenzen.

Von einem hohen *Bewährungsgrad von H durch E* sprechen wir dann, wenn $p(E \mid H)$ nahe oder gleich eins ist und wenn man dem Ereignis E, ohne Kenntnis der Hypothese, nur eine geringe Wahrscheinlichkeit zumessen würde. Die uns interessierenden Hypothesen werden außer durch (1) und (2) noch durch (3) und (4) charakterisiert:

```
(3)  P(E|H) = 1 oder P(E|H) nahe eins
(4)  P(E) << 1
```

Die Größe $P(E \mid H)$ heißt relative *Glaubwürdigkeit von H aufgrund von E* (englisch: Likelihood).

Jetzt lösen sich die Widersprüche auf, die sich bei der Interpretation der Formel für die Wahrscheinlichkeitsverhältnisse (0) eingestellt haben: Auf der linken Seite steht der Quotient 0/0. (Übrigens ist man auch nicht besser dran, wenn man anstelle von Nullwahrscheinlichkeiten kleine Wahrscheinlichkeiten einsetzt.) Die linke Seite der Gleichung ist unbestimmt und gibt nichts her für die Beurteilung der Hypothese. Allein auf die rechte Seite darf man sich stützen: $P(E \mid H)/P(E)$. Je größer dieser Wert ist, desto größer ist der Bewährungsgrad von H durch E.

Dem Leser wird es leicht fallen, diese Überlegungen in die Welt des Programmierens zu übertragen. Zum Beispiel wird ein Tester ein Programm dann als bewährt ansehen, wenn es kritische Testfälle korrekt bearbeitet. Zur Erläuterung bezeichnen wir mit E das Ereignis, daß ein bestimmter Testfall vom Programm korrekt bearbeitet wird. Falls die Hypothese H – nämlich, daß das Programm korrekt ist – stimmt, wird jeder Fall korrekt bearbeitet. Das gilt natürlich auch für E: $P(E \mid H) = 1$. Kritisch wird ein Testfall dann genannt, wenn man nicht von vornherein erwartet, daß das Programm ihn richtig bearbeitet. Der gute Tester strebt nach einem hohen Bewährungsgrad. Also wird er nur solche Testfälle wählen, bei denen das Programm höchstwahrscheinlich versagt: p(E) soll ja möglichst klein sein. Er arbeitet nach der *negativen Methode*. Mehr dazu in Abschnitt 5.3.

3.6 Assoziationen

Eine Assoziation ist die Verknüpfung von zunächst unabhängig voneinander funktionierenden Nervenvorgängen (Reizsituationen, Reaktionen, Gedächtnisinhalten, Ideen). Der Aufbau assoziativer Verbindungen ist charakteristisch für Lernvorgänge (Eibl-Eibesfeldt, 1984; Lorenz, 1973; Kohonen, 1988).

Stets besteht aber auch die Gefahr falscher Verbindungen. Die Gefahr ist aber schon halb gebannt, wenn man sie kennt.

Assoziationen sind es, die uns das Erkennen und Abspeichern von Zusammenhängen und Gesetzmäßigkeiten überhaupt erst ermöglichen. Trifft ein Umweltreiz häufiger mit einer bestimmten guten (oder auch schlechten) Erfahrung zusammen, dann werden Umweltreiz und Erfahrung miteinander assoziiert. Den Wahrnehmungs- und Denkprozessen liegt wiederum die Hypothese zugrunde, daß beide Erscheinungen ursächlich zusammenhängen müssen, wenn sie immer wieder gemeinsam auftreten.

Berühmt geworden ist das Beispiel der Pawlowschen Hunde: Wird den Hunden mehrmals zugleich mit der Darbietung des Futters eine Glocke geläutet, so trieft ihnen auch dann der Speichel, wenn nur die Glocke ertönt. Dieses Beispiel zeigt auch, wie das innere Programm getäuscht werden kann: Das mehrmalige Zusammentreffen von Erscheinungen kann vortäuschen, daß eine davon die Ursache der anderen ist oder – allgemeiner – daß sie eine gemeinsame Ursache haben.

Für das Denken von größter Bedeutung ist die Tatsache, daß neue Denkinhalte in ein Netz von miteinander verbundenen (assoziierten) Informationen eingebettet werden und daß bei Aktivierung eines solchen Denkinhalts das assoziative Umfeld mit aktiviert wird. Behandelt werden diese Dinge heute unter den Stichwörtern semantisches Netz (Dörner, 1979) oder propositionales Netzwerk (Anderson, 1988).

Dadurch entdecken wir bislang verborgene Zusammenhänge, können Schlußfolgerungen ziehen. Nach Auffassung der Assoziationspsychologie besteht sogar jede Denktätigkeit darin, daß Gedächtnisinhalte sich aufgrund der assoziativen Verknüpfungen wechselseitig ins Bewußtsein rufen.

Wer etwas über Assoziationen erfahren will, lernt am besten bei den Meistern der Meinungsbeeinflussung: Die ganze Werbebranche lebt im Grunde von der Kunst, Verbindungen von Gedankeninhalten dort herzustellen, wo von Natur aus eigentlich gar keine Verbindungen vorhanden sind. Auf diese Weise wird beispielsweise die vormals als dickmachendes Betthupferl verschriene Schokolade mit dem Image des Sportlichen ausgestattet.

Es gehört zur Alltagspraxis der Meinungskneter, bereits vorhandene Assoziationen zu ihren Gunsten auszunutzen (Packard, 1964).

Nehmen wir nur die vielen Täuschwörter: Die Müllhalde wird zum „Entsorgungspark" veredelt, das Waldsterben zum „neuartigen Waldschaden" verharmlost, Risiko schrumpft zu „Restrisiko", wirtschaftliche Stagnation wird zum „Nullwachstum" und statt Entlassung heißt es „Freisetzung".

Die Psychologie berichtet über teilweise verblüffende Gedankenverbindungen. Zum Großteil sind es unbewußte Assoziationen, die plötzlich ins Bewußtsein treten (Freud, 1977).

Assoziation sind sowohl an der Bildung von Handlungsketten, an der Vernetzung der Verhaltensschemata und beim Aufbau semantischer Netze beteiligt. Auch das Zuordnen von Formen und Sprachsymbolen zu Begriffen und Gedächtnisinhalten läßt sich im weiteren Sinne als Assoziation auffassen (Riedl, 1981, S. 125).

Für den Zweck dieses Buches genügt es, mit diesem allgemein gefaßten Begriff der Assoziation zu operieren. Das weitere Aufschlüsseln von Zusammenhängen und das Bilden von Modellen über das Zusammenspiel von Verhaltens- und Denkschemata ist für den hier verfolgten Zweck nicht erforderlich.

Assoziationen spielen im Programmieralltag eine Rolle, wenn es um die Zuordnung von Namen und Bedeutungen geht. In der heute bei den meisten Programmiersprachen gegebenen Möglichkeit zur freizügigen Wahl von Namen für Variablen und Prozeduren lauern Gefahren. Mnemotechnische Namen können irreführend sein: Aufgrund unserer Bevorzugung des Sinnvollen gegenüber dem Unsinn lesen wir mehr Sinn in ein Programm hinein als gerechtfertigt ist und wir glauben eher an den Namen als an die Bedeutung (Weinberg, 1971). Eine sorglose Namensvergabe im Deklarationsteil eines Programmes kann Verwirrung stiften (siehe Abschnitt 4.2.5).

Welche Verwirrung Namen stiften können, sieht man am Begriff „Software-Zuverlässigkeit" (Software Reliability). Anfang der siebziger Jahre kam er in Mode (Dijkstra in Dahl, Dijkstra, Hoare, 1972; Kopetz, 1976; Myers, 1976).

Damals war die Zuverlässigkeitstheorie schon eine gut ausgebaute Lehre und hatte sich in ihren Anwendungsbereichen (z. B.: Gerätetechnik der Raumfahrt) sehr gut bewährt. Der gute Klang, den das Wort Zuverlässigkeit in diesem Zusammenhang hat, muß wohl der Anreiz gewesen sein, diese Theorie auch für die Bewertung von Software zu verwenden. „Because of the relatively advanced state of hardware reliability, it is natural to try to apply this theory to software reliability" (Myers, 1976, S. 329).

Mit dem Begriff Zuverlässigkeit assoziiert der Ingenieur mathematische Modelle für Lebensdauer und Verfügbarkeit, die sich auf Hardware sehr wohl anwenden lassen, auf Software aber leider nicht. Das liegt an zwei Annahmen, die der Bewertung von Hardware angemessen sind, die aber bei der Software völlig daneben liegen: (1) Das zu bewertenden Objekt kann seine Funktion im Laufe der Zeit aufgrund einer Änderung seiner körperlichen Beschaffenheit ändern. (2) Ein Objekt gilt als intakt oder als ausgefallen unabhängig davon, ob sich das gerade nach außen bemerkbar macht. Das heißt: Vom Eingabe- und Anforderungsprozeß wird abstrahiert.

Ein Beispiel: Daß eine Glühbirne defekt ist, merkt man zwar erst, wenn man das Licht einschalten will. Defekt war sie aber möglicherweise schon vorher. Und noch ein Beispiel: Im Computer der Sonde Voyager 2 fiel eine Speicherzelle aus. Als Notbehelf wurde ein Ersatzprogramm geschrieben und an die Sonde übertragen, das die ausgefallene Speicherzelle umgehen konnte. Dadurch wurde der Defekt nicht behoben – aber er wurde unschädlich gemacht (Laeser, McLaughlin, Wolff, 1987).

Daß bei der Bewertung von Hardware und Software unterschiedliche Annahmen zu machen sind, wurde anfangs sehr wohl bedacht. Die Übertragung von Zuverlässigkeitsmodellen geschah auch entsprechend vorsichtig und nur in so einfachen Fällen, daß noch nichts schief gehen konnte. Aber der irreführende Name „Software-Zuverlässigkeit" war nun da, und so nahm das Verhängnis seinen Lauf. Durch diesen Begriff fühlte sich so mancher berechtigt, Zuverlässigkeitsmodelle auch auf komplexere Systeme zu übertragen, ohne immer die Annahmen zu überprüfen. Der Abschnitt 6.3.1 handelt von einer solchen verfehlten Modellbildung und der Abschnitt 6.3.2 handelt davon, wie die Sache später korrigiert wurde.

3.7 Einstellungen

Alle bisher entdeckten Denkfallen betrafen das Wissen. Es ging vor allem um die Gewinnung von Information (Filterung und Abstraktion) und um Mechanismen, wie Informationen intern repräsentiert und abgerufen werden (Assoziationen).

Da Programmierer aber vor allem Probleme zu lösen haben, sollte man auch auf dem Gebiet des produktiven Denkens nach Fallen beim Programmieren Ausschau halten.

Fehler im Problemlöseprozeß äußern sich so, daß entweder gar keine Lösung gefunden wird, obwohl sie existiert, oder daß nur eine mangelhafte Lösung erkannt wird, die noch weit vom Optimum weg ist. Für die Programmierung ist von höchstem Interesse, festzustellen, was die Herstellung fehlerfreier und effizienter Programme verhindern könnte.

Man spricht von *Einstellungen* oder Sets und meint damit eine vorgeprägte Ausrichtung des Denkens, die beispielsweise in der Suchraumbeschränkung beim Problemlösen zum Ausdruck kommt. Diese Einstellungen können zurückgehen auf

- die Erfahrungen aus früheren Problemlöseversuchen in ähnlichen Situationen
- Gewöhnung und Mechanisierung durch wiederholte Anwendung eines Denkschemas
- die Gebundenheit von Werkzeugen und Methoden (Operatoren) an bestimmte Verwendungszwecke
- die Vermutung von Vorschriften, wo diese nicht gegeben sind („Verbotsirrtum").

Bei dem bereits früher behandelten Neun-Punkte-Problem spielt vielleicht die Erfahrung eine Rolle, daß im Geometrieunterricht die Striche fast immer zwischen den Punkten gezogen werden mußten.

Früher erworbene Denkgewohnheiten können das Lösen von Problemen verhindern oder zumindest erschweren. „Einstellung – Gewöhnung – schafft eine mechanische Art zu denken, geistige Trägheit, Blindheit gegenüber Problemen;

man sieht nicht die wesentlichen Punkte des Problems selbst, sondern läßt sich von einer mechanischen Anwendung gewohnter Methoden leiten" (Luchins, zitiert nach Mayer, 1979; siehe auch Luchins, 1942).

Der Begriff der Gebundenheit sei an einem kleinen Beispiel verdeutlicht: Ein Stahlseil hatte sich bei Arbeiten in einem Lager derartig verknotet, daß es mit Muskelkraft nicht mehr zu lösen war. Die rettende Idee, einen kleinen Kran zu Hilfe zu nehmen, kam zunächst niemandem in den Sinn, denn der Kran ist zum Heben von Lasten da und nicht zum Lösen von Knoten. Es handelte sich hier um einen Fall von „funktionaler Gebundenheit", wie K. Duncker es nennt.

Beim Verbotsirrtum geht man wie selbstverständlich davon aus, daß bestimmte Operationen unzulässig sind. Das liegt daran, daß eine Problemstellung in einen Gesamtzusammenhang eingeordnet wird. „Die Aktivierung des assoziativen Umfelds ist normalerweise sehr sinnvoll und ermöglicht die Einordnung und die Erfassung der Bedeutung der Nachricht. Mitunter aber kann dieses assoziative Umfeld auch... eine vernünftige Problemlösung verhindern" (Dörner, 1979).

Der Verbotsirrtum spielt eine Rolle, wenn jemand die Aufgabe, aus 6 Streich-hölzern 4 gleichseitige Dreiecke zu bilden, nicht lösen kann und bei Bekanntgabe der Lösung (Tetraeder) bemerkt: „Ich dachte, die Dreiecke sollen in der Ebene lie-gen" (Dörner, 1979).

In besonderem Maße verantwortlich für Einstellungen – auch für Fehleinstel-lungen – ist die schulische Ausbildung. Dazu ein Beispiel aus der Programmie-rung: Es kommt vor, daß Studenten Programme vorlegen, in denen einfache Itera-tionsprobleme mit Hilfe rekursiver Funktionen gelöst werden. Die Programme laufen zwar. Aber sie sind nicht effizient. Manchmal sind sie sogar wesentlich schlechter lesbar als Programme, die die Iteration benutzen. Die falsche Verwen-dung der Sprachelemente geht wohl darauf zurück, daß die Technik der Rekur-sion bereits an einem im Grunde ungeeigneten Beispiel gelehrt wird, nämlich an der Berechnung der Fakultät:

```
FUNCTION fac(n:INTEGER): INTEGER;
{liefert für nichtnegatives n den Wert n!}
BEGIN
  IF n<2 THEN fac:=1
  ELSE fac:=n*fac(n-1)
END;
```

Dem unvoreingenommenen Programmierer käme im Zusammenhang mit der Fakultät wohl eher eine Iteration in den Sinn.

Hier soll nicht der konsequenten Vermeidung der Rekursion das Wort geredet werden. Es gibt Probleme, da führt die Rekursion zu wesentlich durchsichtigeren Lösungen als die Iteration. Als Lehrbeispiele bieten sich die Türme von Hanoi, das 8-Damen-Problem (Acht Damen sind auf einem Schachbrett so zu plazieren, daß sie einander nicht bedrohen) oder die Auswertung mathematischer Ausdrücke an (Feldman, 1980; Wirth, 1985).

Das obige Programm macht auch deutlich, daß Fehleinstellungen durchaus nicht zu den unabänderlichen Gegebenheiten gehören. Bereits in der Ausbildung ist gegen den schematischen Einsatz von Allround-Verfahren anzugehen. Das

Aufzeigen von Lösungsalternativen und eine Begründung der Methodenwahl sollten zum festen Bestandteil der Problembearbeitung gemacht werden.

Anders als bei anderen Denkfallen sind Umgehungsstrategien bei Fehleinstellungen nicht möglich: Problemlösendes Denken ist stets durch Einstellungen bestimmt und die Umgehungsstrategie könnte nur heißen, auf das Problemlösen, also zum Beispiel das Programmieren, ganz zu verzichten.

Glücklicherweise ist das nicht nötig, da die Problemlösefähigkeit der Verbesserung durch Training zugänglich ist. Außerdem gibt es Möglichkeiten, Denkgewohnheiten aufzubrechen. Das kann gelingen, indem man das eigene Denken in den Problemlösevorgang mit einbezieht und indem man versucht, möglichst viel aus den Fehlern – den eigenen und denjenigen anderer – zu lernen. Der Abschnitt 5.6 bringt noch eine weitere sehr wirksame Methode: das bewußte Aktivieren von Heuristiken.

Die Einstellungen gehören zu den determinierenden Tendenzen beim Problemlösen. Neben der vorgeprägten Ausrichtung des Denkens gibt es determinierende Tendenzen, die vom Problem und vom Stand seiner Bearbeitung ausgehen. Dazu gehören diese Einstellungseffekte:

- die Anziehungskraft, die vom nahen (Teil-) Ziel ausgeht und die das Auffinden des problemlösenden Umwegs verhindert
- die vorhandenen Strukturen und Teillösungen, die den weiteren Lösungsprozeß in bestimmte Bahnen lenken.

Die Anziehungskraft eines nahen Ziels erzeugt einen ungeduldigen Drang, die Lösung zu finden und engt den Blick zu sehr ein, „wie wenn ein hungriges Tier, das von seinem Futter durch ein Gitter getrennt ist, auf das nahe Ziel starrt und die Möglichkeit verliert, die Situation frei zu überblicken, so daß es unfähig wird, zu sehen, daß ein einfacher Umweg es an das Ziel bringen würde" (Wertheimer, 1964, S. 227).

Vorhandene Strukturen machen oft gerade beim Programmieren das Auffinden guter Lösungen nahezu unmöglich. Vorhandene Teillösungen im Zuge der Entwicklung größerer Programmsysteme führen zu einer Verfestigung von ineffizienten Umwegen. Die an und für sich vorteilhaften Möglichkeiten der Modularisierung und Strukturierung, die die modernen Programmiersprachen bieten, bergen auch eine Gefahr in sich: Sie verführen zur übertriebenen Modularisierung. In der guten Absicht, das Problem aufzugliedern und in lösbare Teile zu zerlegen, baut man sich vielleicht schon einen Käfig, aus dem man später nicht mehr herauskommt.

Ein weiterer Einstellungseffekt beim Programmieren wird in der Gebundenheit boolescher Ausdrücke deutlich (Abschnitt 4.2.10).

3.8 System der Denkfallen (Zusammenfassung)

Der Erwerb von Wissen und Erkenntnis folgt den Mechanismen der Evolution. Damit ist noch nichts darüber ausgesagt, wie bereits erworbenes Wissen über die Umwelt (dazu wird hier auch das genetisch fixierte Wissen gezählt) den weiteren Wissenserwerb beeinflußt. Die genetische und auch die kulturelle Evolution haben Strukturen hervorgebracht, die unsere Lernfähigkeit bedingen. Genau diese Strukturen sind es, die uns einerseits zu hohen Denkleistungen befähigen, die andererseits aber auch die Erklärung für typische und systematische Irrtümer sind.

Die Strukturen und Prinzipien lassen sich zu einem Modell des Verhaltens und Denkens, auch des Programmierverhaltens, zusammenfügen:

1. Übergeordnete Prinzipien
   - Scheinwerferprinzip
   - Sparsamkeitsprinzip

2. Die „angeborenen Lehrmeister"
   - Strukturerwartung
   - Kausalitätserwartung
   - Die Anlage zur Induktion

3. Bedingungen des Denkens
   - Assoziationen
   - Einstellungen

Die erste Gruppe der Prinzipien beschreibt, wie unser Wahrnehmungs- und Denkapparat mit der Begrenztheit der Ressourcen (Gedächtnis und Verarbeitungsfähigkeit) fertig wird.

Von herausragender Bedeutung ist die zweite Gruppe von Mechanismen. Ihr widmet die Evolutionäre Erkenntnistheorie besondere Aufmerksamkeit. R. Riedl formuliert diese Mechanismen in der Form von Hypothesen, nach denen sich das Leben richtet. Das sind die Hypothesen vom Vergleichbaren, von der Ursache und vom anscheinend Wahren.

Diese „angeborenen Lehrmeister" (K. Lorenz) stellen höheres Wissen dar, das den weiteren Wissenserwerb steuert. Ihre Nützlichkeit ist unbestreitbar, denn sonst hätten sie sich im Laufe der Stammesgeschichte nicht durchsetzen können. Aber ebenso unbestreitbar ist, daß sie den „Normalfall" widerspiegeln und daß sie mit ungewöhnlichen Situationen nicht so gut fertig werden. Der Programmierer in der künstlich geschaffenen und sich rasch ändernden Computerwelt ist davon in besonderem Maße betroffen. Richtiges Verhalten und Irrtümer sind zwei Seiten einer Medaille.

Der Mechanismus der Strukturerwartung bewirkt unsere Fähigkeit zur Abstraktion. Daraus folgt die Prägnanztendenz und letztlich unsere Neigung zur Überschätzung des Ordnungsgehalts der Dinge. Die Kausalitätserwartung gipfelt im linearen Ursache-Wirkungs-Denken und in der übermäßigen Vereinfachung komplexer Sachverhalte. Die Disposition zu induktiven Hypothesen, also unsere Fähigkeit, im Besonderen das Allgemeine, im Vergangenen das Zukünftige erkennen zu können, verleitet uns zur Überschätzung bestätigender Informationen.

Die dritte Gruppe der Mechanismen betrifft die parallele Darstellung der Denkinhalte und den sequentiellen Ablauf der bewußten Denkvorgänge – also die raum-zeitliche Organisation des Denkens. Diese raum-zeitliche Organisation des Denkens kann keine eins-zu-eins Abbildung der Welt vermitteln. Die Reduktion der realen Zusammenhänge auf „handhabbare" Verknüpfungen im semantischen Netz und die unbewußten Selektionsvorgänge beim Durchwandern dieses Netzes im Verlaufe des produktiven Denkens sind wiederum den normalen Anforderungen angepaßt: Reduktion und Selektion wirken meist sehr treffsicher. Aber es kommt auch zu irreführenden Assoziationen und Fehleinstellungen. Sie führen den Programmierer auf Abwege und erschweren ihm das Auffinden fehlerfreier und effizienter Programme.

4 Fehleranalyse

4.1 Klassifizierung und Bewertung von Programmierfehlern

Es ist wohl anerkannt, daß die Frage nach den Fehlerursachen von außerordentlicher Wichtigkeit ist. Das Kurieren an Symptomen zahlt sich nirgendwo aus. Auch beim Programmieren nicht. Tatsächlich ist auch kein Mangel an Veröffentlichungen, die Fehler- und Ursachenanalysen zum Gegenstand haben.

In diesen Arbeiten geht es immer wieder um folgende Dinge:

a) Festlegung von Fehlerkategorien
b) Zuordnung der aufgetretenen Fehler zu den Fehlerkategorien
c) Formulierung der wirksamsten Gegenmaßnahmen

Einig scheint man sich dabei zu sein, daß der Festlegung der Fehlerkategorien größte Bedeutung zukommt: Ein gutes Schema läßt sich auf verschiedene Projekte anwenden. Das garantiert die Vergleichbarkeit der Ergebnisse. Andererseits soll das Schema auch die wahren Ursachen der Programmierfehler zum Ausdruck bringen (Endres, 1977, S. 25). Und damit kommt man in ein Dilemma hinein: Ingenieure und Informatiker werden bestrebt sein, Fehlerkategorien nach objektiven Maßstäben zu schaffen. Am einfachsten geht das, wenn man rein technische und organisatorische Kriterien zu Hilfe nimmt.

Andererseits macht die Fehler der Programmierer, also das überaus komplizierte System „Mensch", das sich nicht so leicht in technische Begriffe fassen läßt.

Wenn man aber darauf verzichtet, auch die Ergebnisse der Psychologie und der Wissenschaft vom menschlichen Verhalten (Humanethologie) zu nutzen, wird die Suche nach den Fehlerursachen und Gegenmaßnahmen nicht den optimalen Erfolg haben.

Das Klassifikationsschema von Schneidewind und Hoffmann (1979) ist ein Beispiel für technisch-organisatorische Fehlerkategorien. Es werden fünf Hauptklassen unterschieden:

- Entwurfsfehler
- Implementierungs- (bzw. Codierungs-) Fehler
- Schreibfehler
- Debugging-Fehler (also: Fehler als Folge einer Fehlerbeseitigungsmaßnahme)
- Fehler beim Testen

Zu den Entwurfsfehlern werden beispielsweise gezählt: „Vergessene Fälle oder Schritte", „Initialisierungsfehler", „Falsche Anwendung boolescher Ausdrücke",

„Falsch verstandene Spezifikation". Wie es zu diesen Fehlern kommen konnte, geht aus diesem Klassifikationsschema nicht hervor.

Collofello und Balcom (1985) haben ein Klassifikationsschema aufgestellt, das insbesondere den Fehlerursachen Rechnung tragen soll. Die Fehlerursachen sind zwar (teilweise) auf den Programmierer bezogen, aber zu allgemein gefaßt, als daß sie Hinweise auf wirksame Gegenmaßnahmen liefern könnten, zum Beispiel: „Unfähigkeit des Entwicklers, alle Wechselwirkungen zwischen Komponenten zu berücksichtigen" und „Unfähigkeit des Programmierers, die vorhandene Dokumentation zu verstehen".

Ganz entsprechend ihrer Zielsetzung sind die Klassifikationsschemata und die Fehlerstatistiken eher zur Bewertung von Software-Engineering-Methoden als zur Darstellung der eigentlichen Fehlerursachen geeignet. Das Herausziehen der organisatorischtechnischen Merkmale läßt keine Rückschlüsse auf die eigentlichen Fehlermechanismen zu. Auf diese Weise ist eine Verbesserung des Programmierstils nicht zu erreichen.

In der Literatur wird auch der Frage nachgegangen, inwieweit die Fehlerhäufigkeit mit der Komplexität von Programmen zusammenhängt. Die Vermutung, daß die Fehleranzahl in einem Programm in etwa proportional zu dessen Komplexität ist, wird durch Erfahrungen, die mit den Programmierstudien des 7. Abschnitts gemacht worden sind, nicht gestützt. Bei der Überprüfung, ob die Fehlerträchtigkeit der Programme von ihrer Komplexität abhängt, wurde das Komplexitätsmaß von McCabe (1976) zugrundegelegt („Anzahl der binären Entscheidungen $+1$").

Wohl typisch sind die Ergebnisse, die ein Seminar mit 16 Teilnehmern bei der Dreiecksklassifizierungsaufgabe (Abschnitt 7.2.1) erbracht hat. Die Teilnehmer waren Studenten in mittleren und höheren Semestern. (Bei einem Seminar mit Praktikern aus der Industrie ergab sich ein ganz ähnliches Bild.)

Es zeigte sich:

- Die Aufgabe hat sich mit einem Programm der Komplexität 9 (vermutlich) korrekt lösen lassen und es existieren sicherlich korrekte Programme mit geringerer Komplexität.
- Die eingereichten Lösungen hatten Komplexitäten zwischen 3 und 8 mit einem Mittelwert von 5.
- Es gab schwache und gute Programme mit geringer Komplexität.
- Bei fast allen Fehlern waren Denkfallen beteiligt: Die Prüfung, ob es sich überhaupt um ein Dreieck handelt, fehlte in der Hälfte aller Programmversionen und in den übrigen wurden mögliche Zahlenbereichsüberschreitungen bei der Auswertung der Dreiecksungleichung nicht beachtet; Entartungen wurden in 9 von 16 Programmen nicht korrekt behandelt; Initialisierungsfehler kamen in 11 der Programme vor und die unbemerkte Eingabe falscher Werte war bei 8 Versionen möglich.

Um Stil und Niveau des Seminars gerecht beurteilen zu können, ist anzumerken, daß die wesentlichen Testfälle zur Entdeckung der Fehler von den Seminarteilnehmern ohne Hilfe des Seminarleiters formuliert worden sind und daß dabei auch ein recht subtiler (und lehrreicher!) Fehler entdeckt worden ist. Siehe dazu die Programmierstudie 7.2.1.

Das Resumée:

- Die Fehlerträchtigkeit hängt eher vom Problem und weniger von der Programmstruktur ab.
- Es gibt einfach aussehende Probleme, die sich auch tatsächlich mit Programmen sehr geringer Komplexität korrekt lösen lassen, die aber relativ selten korrekt gelöst werden. Das sind Probleme mit Denkfallen, bei denen die meisten programmtechnischen Lösungsversuche neigungsbedingte Fehler enthalten.
- Zuweilen sind Programme simpel und gerade darum völlig falsch.
- Umgekehrt wird die Komplexität oft durch schlechten Programmierstil unnötig vergrößert. Ein treffendes Beispiel ist die von vielen Programmierern bevorzugte Konstruktion „IF B THEN x:=TRUE ELSE x:=FALSE". Nur wenigen kommt die einfachere Formulierung „x:=B" in den Sinn (Abschnitt 4.2.10 Gebundenheit).

Die Ergebnisse sind ein Hinweis darauf, daß global und undifferenziert wirkende Maßnahmen sowie grobe Faustregeln nicht weiterhelfen, wenn man den Programmierstil verbessern will. Grundsätze wie die Beschränkung der Komplexität der Moduln scheinen am Kern der Sache vorbeizugehen. Andere haben ähnliche Erfahrungen mit Komplexitätsmaßen gemacht, beispielsweise auch Basili und Perricone (1984).

Demgegenüber ist die Methode, Programmierregeln aus einer eingehenden Analyse von Fehlern zu entwickeln, erfolgversprechend. Anstatt möglichst viele Fehler im Rahmen eines abstrahierenden Schemas zu erfassen, kommt es darauf an, einige typische Programmierfehler möglichst genau darzustellen. Rückschlüsse auf die Fehlermechanismen müssen möglich sein: Inwieweit sind Wahrnehmungs- und Denkgesetze am Zustandekommen der Programmierfehler beteiligt? Welche Rolle spielen

- Prägnanztendenz
- lineares Kausaldenken
- Überschätzung bestätigender Informationen
- Assoziationen
- Einstellungen?

Ist der untersuchte Programmierfehler neigungsbedingt oder nicht? Steckt eine Denkfalle dahinter, die vielen Programmierern zum Verhängnis werden kann?

Der folgende Katalog von Programmierfehlern ist in diesem Sinne exemplarisch und ursachenorientiert. Reine Schnitzer tauchen in dem Katalog nicht auf. Hier geht es vor allem um Irrtümer, aus deren Analyse sich Erkenntnisse zur Weiterentwicklung des Programmierstils gewinnen lassen.

4.2 Ein Katalog typischer Programmierfehler

4.2.1 Unnatürliche Zahlen

Beispiel 1.1

Es soll untersucht werden, ob die reelle Zahl z nahe bei null liegt oder nicht (beispielsweise als Bedingung für eine Funktion, die Zahlen nahe null speziell behandelt). Man vergleicht diese Zahl mit einem Grenzwert g und schreibt die Bedingung beispielsweise in der Form z < g. Augenscheinlich ist in diesem Fall vergessen worden, daß es auch negative Zahlen gibt. Anstelle von z < g sollte die Bedingung abs(z) < g stehen.

Ein ähnlicher Fehler scheint den Programmierern eines bekannten PASCAL-Compilers bei der Realisierung der Modulo-Funktion passiert zu sein:

Beispiel 1.2

Programme dieses Compilers berechnen m mod n immer dann richtig, wenn m nichtnegativ ist: m mod n ist gleich dem Rest bei ganzzahliger Division. Für negative m geht die Sache schief: das Ergebnis wird hier ebenfalls negativ. Beispielsweise wird −2 mod 5 gleich −2 gesetzt und nicht gleich 3, wie es nach Definition der Modulo-Funktion eigentlich sein müßte. Es stellt sich der unangenehme Effekt ein, daß (abgesehen von den ganzzahligen Vielfachen von n) jede Restklasse modulo n zwei Repräsentanten hat: einen positiven und einen negativen.

Warum versäumen wir, die negativen Zahlen in unsere Überlegungen einzubeziehen? Die Antwort ist recht einfach: Weil sie „unnatürlich" sind. In unserer alltäglichen Erfahrungswelt tauchen negative Zahlen nicht auf: Es gibt keine negativen Entfernungen. Negative Guthaben gibt es nur als Schulden; diese werden ebenfalls mit positiven Zahlen angegeben. Das einfache „Modell" der natürlichen Zahlen reicht normalerweise aus. Die negativen Zahlen sind nur zur Vereinfachung des Kalküls eingeführt worden. Ihnen fehlt die Anschaulichkeit. Es ist also kein Wunder, daß wir sie zuweilen unterschlagen. Unsere Vorliebe für einfache Modelle (also die Prägnanztendenz) ist für diese Art von Fehlern verantwortlich.

Auch im folgenden, etwas umfangreicheren Programmbeispiel, spielen „unnatürliche Zahlen" eine Rolle. Das Programm enthält außerdem noch einige kleinere Schwächen und Nachlässigkeiten, die hier gleich mitbesprochen werden sollen.

Beispiel 1.3

```
PROGRAM Rechteck_Flaeche;
{Rechteck-Flächen-Berechnungen mit Summenbildung}
VAR
   su, mw, l, b, f: REAL;
   anz: INTEGER;
BEGIN
   anz:= 0; su:= 0; mw:= 0;
   write('Länge in Meter eingeben: '); readln(l);
   write('Breite in Meter eingeben: '); readln(b);
   WHILE (l>0) AND (b>0) DO BEGIN
```

```
      f:= l*b; anz:= anz+1; su:= su+f;
      write('Länge in Meter eingeben: '); readln(l);
      write('Breite in Meter eingeben: '); readln(b);
   END;
   mw:= su/anz;
   writeln(anz, ' Berechnungen insgesamt');
   writeln('Flächensumme gesamt: ', su:5:2,' Quadratmeter');
   writeln('Mittelwert: ', mw:5:2, ' Quadratmeter');
   END.
```

Neben einigen Nachlässigkeiten, wie die Redundanz der Eingabeanweisungen (sie treten vor und innerhalb der WHILE-Schleife auf) und der unnötigen Initialisierung des Mittelwerts mw, enthält das Programm auch Schwächen und Fehler. Beispielsweise werden falsche und ungültige Eingabedaten nicht adäquat verarbeitet. Die Variablen für Länge und Breite werden nach der Eingabe nicht quittiert.

Im Zusammenhang mit den „unnatürlichen Zahlen" ist aber vor allem die sonderbare Bedingung für die Beendigung der Eingabe zu diskutieren: Entartete Rechtecke, also Rechtecke mit der Fläche null, führen zum Abbruch der Eingabe, ebenso Rechtecke mit „negativen Seitenlängen". Diese Verwendung „unnatürlicher Zahlen" als Endezeichen für den Eingabevorgang ist aus mehreren Gründen problematisch.

Die Vermischung von zwei Funktionen, nämlich

1. das Beenden des Eingabevorgangs und
2. die Werteeingabe

schafft Fehleinstellungen: Durch solche „verknoteten" Programmstrukturen wird der Anwendungsbereich des Programms unnötig eingeengt und eine spätere Weiterentwicklung behindert. Es ist nämlich nicht einzusehen, weshalb Rechtecke der Fläche null von der Mittelwertbildung ausgeschlossen werden sollten. Und für die Integration von Treppenfunktionen beispielsweise kann es sich als sinnvoll erweisen, sogar negative Seitenlängen zuzulassen. Außerdem ist eine solcherart organisierte Eingabe fehlerintolerant. Will man später einmal die Korrektur von Eingabefehlern durch den Anwender zulassen und die Eingabe insgesamt komfortabler gestalten, muß man diese völlig neu organisieren. Eine Trennung der verschiedenen Funktionen von Anfang an ist also angezeigt.

Ein weiterer Fehler des Programms wird erst im folgenden Abschnitt behandelt.

4.2.2 Ausnahme- und Grenzfälle

Einfache Suchalgorithmen eignen sich, typische Programmierfehler zu demonstrieren und zu zeigen, wie man diese vermeiden kann (Wirth, 1984). Die Aufgabe lautet so: Ein Text der Länge M ist nach einem bestimmten Wort der Länge N zu durchsuchen. Die Position, auf der erstmals das Wort vorkommt, ist auszugeben. Das Wort und der Text seien auf zwei Arrays gespeichert: word bzw. text. Dabei sei text[0] der erste und text[M-1] der letzte Buchstabe des Textes und word[0] der erste und word[N-1] der letzte Buchstabe des gesuchten Wortes.

Beispiel 2.1

Zuweilen ist ein Suchalgorithmus nicht auf die Ausnahmesituation vorbereitet, daß in einer zu durchsuchenden Textdatei der gesuchte Textabschnitt überhaupt nicht auftritt. Der Algorithmus liefert in diesem Fall ein unbestimmtes Ergebnis. Der Programmierer hat sich hier offensichtlich auf die Hauptfragen „Wo...?" und „Wie oft...?" konzentriert und dabei die Frage „Ob...?" vergessen.

Ein Programm, das demonstrieren soll, wie man diesen Fehler vermeidet, zeigt sich bei näherem Hinsehen selbst als fehlerbehaftet:

Beispiel 2.2

```
FUNCTION index(text, word: CharArray; M, N: INTEGER): INTEGER;
BEGIN
   i:= 0;
   j:= 0;
   WHILE (i<N) AND (j<M-N) DO BEGIN
      i:= 0;
      WHILE (i<N) AND (word[i] = text[j + i]) DO i:= i+1;
      IF i<N THEN j:= j+1;
   END;
   index:=j
END;
```

Das Programm enthält einen typischen „Um eins daneben"-Fehler (Bild 4.1).

Die letzmögliche Wortposition j ist gegeben durch j=M-N. Der Wert der Funktion „index" ist, so wie sie programmiert ist, in zwei Fällen gleich M-N:

1. Das gesuchte Wort kommt im Text nicht vor;
2. Das Wort steht im Text ganz hinten (j=M-N).

Die beiden Fälle sind folglich nicht unterscheidbar. Nach Spezifikation dürfte die Funktion nur im zweiten Fall den Wert M-N annehmen. Der Fehler steckt in der 5. Zeile des Programms. Sie müßte richtig heißen:

```
WHILE (i<N) AND (j<=M-N) DO BEGIN
```

Vielleicht hat der Programmierer des Lehrbeispiels seine Aufmerksamkeit zu sehr auf die Vermeidung des in Beispiel 2.1 beschriebenen Programmierfehlers gerichtet und dabei die andere Denkfalle total übersehen. In der Terminologie des vorigen Hauptabschnitts könnte man sagen, daß der Scheinwerfer falsch eingestellt war. Das reicht aber zur Erklärung des Fehlers noch nicht aus.

Zunächst ist klar, daß man den Index eines N-elementigen Feldes nur bis N-1 laufen lassen darf, wenn das erste Element den Index null hat. Laufanweisungen

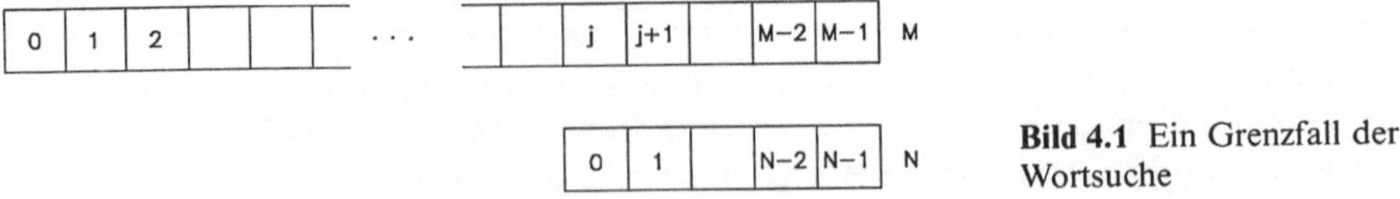

Bild 4.1 Ein Grenzfall der Wortsuche

unterliegen folglich Bedingungen der Form i < N. Bedingungen mit dem Kleiner-Zeichen treten im Zusammenhang mit solcherart organisierten Feldern immer wieder auf. Sie werden zur Regel. Man verzichtet darauf, über ihre Begründung immer wieder neu nachzudenken.

Denkbar ist, daß das Streben nach einheitlichen Formulierungen und das Überstrapazieren des daraus resultierenden Denkschemas die Fehlerursache ist. Dann könnte man den Fehler der Prägnanztendenz zuschreiben. Vor allem kommt aber die Gewöhnung und Mechanisierung des Denkens durch wiederholte Anwendung eines Denkschemas als Erklärung für den Fehler in Frage. Man hat es also in erster Linie mit einem Einstellungseffekt zu tun (Abschnitt 3.7).

Beispiel 2.3 (Dividieren durch null)

Im Programm „Rechteck-Flaeche" (Beispiel 1.3) gibt es keine Vorkehrungen für den Sonderfall, daß die Summe leer ist (also: daß überhaupt kein Rechteck der Fläche größer null eingegeben wird). Es kommt zu einer Division durch null.

Auch hier spielt mit, daß man vorzugsweise an den Normalfall denkt; Sonder- und Ausnahmefällen kommen einem gar nicht in den Sinn. Verantwortlich dafür, daß der Sonderfall „leere Summe" übersehen wird, ist nicht allein eine zufällige Unaufmerksamkeit (falsche Einstellung des Scheinwerfers). Es muß auch daran liegen, daß wir unsere Überlegungen, solange es irgend geht, auf die einfachsten Ursache-Wirkungs-Beziehungen beschränken. Die naheliegende Ursache für die Beendigung des Programms ist für den Programmierer eben die Eingabe eines Endezeichens, also einer Seitenlänge kleiner oder gleich null, *nachdem* einige echte Rechtecke eingegeben worden sind.

Die Programmfunktion wird hier, dem Sparsamkeitsprinzip folgend, praktisch ausschließlich durch diejenigen Fälle erfaßt, die man für repräsentativ hält. Das alles deutet darauf hin, daß der Fehler auf lineares Kausaldenken im Verein mit einer zu sparsamen Charakterisierung der Situation (hier der Ursache) zurückgeht.

4.2.3 Falsche Hypothesen

Beispiel 3.1

Die Multiplikation der komplexen Zahlen $a+jb$ und $x+jy$ erfordert auf dem Rechner nichts weiter als eine komponentenweise Auswertung der Definitionsgleichung: $a \cdot x - b \cdot y + j(a \cdot y + b \cdot x)$. Es sind vier reelle Multiplikationen erforderlich. Weiß der Programmierer, daß Multiplikationen wesentlich länger dauern als Additionen, kann er auch den folgenden Algorithmus verwenden. Er führt die Hilfsgrößen f, g und h ein, die folgendermaßen definiert sind: $f = a \cdot x$, $g = b \cdot y$ und $h = (a+b) \cdot (x+y)$. Jetzt ist das Produkt der komplexen Zahlen in der Form $f-g+j(h-f-g)$ darstellbar. Damit ist erreicht:

Die Zahl der Multiplikationen hat sich um eins verringert.
Die Zahl der Additionen hat sich um drei erhöht.

Der unkritische Einsatz „effizienzsteigernder" Algorithmen führt oft zu einem schwerer verständlichen Programmtext. Der Nutzen ist zweifelhaft: Die Sache lohnt sich hier nur, wenn die Multiplikationen im Mittel mehr als dreimal solange dauern wie die Additionen. Und das ist keineswegs immer ausgemacht.

Jedenfalls lohnt sich eine Überprüfung des Effizienzgewinns mittels Laufzeitmessungen. Das bequeme Vorurteil „Additionen sind gegenüber Multiplikationen vernachlässigbar" ist tatsächlich häufig falsch. Genauso steht es mit den von manchen „erfahrenen" Programmierern routinemäßig durchgeführten Ersetzungen von Potenzen durch Produkte:

Beispiel 3.2

Anstelle von x^2 (in einem FORTRAN-Programmtext steht das so: x**2) wird beispielsweise x*x geschrieben, weil man unterstellt, daß Potenzieren aufwendiger ist als Multiplizieren.

Beispiele (Kernighan, Plauger, 1978, S. 11f., S. 24) zeigen, daß der Erfolg dieser Maßnahmen, was Rechenzeit und Speicherplatzbedarf angeht, eher zweifelhaft ist und daß die Lesbarkeit der Programme darunter leidet.

. Hier wird deutlich, warum die Prägnanztendenz dazu führen kann, daß gerade der erfahrene Programmierer manchmal schlechte Programme schreibt: Er hat sich im Laufe seiner Praxis ein Repertoire von Faustregeln, einfachen Hypothesen und Modellen über die Arbeitsweise des Computers zurechtgelegt. Solche Vorstellungen sind unerläßlich, will man sich in der komplizierten Welt der Datenverarbeitung zurechtfinden. Aber dieses Wissen veraltet; Hypothesen über die Funktion der Programmierumgebung werden mit einer Änderung dieser Umwelt falsch. Und dann werden diese Regeln und Modelle zur Belastung.

Die Regel „Multiplikationen dauern wesentlich länger als Additionen" beispielsweise hat mit der Einführung leistungsfähiger Multiplikationsalgorithmen ihren Sinn verloren (Knuth, Band 2, 1981, S. 278 ff.).

4.2.4 Tücken der Maschinenarithmetik

Sonderfälle von falschen Hypothesen sind die Fehleinschätzungen im Zusammenhang mit der Maschinenarithmetik: Der Rechner hält sich nicht an die Regeln der Algebra und Analysis. Ursache der Schwierigkeiten ist die Tatsache, daß der Rechner jede REAL-Zahl nur mit einer gewissen begrenzten Genauigkeit darstellen kann. Wir legen eine t-ziffrige dezimale Gleitkommadarstellung zugrunde. Sei nun a eine reelle Zahl und a′ die rechnerinterne gerundete Darstellung:

$$a' = (0, d_1 d_2 \ldots d_t) \cdot 10^q$$

Der Rundungsfehler ist begrenzt durch

$$|a - a'| \leq 0{,}5 \cdot 10^{q-t}$$

Für den relativen Fehler gilt dann die Abschätzung

$$|a - a'| / |a| \leq 5 \cdot 10^{-t}$$

(Knuth, Band 2, 1981, S. 216; Isaacson, Keller, 1973, S. 18f.).

Beispiel 4.1

Mit dem Ziel, zwei Winkel auf Gleichheit abzufragen, wird der Cosinus dieser Winkel auf Gleichheit geprüft. Nur bei völlig exakter Zahlendarstellung und Berechnung darf man so vorgehen. Da die Gleitkommadarstellung und -arithmetik von Rechenanlagen nur begrenzte Genauigkeit hat, kommt es besonders bei sehr kleinen Winkeln zu Fehlern. Für sehr kleines Argument x gilt nämlich: $\cos(x) \approx 1 - x^2/2$. Es ergibt sich ein Wert nahe eins. Werden reelle Zahlen beispielsweise nur mit 12 Nachkommastellen dargestellt, liefern Winkel mit $|x| <$ 10^{-6} denselben Cosinuswert, nämlich $\cos(x) = 1$.

Situationen, die der des Beispiels 4.1 ähnlich sind, trifft man häufig an. Typisch ist der Fall, der in der Zuverlässigkeits- und Sicherheitsanalyse auftritt: Die Wahrscheinlichkeit q für das korrekte Funktionieren einer Einheit ist normalerweise ein Wert nahe eins. Die Fehler-, Ausfall- oder Versagenswahrscheinlichkeit $p = 1-q$ ist folglich nahe null. Besteht nun die Notwendigkeit, ein extrem kleines p nachzuweisen, hat es keinen Sinn, mit der Formel $p = 1-q$ zu arbeiten. Bei einer Zahlendarstellung mit höchstens 12 gültigen Dezimalstellen sind Werte von $p < 10^{-12}$ nicht mehr richtig zu erfassen, und das ist für Sicherheitsanalysen im allgemeinen nicht ausreichend.

Beispiel 4.2

Die Summe $\sum 1/i^2$ der unendlichen Reihe wird ungenau berechnet, wenn man nach steigendem Index i summiert. Ab einem bestimmten Index werden die Summanden so klein, daß ihre Beiträge bei der Rundung verloren gehen. Alle Reihenglieder mit $i > 10^6$ sind kleiner als 10^{-12}. Aber sie würden insgesamt wenigstens noch $0,5 \cdot 10^{-6}$ zur Summe beitragen, wenn sie nicht durch Rundung verloren gingen.

Läßt man dagegen den Index i, entgegen der Gewohnheit, vom größten noch berücksichtigenswerten zum niedrigsten laufen, kann man die Rechnergenauigkeit nahezu vollständig ausschöpfen.

Beispiel 4.3

Für die Berechnung der Länge L eines Vektors mit den kartesischen Koordinaten x und y erscheint diese Formel geeignet:

$$L = \sqrt{x^2 + y^2}$$

Bei sehr großen Zahlen x oder y kommt es zum Überlauf. Es kann vorkommen, daß x, y und auch L durchaus als Maschinenzahlen existieren und das Programm dennoch aussteigt, weil beispielsweise das Quadrat von x so groß wird, daß es rechnerintern nicht mehr darstellbar ist (Overflow-Error).

Ebenso unangenehm wie diese Overflow-Fehler können Underflow-Fehler werden. Da Rechner zu kleine Zahlen meist einfach durch null ersetzen, kann es vorkommen, daß für eine Zahl x, die eine maschinenintern darstellbare sehr kleine Zahl ist, der Ausdruck $1/x^2$ undefiniert ist, weil sich eine Division durch null ergibt. Aus demselben Grund kann sich bei statistischen Auswertungen für die Streuung ein negativer Wert ergeben. Dann ist die Standardabweichung undefiniert (Knuth, Band 2, 1981, S. 216).

Bei allen Beispielen dieses Abschnitts liegt die Sache ähnlich wie bei dem Assoziativgesetz aus Abschnitt 3.3: Aufgrund der Prägnanztendenz machen wir uns zu einfache Vorstellungen von der Arbeitsweise des Computers. Wir tendieren dazu, die Tücken der Maschinenarithmetik zu unterschätzen. Beim zweiten Beispiel kommt dazu, daß wir gewöhnt sind, Reihen nach steigendem Index aufzusummieren. Auch hier ist die Prägnanztendenz im Spiel.

4.2.5 Irreführende Namen

Beispiel 5.1

Im Deklarationsteil eines Pascal-Programms wird diese Funktion definiert:

```
FUNCTION equivalent(a, b, g: REAL): BOOLEAN;
BEGIN
  IF (a<=g) AND (b<=g) OR (a>=g) AND (b>=g)
  THEN equivalent:= TRUE ELSE equivalent:= FALSE;
END;
```

Man kann sich fragen, ob diese Funktion überhaupt einen Wert hat. Später wird noch eine umständliche Formulierung des Prozedurrumpfs besprochen. Hier wollen wir uns darauf konzentrieren, welche Rolle der Funktionsname spielt. Im Anweisungsteil erscheint folgender Text:

```
IF equivalent(x, y, 0) AND equivalent(x, y, 1) THEN
  IF (0 <=x) AND (x <= 1) THEN
    write(‚Beide Zahlen liegen im Intervall [0, 1]‘)
  ELSE...
```

Ein Fehler tritt auf, wenn die erste der Zahlen (x) auf einer Intervallgrenze und die zweite der Zahlen (y) außerhalb des Intervalls liegt. Hier druckt das Programm fälschlicherweise die Meldung, daß beide Zahlen im Intervall [0, 1] liegen (Beispiel: x = 1 und y = 2).

Es ist naheliegend, das übliche Vergessen einer Bedingung für den Fehler verantwortlich zu machen. So etwas passiert immer wieder aufgrund des eindimensionalen Ursache-Wirkungsdenkens oder allgemeiner - aufgrund einer falschen Einstellung des Scheinwerfers unserer Aufmerksamkeit. Eine detailliertere Analyse zeigt aber, daß der Programmierer vermutlich einer Assoziationstäuschung erlegen ist.

Der Funktionsname (equivalent) legt fälschlich die Vermutung nahe, daß eine Äquivalenzrelation zwischen den Argumentwerten a und b definiert ist: Äquivalent wären demnach zwei Zahlen dann, wenn sie beide auf derselben Seite der durch die Grenze g geteilten reellen Achse liegen. Allerdings ist die Funktion so realisiert, daß die Zahl g zu sämtlichen Zahlen äquivalent wäre. Die Funktion definiert keine Klasseneinteilung der reellen Zahlen und das widerspricht den

Grundeigenschaften von Äquivalenzrelationen. Die Funktion definiert also keine Äquivalenzrelation.

Mit der Funktion werden aber, aufgrund des Namens, die Eigenschaften einer Äquivalenzrelation assoziiert und dabei passiert es: Scheinbar genügt es, eine der Variablen daraufhin zu prüfen, ob sie im Intervall [0, 1] liegt und daraus zu schließen, daß das dann auch für „äquivalente" Punkte zutrifft. Aber genau dann, wenn die erste Zahl auf einer der Intervallgrenzen liegt, ist dieser Schluß falsch.

4.2.6 Unvollständige Bedingungen

Beispiel 6.1

Programmierstudie aus einem Seminar: Gegeben sind die Winkel α und β (ganzzahlige Eingabe in Grad), die von zwei Geraden mit der x-Achse gebildet werden. Es ist ein PASCAL-Programm zum Kopf

```
FUNCTION Orthogonal(Alpha, Beta:INTEGER): BOOLEAN;
```

zu schreiben. Die Funktion Orthogonal soll genau dann den Wert TRUE liefern, wenn die beiden Geraden senkrecht aufeinander stehen.

Es folgt eine kleine Sammlung fehlerhafter Antworten:

```
Orthogonal:= FALSE;
IF Alpha-Beta=90 THEN Orthogonal:= TRUE;

h:= abs(Alpha)-abs(Beta);
IF (h=90) OR (h=270) THEN Orthogonal:= TRUE ELSE Orthogonal:= FALSE;

IF abs(Alpha-Beta)=90 THEN Orthogonal:= TRUE ELSE Orthogonal:=FALSE;

IF ((Alpha-Beta)<>90) OR ((Alpha-Beta)<>270) THEN Orthogonal:=FALSE
ELSE Orthogonal:=TRUE;
```

Diese Lösungsvorschläge versagen alle beim Testfall

```
α = 30, ß = 300.
```

Die Programme wurden offensichtlich vorwiegend intuitiv geschrieben. Dabei stellt sich der Programmierer die eine oder andere Situation vor, in der Rechtwinkligkeit gegeben ist. Diese Situationen scheinen repräsentativ zu sein. Dieser Eindruck führt zur Blickverengung.

Beispiel 6.2

Zur Prüfung, ob drei Punkte A, B und C auf einer Geraden liegen, kann man den von den Geraden (A, B) und (A, C) aufgespannten Winkel berechnen. Dann ist abzufragen, ob der Winkel 0° oder 180° beträgt. Eine dieser beiden Bedingungen wird oftmals vergessen (Knight, Leveson, 1985).

Beispiel 6.3

In Foster (1980) ist als Fehlerbeispiel die Deklaration einer booleschen Funktion „gleich" angegeben, die genau dann den Wert TRUE annehmen soll, wenn die Argumentwerte x, y, z $\in$ {0, 1, 2, 3, ...} gleich sind (x = y = z).

```
FUNCTION gleich(x, y, z: INTEGER): BOOLEAN;
VAR
  w: REAL;
BEGIN
  w:= (x + y + z)/3;
  gleich:=(w=x)
END;
```

In diesem Programm ist die Bedingung für Gleichheit unvollständig.

Die Fehler dieses Abschnitts sind auf unsere Neigung zurückzuführen, bevorzugt in einfachen Ursache-Wirkungs-Linien zu denken. Das konsequente Aufstellen komplexer logischer Bedingungen fällt uns schwer. R. Glass meint, daß häufig Fehler sich so äußern, daß die Software nicht so komplex ist wie das Problem, das zu lösen war. („The software was not so complex as the problem to be solved" (Glass, 1987)). Unvollständige Bedingungen sind eine Konsequenz des linearen Kausaldenkens.

4.2.7 Unverhoffte Variablenwerte

Beispiel 7.1

Um nicht in jeder Prozedur Hilfs- und Laufvariablen einführen zu müssen, werden diese einfach global vereinbart. Die Verwechslung einer tatsächlich global wirksamen Variablen mit einer solchen Hilfsgröße hat oft unabsehbare und schwer diagnostizierbare Fehlerauswirkungen.

Beispiel 7.2

Falsche oder vergessene Initialisierung von Variablen ist eine häufige Ursache von Fehlfunktionen. Im Falle des folgenden Sortieralgorithmus wird die Variable R3 nicht initialisiert (Howden, 1978). Der eingefügte Kommentar macht auf die Stelle aufmerksam. Wenn in der inneren Schleife keine Wertzuweisung nach R3 erfolgt, bleibt R3 auf einem früheren Wert stehen. Das Element a[R1] wird fälschlich nach a[R3] kopiert.

```
PROCEDURE sort(N: INTEGER; VAR a: list);
VAR
  R0, R1, R2, R3: INTEGER;
BEGIN
  FOR R1:= 0 TO N DO BEGIN
    R0:= a[R1];
    {Hier fehlt: R3:= R1;}
    FOR R2:= R1+1 TO N DO BEGIN
      IF a[R2] > R0 THEN BEGIN
        R0:= a[R2];
```

```
        R3:= R2
      END
    END;
    a[R3]:= a[R1];
    a[R1]:= R0;
  END
END {sort};
```

Beispiel 7.3

Von Weinberg (1971, S. 197) wird ein ähnliches Beispiel für unbeabsichtigte Nebenwirkungen angegeben. In diesem Fall geht es um Funktionsaufrufe in einem PL/I-Programm (A ist ein reelles Feld, Die Funktion SUM bildet die Summe der Feldelemente):

```
A = A/SUM(A);
```

Der Programmierer hatte offensichtlich diese einfache Kausalkette im Sinne: Wenn A ein Feld mit den Komponenten

$$a_1, a_2, \ldots, a_n$$

ist, dann liefert SUM(A) die Summe dieser Komponenten. SUM(A) kann man sich folglich als Variable B denken, deren Wert gegeben ist durch

$$B = a_1 + a_2 + \ldots + a_n$$

Daraus folgt dann, daß der Vektor A/SUM(A) die Komponenten

$$a_1/B, a_2/B, \ldots, a_n/B$$

haben müßte. Dem ist aber nicht so. Der Programmierer hat nicht bedacht, daß SUM(A) bei jeder Komponente von A neu berechnet wird, daß also bei der 2. Komponente bereits die veränderte Variable a_1 in die Rechnung eingeht usw. Der Wert von SUM(A) ändert sich demnach von Komponente zu Komponente.

Hätte der Programmierer jedoch die Kausalkette explizit realisiert, dann wäre das gewünschte Resultat herausgekommen:

```
B = SUM(A); A = A/B;
```

In all diesen Fällen wird die Komplexität der Zusammenhänge geistig nicht mehr erfaßt. Gemessen an der Kompliziertheit der Systeme (das betrifft die bereits programmierten Teile, die Systemprogramme und die zur Verfügung stehenden Hilfsmittel) ist der vom Scheinwerfer der Aufmerksamkeit beleuchtete Ausschnitt zu klein. Das Denken in eindimensionalen Ursache-Wirkungs-Ketten hat unzulässige Verkürzungen zur Folge. Vor allem das lineare Kausaldenken ist für die Fehler verantwortlich.

4.2.8 Wichtige Nebensachen

Beispiel 8.1

Um im Zuge der Fehlersuche den Ablauf des Programmes besser verfolgen zu können, streut man Kontrollausdrucke in den Programmtext ein. Diese Kontrollausdrucke sollen später wieder entfernt werden. Im Nachhinein zeigt sich oftmals, daß die Kontrollausgaben eher irreführend sind. Warum? Da die Kontrollausdrucke nicht fester Bestandteil des Programmes sind, wird keine allzugroße Sorgfalt auf ihren Entwurf verwandt. Die Folge solcher Nachlässigkeiten kann sein, daß man stundenlang nach einem vermeintlichen Fehler sucht, bis man schließlich feststellt, daß der Fehler nur durch einen falsch plazierten Kontrollausdruck vorgetäuscht worden ist.

Grundsätzlich ist es ein ökonomisches Vorgehen, die Aufgaben in wichtige und unwichtige aufzuteilen. Das soll es ermöglichen, die zur Verfügung stehenden beschränkten Ressourcen möglichst wirkungsvoll einzusetzen. Wir neigen dazu, die Grenzlinien sehr scharf zu ziehen und die Kontraste zu betonen. Dadurch werden „Nebensachen" in ihrer Bedeutung tendenziell unterbewertet. Programme mit „abgestufter Qualität" sind Folge der Tendenz zur Prägnanz.

Die abgestufte Qualität spielt als Fehlerquelle eine große Rolle, wie man an spektakulären Unfällen wie dem Reaktorunfall von Harrisburg (Three Mile Island) sehen kann: „The systems are either goldplated if they are required by the regulations, or they come out of the local drugstore if they are not" (IEEE spectrum, 1979, Heft 11, S. 70). Tatsächlich waren es einige (für sich genommen) wenig schwerwiegende Fehler und Fehler in nicht sicherheitsrelevanten (also: „unwichtigen") Teilen, die den Unfall mit verursacht haben.

4.2.9 Trügerische Redundanz

Beispiel 9.1

Das Kopieren von Programmen und Programmteilen ist ein leichtes Spiel. Kopien sind unerläßlich zum Schutz der Programme. Kopien werden zur Last, wenn man ihrer Verwaltung nicht die notwendige Aufmerksamkeit widmet: Dann kann es passieren, daß die Weiterentwicklung eines Programms nicht an der aktuellen Version, sondern an einem Vorläufer geschieht. Es kann schon einmal vorkommen, daß der neue Programmierer gebeten wird, in das Programm xy noch die Funktion z einzufügen. Dieser geht mit noch dürftiger Kenntnis des Dokumentationssystems auf Suche nach dem Programm. Ist nach längerem Suchen dann tatsächlich ein Programm mit dem Namen xy gefunden, wird gar nicht erst die Frage gestellt, ob es die gesuchte aktuelle Version ist.

Hier handelt es sich sowohl um eine Überbewertung bestätigender Informationen als auch um lineares Ursache-Wirkungs-Denken.

Beispiel 9.2

Manchmal erscheint es bequemer, anstatt eigens eine Prozedur zu formulieren, lieber den entsprechenden Programmtext an die verschiedenen Stellen zu kopieren.

Spätestens bei Änderungen stellt sich heraus, daß das ein sehr kostspieliges Verfahren ist (Kernighan, Plauger, 1978, S. 12): Korrekturen und Weiterentwicklungen der Programmteile werden dadurch behindert. (Siehe auch Beispiel 1.3 aus Abschnitt 4.2.1.)

Durch achtloses Kopieren werden Strukturen geschaffen, die unseren Denkapparat, der ja nach dem Scheinwerferprinzip und mit linearen Kausalketten arbeitet, überfordern. Ein ähnlicher Einwand ist gegen eine übertriebene Kommentierung von Programmen vorzubringen:

Beispiel 9.3

Kommentare erhöhen die Redundanz eines Programms. Unnötig sind Kommentare, die nur das wiederholen, was der Programmtext sowieso schon deutlich aussagt. Bei Programmänderungen wird regelmäßig vergessen, den Kommentar ebenfalls zu ändern. Es entsteht eine Diskrepanz zwischen Text und Kommentar, die der beabsichtigten Wirkung zuwiderläuft.

4.2.10 Gebundenheit

Beispiel 10.1

Viele Programmierer verwenden Konstruktionen wie

```
IF B THEN x:= TRUE ELSE x:= FALSE
```

anstelle von

```
x:= B
```

B bezeichnet hier einen beliebig komplizierten booleschen Ausdruck. Derselbe „Fehler" tritt auch in den Beispielen 5.1 und 6.1 auf.

Ursache für diese umständlichen Konstruktionen ist, daß boolesche Ausdrücke gewöhnlich im Zusammenhang mit Entscheidungen auftreten. Die booleschen Ausdrücke scheinen an diese Verwendung gebunden zu sein. Man kann von einer funktionalen Gebundenheit boolescher Ausdrücke sprechen.

5 Programmierstil

5.1 Fehlervermeidung: Lernen aus den Fehlern

Neigungsbedingte Fehler hängen vom Hintergrundwissen und von der Aufgabenstellung ab. Die Vermeidung von neigungsbedingten (und anderen) Fehlern kann demnach grundsätzlich gelingen durch

- den Verzicht, die Aufgabe überhaupt zu lösen
- die Veränderung der Aufgabenstellung
- die Veränderung des Hintergrundwissens
- die Nutzung von Hilfsmitteln und Informationen, die das Hintergrundwissen ergänzen

Die erste der Möglichkeiten muß ins Auge gefaßt werden, wenn die Risiken, die mit der Lösung einhergehen, den erwarteten Nutzen übersteigen. Der Programmierer muß auch darüber nachdenken. Seine Hauptaufgabe besteht aber nicht darin, Aufgaben in Frage zu stellen, sondern nach gangbaren Lösungswegen zu suchen.

Veränderung der Aufgabenstellung kann heißen, daß man die Aufgabe reduziert und überschaubarer macht und daß man die Aufgabe in Teilaufgaben aufteilt. Grundsätzlich gilt, daß sich im Zuge der Aufgabenbearbeitung die Aufgabenstellung fortlaufend ändert: Auf jeder Stufe des Lösungsprozesses sind Entscheidungen zu treffen. Jede Entscheidung beeinflußt den weiteren Fortgang und die neuen Aufgabenstellungen.

Das Hintergrundwissen verbessern heißt, den Programmierstil entwickeln. Fehlervermeidung fängt bei der Ausbildung an („Good programmers are made, not born", G. M. Weinberg). Aber vor allem sollten die Programmierer lernen, aus ihren eigenen und den Fehlern der anderen möglichst viel zu lernen. Welche Techniken und Hilfsmittel sind nun für das Lernen aus den Fehlern besonders gut geeignet? Wie lassen sich diese Techniken zu einer geschlossenen Methode ausbauen?

Das „Lernen aus den Fehlern" ist ein pragmatischer Weg zum guten Programmierstil. Er wird zum Beispiel von Kernighan und Plauger in ihrem bekannten Buch „The Elements of Programming Style" konsequent beschritten. Dieses Werk bildet den Ausgangspunkt für die folgenden Überlegungen.

Das Buch enthält eine Fülle von kleinen Programmbeispielen. Jedes dieser Programme wird auf Fehler und Schwächen untersucht. Daraus leiten die Autoren dann Regeln ab, nach denen sich die Mängel zukünftig vermeiden lassen. Auf

diese Weise entsteht ein recht umfangreicher Katalog von Programmierregeln.
Hier ist eine kleine Auswahl davon:

- Verwende Bibliotheksfunktionen
- Wähle Datenstrukturen, die das Programm vereinfachen
- Prüfe die Eingabe auf Gültigkeit und Plausibilität
- Stelle sicher, daß die Eingabe die Grenzen des Programms nicht verletzt
- Lasse leere Eingabe zu (Default, Unterlassung). Gib ein Echo der Eingabe-
  Werte (auch der Default-Werte)
- Stelle die Initialisierung aller Variablen sicher
- Achte auf Fehler der Art „Um eins daneben" (Off by One Error)
- Programmiere defensiv (also so, daß auch bei vermeintlich unsinnigen und
  unverhofften Werten das Programm nicht abstürzt)
- Vergewissere dich, daß Kommentar und Code übereinstimmen
- Benutze Variablennamen, die etwas bedeuten
- Benutze Anweisungsmarken, die etwas bedeuten
- Schreibe nicht zu viele Kommentare. Die beste Dokumentation ist das klar
  strukturierte Programm

Insgesamt enthält der Katalog 77 solcher Regeln. Die Regeln sind – jede für sich
genommen – sehr hilfreich. Aber wer kann alle diese Regeln gleichzeitig im Kopf
behalten? Das macht eine Schwäche dieses Ansatzes deutlich: Es entsteht eine
Vielzahl von unsortiert aneinandergereihten Regeln. Das erschwert die konsequente Anwendung dieses Regelkatalogs.

Die Methode läßt sich verbessern, indem man die Regeln ordnet und konzentriert. Das kann wiederum pragmatisch, z. B. nach der Methode der „sich selbst
kategorisierenden Fehler", geschehen. Ein entdeckter Programmierfehler erzeugt
dabei entweder eine eigene Fehlerkategorie (das ist der Fall, wenn bisher kein ver-
gleichbarer Fehler aufgetreten ist) oder er wird einer bereits von einem Fehler
erzeugten Fehlerkategorie zugeordnet. So geht beispielsweise Glass (1981) vor.
Die Programmierregeln werden nun nicht mehr im Anschluß an die einzelnen
Programmierfehler, sondern für die Fehlerklassen aufgestellt.

Dieser Weg wird hier nicht begangen. Vielmehr wird die Fehleranalyse des
vorigen Abschnitts eine Schlüsselrolle übernehmen. (Causal Analysis). Die Ursachenanalyse geht bis auf die mentalen Mechanismen wie Prägnanztendenz und
lineares Kausaldenken zurück. Dadurch erhält man die Möglichkeit, die Regeln
so zu komprimieren und zu gewichten, daß sie leichter faßlich und damit besser
anwendbar werden. Letztlich soll auf diese Weise eine relativ kleine Liste von
besonders wirksamen Programmierregeln und Prinzipien entstehen.

Grundsätzlich handelt es sich um eine Methode zur Verbesserung des persönlichen Programmierstils. Bei dieser Methode wird vorausgesetzt, daß der Programmierer für sich einen Katalog von Programmierregeln aufstellt und fortlaufend
verbessert.

Das wir am besten durch den Regelkreis des *selbstkontrollierten Programmierens* illustriert (Bild 5.1).

Diese Methode des Lernens aus den Fehlern ist besonders gut geeignet, den
neigungsbedingten Fehlern beizukommen: Sie gestattet es, im Laufe eines Anpas-

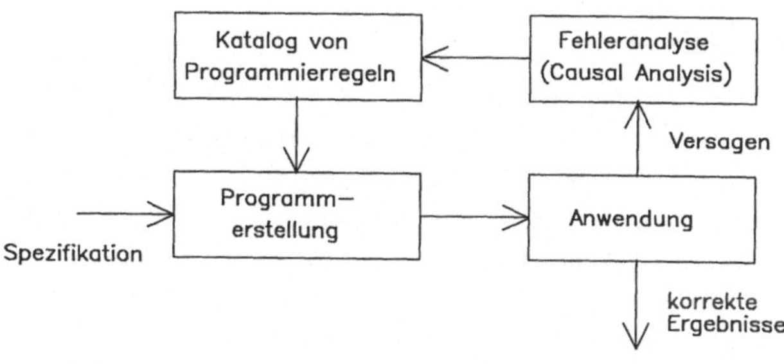

Bild 5.1 Der Regelkreis des selbstkontrollierten Programmierens

sungsprozesses den „Scheinwerfer der Aufmerksamkeit" auf die kritischen Punkte zu richten.

Sehen wir uns einmal an, wie die Methode funktioniert. Wir stellen uns einen Programmierer vor, der den Regelkatalog von Kernighan und Plauger als Richtschnur für seine Programmierung akzeptiert. Stellen wir uns weiter vor, daß ihm soeben der Fehler aus Beispiel 5.1 aufgefallen ist (der irreführende Name „equivalent"). Offensichtlich muß er darüber nachdenken, warum trotz Beachtung der Regeln

- Benutze Variablennamen, die etwas bedeuten
- Benutze Anweisungsmarken, die etwas bedeuten

der Fehler auftreten konnte.

Vielleicht kommt ihm eine Aussage G. M. Weinbergs in den Sinn: „Mnemonische Zeichen lassen das Programm ‚vernünftig' erscheinen, indem sie unsere allgemeine Neigung befriedigen, Sinnvolles dem Sinnlosen vorzuziehen". Wegen der Prägnanztendenz können mnemonische Zeichen zu Irrtümern führen, wenn sie nicht ganz treffsicher gewählt sind. Danach sind die beiden Regeln sogar gefährlich: Wenn wir Namen nur wählen, weil sie etwas, nicht aber genau das Gemeinte, bedeuten, können falsche Assoziationen immer wieder zu Irrtümern führen. Der Programmierer wird die beiden Regeln aus seinem Katalog streichen. An ihre Stelle könnte er etwa die folgende Regel setzen:

- Benutze Namen, die die Variablen und Funktionen möglichst exakt bezeichnen

Der folgende Abschnitt enthält einen Katalog von Programmierregeln, die unter Benutzung verschiedener Quellen und Erfahrungen nach dieser Methode entstanden ist.

Entsprechend der Natur des selbstkontrollierten Programmierens kann der Katalog kein starres und für jeden gültiges Regelwerk sein. Es enthält persönliche Wertungen und ist offen für die Weiterentwicklung. Der Leser kann den Katalog als Ausgangspunkt für seinen eigenen benutzen, indem er die Regeln, soweit sie ihm unmittelbar einsichtig und nützlich erscheinen, seinem persönlichen Katalog einverleibt. Auf dieser Basis kann er dann die Feinabstimmung der Regeln nach Art des beschriebenen Rückkopplungsprozesses starten.

5.2 Programmieren nach Regeln

Zweck des folgenden Regelkatalogs ist in erster Linie die Vermeidung von Programmierfehlern. Der Regelkatalog ist der Feinabstimmung und Verbesserung zugänglich. Aus der Vielzahl von Regeln heben sich jedoch ein paar besonders heraus: Sie haben sich gut bewährt und werden von der Informatikergemeinde mehrheitlich akzeptiert, so daß man sie zum Grundbestand eines guten Programmierstils rechnen kann. Wenn man sie befolgt, werden selbst große Probleme behandelbar. Die Entwurfsgrundsätze beschreiben allgemeine Vorgehensweisen und Zielsetzungen, die dafür sorgen sollen, daß unser Denkapparat auch bei voranschreitender Arbeit nicht unnötig überfordert wird. Die ersten der nun folgenden Regeln sind in diesem Sinne Entwurfsgrundsätze.

- Auf Lesbarkeit achten

Erläuterung 1: Programme müssen lesbare Texte sein. Die Forderung nach Lesbarkeit impliziert die Forderungen nach größtmöglicher Einfachheit der Ablauf- und Datenstrukturen.

Erläuterung 2: Kommentare sollen dem Leser helfen, das Programm möglichst schnell zu verstehen. Sie sollen Gedächtnis und Denkapparat des Lesers entlasten. Das können sie nur, wenn sie knapp und treffsicher sind. Das bedeutet, daß der Denkaufwand für die Formulierung der Kommentare nicht hinter dem für die Codierung des Programms zurückstehen darf. Es hat sich bewährt, jeden Modul mit einer Kurzbeschreibung zu versehen, die den Zusammenhang zwischen Aufgabenstellung und Programmtext herstellt und auf verwendete Literatur hinweist. Außerdem ist es oft ratsam, die Bedeutung von Variablen zu erläutern. Also: Gut plazierte Kommentare findet man direkt unterhalb des Kopfes und im Deklarationsteil eines Moduls, weniger im Anweisungsteil.

- Vorzugsweise einfache hierarchische Strukturen erzeugen

Erläuterung: Das Programm wird aus hierarchisch angeordneten Funktionsblökken (Moduln, Prozeduren) zusammengesetzt, so daß lauter überschaubare und voneinander weitgehend unabhängige Entwurfsaufgaben entstehen. In den höheren Hierarchiestufen befinden sich die problemnäheren, abstrakteren und übergeordneten Funktionsblöcke. Die niedrigeren Hierarchiestufen enthalten jeweils die erforderlichen Konkretisierungen.

- Nach der Methode der schrittweisen Verfeinerung (Stepwise Refinement) vorgehen

Erläuterung: Wie Wirth (1971) in seinem bekannten Aufsatz zeigt, werden zunächst die Strukturen auf der höchsten (problemnahen und abstrakten) Ebene festgelegt. Dann konkretisiert man, von Stufe zu Stufe herabsteigend, die einzelnen Funktionsmoduln (Top-Down-Entwurf, Modularisierung). Änderungen sind stets auf der höchsten Hierarchiestufe durchzuführen, auf der sie sich auswirken (Auch hier: top-down vorgehen).

- Die Programmoduln verbergen die Details ihrer Funktionsweise (Information Hiding)

Erläuterung: Das Information Hiding soll verhindern, daß schwer übersehbare Nebenwirkungen entstehen und daß Änderungen der Realisierung eines Moduls sich auf die den Modul benutzenden Teile auswirken.

- Sparsamkeit bei Schnittstellen- und Variablendeklarationen

Erläuterung: Es sind auf jeder Hierarchiestufe möglichst wenige Variablen zu deklarieren. Prozeduren arbeiten möglichst nicht mit globalen Variablen. Die Parameterlisten (Schnittstellen) sind äußerst knapp zu halten. Die Gültigkeitsbereiche von Variablen sind möglichst stark zu beschränken. Alle diese Maßnahmen dienen letztlich wieder der Lesbarkeit.

Eine Reihe weiterer Regeln trägt ebenfalls der Kapazitätsbeschränkung unseres Gedächtnisses Rechnung. Durch einfache Verwaltungs- und Gliederungsschemata und durch sorgsam plazierte Informationen wird Klarheit und Übersichtlichkeit erreicht.

- Das Programm meldet sich mit einer Titelseite, auf der das „Wer, Wann, Was, Warum und Wie" festgehalten ist

Erläuterung: Auf der Titelseite erscheinen Programmname (eventuell mit Versionsnummer), Name des Urhebers und Herstellungsdatum (letztes Änderungsdatum) neben einer kurzen Funktionsbeschreibung und Hinweisen auf Begleitmaterial. Gegebenenfalls sind die Bedingungen für die Verteilung des Programms, urheber- und nutzungsrechtliche Hinweise festgehalten (Koch, 1986; Dreier, 1987; UrhG, 1986).

- Das Programm und seine Teile folgen dem Gliederungsschema:
    - Initialisierung
    - Eingabe
    - Verarbeitung
    - Ausgabe

Erläuterung: Für diese Bestandteile und für die Datenverwaltung werden vorzugsweise separate Prozeduren formuliert.

- Verwendung einer möglichst geringen Zahl verschiedener Strukturblocktypen. Einschränkung auf
    - Sequenz (Reihung von Anweisungen)
    - Auswahl (IF-THEN-ELSE- oder CASE-Anweisung)
    - Iteration (WHILE-Schleife)

Erläuterung 1: Die Beschränkung auf wenige Strukturblocktypen fördert die Lesbarkeit des Programms. Der Hauptgrund aus Sicht der strukturierten Programmierung ist aber, daß wir für diese Strukturen Beweisregeln kennen. Dadurch lassen sich für so strukturierte Programme Korrektheitsbeweise durchführen. „For all three types of decomposition... we know the appropriate pattern of reasoning" (Dijkstra in Dahl, Dijkstra, Hoare, 1972). Diese Beweistechniken werden in Abschnitt 5.5 über semi-algorithmisches Programmieren behandelt.

Erläuterung 2: Schleifenkonstruktionen in PASCAL sind, neben der WHILE-Schleife, die FOR- und die REPEAT-Anweisung. Sie lassen sich mit Hilfe der WHILE-Schleife ausdrücken und folglich kennen wir für alle diese Konstruktionen Beweisregeln. In anderen Programmiersprachen gibt es als weitere Schleifenkonstruktion die LOOP-Anweisung mit freiem Hinaussprung (EXIT-Anweisung). Neue Probleme sind bei der Anwendung all dieser Varianten nicht zu erwarten. Man nutze sie, wenn dadurch Wiederholungen vermieden werden können und wenn der Programmtext dadurch schlanker wird.

- Auf aussagestarke Ausgabe achten

Erläuterung: Stets muß klar sein, was der Rechner gerade tut. Zu dem Zweck sind interne Zustände anzuzeigen und der Empfang von Eingaben in Form von Echos zu quittieren.

Die Neigung zur Vereinfachung, die unpassende Verwendung von Faustregeln und Techniken der „abgestuften Qualität" sind Ergebnis der Prägnanztendenz. Die folgenden Regeln gehen dagegen an.

- Fehlerkontrolle durchführen

Erläuterung 1: Die Durchführung von Simulationen (Berechnungsexperimenten mit dem Computer) erfordert besondere Aufmerksamkeit. Der Übergang vom mathematischen Modell (Differentialgleichungen und dergleichen) zum Algorithmus ist von systematischen Fehlern, beispielsweise aufgrund der Diskretisierung kontinuierlicher Größen, begleitet. Solche Fehler sind abzuschätzen und (am besten im Programm selbst) zu überwachen.

Erläuterung 2: Bei numerischen Programmen ist darüberhinaus stets die Maschinenarithmetik zu berücksichtigen (Knuth, Band 2, 1981). Insbesondere bei der Subtraktion etwa gleich großer Zahlen kann der relative Fehler des Ergebnisses recht groß werden. Die Hypothese, daß maschinenunabhängiges Programmieren numerischer Programme möglich ist, ist falsch! Das gilt jedenfalls für solche Programmiersprachen, die die numerischen Operationen nicht ausdrücklich festlegen.

- Nie reelle Zahlen auf Gleichheit oder Ungleichheit abfragen

- Keine Wegwerf-Kontrollausdrucke verwenden

Erläuterung 1: Wenn etwas nicht richtig funktioniert, sollte man nicht gleich am Programm herummanipulieren. Zur Isolierung und Identifizierung von Fehlern kann man es zunächst einmal mit der Variation der Eingabe versuchen.

Erläuterung 2: Auf Kontrollausdrucke zum einmaligen Gebrauch ist möglichst zu verzichten. Druckbefehle, die zu Prüfzwecken in den Text eingestreut werden, sind sorgsam zu plazieren und nach Gebrauch in Kommentare zu verwandeln, so daß sie später erneut aktiviert werden können. Noch besser ist es, eine geeignete Teststrategie als wichtigen Programmbestandteil von Anfang an mit einzuplanen. Die Druckbefehle zur Unterstützung von Tests werden in Auswahlanweisungen untergebracht. So kann man sie über globale Steuerungsvariablen ein- und ausschalten.

- Faustregeln von Zeit zu Zeit überprüfen

Erläuterung: Vorgeblich effizienzsteigernden Tricks sollte man mit Argwohn begegnen. (Nicht glauben, wenn man nachsehen und prüfen kann.)

Es folgen ein paar Regeln, die dem linearen Kausaldenken Rechnung tragen.

- Redundanz reduzieren

Erläuterung 1: Das Kopieren mehrfach verwendeter Programmteile schafft schwer zu überschauende Strukturen. Prozedurtechniken helfen, das zu vermeiden.

Erläuterung 2: Kommentare sind grundsätzlich redundant. Was die Funktion betrifft, können sie nur das ausdrücken, was der Programmtext ohnehin sagt. (Sie machen es dem Leser bestenfalls leichter.) Aufgrund von Programmänderungen kann es zu Abweichungen zwischen Programmfunktion und Kommentar kommen. Deshalb ist es nicht ratsam, ein Programm Zeile für Zeile zu kommentieren. Das gilt besonders für moderne Programmiersprachen, die die Erzeugung lesbarer Programmtexte unterstützen. Die Möglichkeiten, die man mit der freien Namensvergabe, der Erzeugung passender Datenstrukturen und der Einführung von Aufzählungstypen hat, sind weitgehend auszunutzen. Denn: die beste Dokumentation ist das gut strukturierte und lesbare Programm!

Erläuterung 3: Die Forderung nach Sparsamkeit der Kommentierung bedeutet keinesfalls, daß auf Kommentare verzichtet werden soll, und sie steht keinesfalls im Widerspruch zur Forderung nach Lesbarkeit. Gerade dann, wenn ein Algorithmus nicht ein naheliegendes Verfahren realisiert, sind Erklärungen nötig. Dann muß der Kommentar die Verbindung zwischen Aufgabenstellung und Programm herstellen. Man habe stets zwei Ziele im Auge: Lesbarkeit des Textes und Entlastung des Denkapparats des Lesers. (Siehe auch die erste der Programmierregeln.)

- Überprüfung der Korrektheit von Funktionen und Operatoren

Erläuterung: Es ist möglichst die Methode des semi-algorithmischen Programmierens anzuwenden (Abschnitt 5.5), denn diese Methode liefert neben dem Algorithmus auch einen Korrektheitsnachweis dafür. Außerdem stelle man sich immer wieder die folgenden Kontrollfragen: Ist die Funktion oder Operation für alle Werte des Definitionsbereichs richtig programmiert? Werden unzulässige Eingabewerte abgefangen?

- Ist ein Fehler gefunden: weitersuchen

Erläuterung: Es ist eine Erfahrungstatsache, daß in der Umgebung von Fehlern meist weitere zu finden sind.

- Benutze Entscheidungsbäume oder Entscheidungstabellen beim Aufstellen komplexer logischer Bedingungen

Die Überschätzung bestätigender Informationen zu überwinden, helfen die folgenden Regeln:

- Planungsgrundsätze und Regeln für Tests beachten

Erläuterung: Die Arbeitsschritte Codierung, Fehlersuche, Fehlerbeseitigung sind klar zu trennen; die Testfälle werden in einem unabhängigen Arbeitsgang sorgfältig vorbereitet (Abschnitt 5.3).

- Alternativen suchen

Erläuterung: Die Tatsache, daß die Sache augenscheinlich funktioniert, sollte noch kein Grund sein, sich mit der gefundenen Lösung zufrieden zu geben. Man sollte stets davon ausgehen, daß es noch bessere Lösungen gibt. Wichtig ist das Wegdenken von eingefahrenen Bahnen und von naheliegenden ad hoc-Lösungen. Den Blick weiten können

- die Literaturrecherche
- das semi-algorithmische Programmieren (Abschnitt 5.5),
- die Aktivierung von Heuristiken (Abschnitt 5.6).

Nützliche Hinweise findet man auch im Werk von Knuth (1973, 1981).

Irreführende Assoziationen zu vermeiden, ist Zweck der letzten Programmierregel:

• Benutze Namen, die die Variablen und Funktionen möglichst exakt bezeichnen

5.3 Testen nach Regeln

Unter Korrektheit eines Programmes versteht man die Übereinstimmung von spezifizierter und realisierter Funktion (NTG 3004, 1982). Korrektheit in diesem Sinne stellt noch nicht sicher, daß das Programm genau wie beabsichtigt funktioniert: Bereits beim Übergang von einer ungenauen und wenig detaillierten Problembeschreibung zu einer genauen und möglichst formalen Spezifikation des problemlösenden Programms können Fehler passieren. Diese Spezifikationsfehler sind demnach von den Programmierfehlern, die beim Umsetzen der Spezifikation in das Programm passieren, zu unterscheiden.

Bei Tests geht es um das Entdecken von Programmierfehlern. Am liebsten hätte man einen Korrektheitsnachweis durch Tests. Aber: Die Korrektheit eines Programmes, läßt sich, abgesehen von ganz einfachen Fällen, nicht beweisen. Auch Tests können einen Korrektheitsnachweis nicht liefern.

Programme, zumindest die uns hier interessierenden tatsächlich „neuen Lösungen", sind Erfindungen im Sinne des Abschnitts über Wissenserwerb (Abschnitt 2.2). Ihr ganz wesentliches Kennzeichen ist, daß ihre Korrektheit sich nicht aus noch allgemeineren Lösungen oder Prinzipien deduktiv ableiten läßt. Auch kann aus dem Bestehen einzelner Tests nicht auf die Korrektheit eines solchen Programms geschlossen werden.

Normalerweise ist es unmöglich, ein Programm für sämtliche Eingabedatensätze durchzurechnen. Erschöpfende Tests scheitern an der großen Zahl möglicher Eingabedatensätze. (Das gilt zumindest für die Programme, die nicht nur einige wenige spezielle Probleme lösen sollen.) Die rationale Einstellung gegenüber Programmen (auch gegenüber den eigenen) ist grundsätzliches Mißtrauen. Die Methode des guten Programmierers ist die negative Methode (Abschnitt 3.5.4).

Aber genau da liegt die grundlegende Schwierigkeit. Sie kommt darin zum Ausdruck, daß der Programmierer einen Test, bei dem es nicht zum Versagen kommt, fälschlich als erfolgreich einstuft. Seine Sicht der Dinge ist sogar verständlich: Es kann ja daran liegen, daß sein Programm gut (also fehlerarm) ist.

Das Nichtversagen kann aber auch daran liegen, daß der Test zu schlecht, also zu harmlos war. Der Tester wird dagegen den Testfall als erfolgreich ansehen, bei dem das Programm versagt: Sein Test war offensichtlich so gut konstruiert, daß ein Fehler entdeckt werden konnte. Also: ein positiver Test liegt vor, wenn das Programm versagt; funktioniert das Programm korrekt, ist der Test negativ.

Das ist das *psychologische Problem des Testens*: Ein Programmierer, der sein eigenes Programm testet, will in seiner Eigenschaft als Programmierer eigentlich keine Fehler finden, aber als Tester muß er genau das wollen.

Zuweilen wird überhaupt davon abgeraten, Programmierer ihre eigenen Programme testen zu lassen (Myers, 1987). Im Rahmen einer größeren Software-Entwicklung ist es immer möglich, Tests von Gruppen durchführen zu lassen, die unabhängig vom Programmierteam sind. Unser Thema ist aber nicht das allgemeine Software-Engineering.

Hier geht es zunächst einmal um den auf sich allein gestellten Programmierer. Er sollte alle Möglichkeiten zur Verbesserung seines Programmierstils nutzen. Das Testen ist eine davon, wenn er es nur richtig angeht. Der Programmierer muß sich einem Zwang aussetzen, sich an ein paar Regeln halten.

Gerade beim Testen muß der Programmierer der verständlichen Neigung widerstehen, Belege für die Richtigkeit seines Programms zu bekommen. Er muß hart, ja aggressiv, an sein eigenes Produkt herangehen. Das erfordert einen Wechsel der Einstellung: Ist der Programmierer vor allem stolz darauf, wenige oder gar keine Fehler in seinem Programm zu finden, so muß er als Tester seines eigenen Programms danach streben, möglichst viele Fehler zu entdecken, denn nur erkannte Fehler lassen sich unschädlich machen und in Zukunft vermeiden. „Der kluge Programmierer entwickelt sein Programm mit der Einstellung, daß ein korrektes Programm entwickelt werden kann und werden wird, vorausgesetzt, man wendet genügend Sorgfalt und Konzentration auf. Und dann testet er es gründlich mit der Einstellung, daß ein Fehler drin sein muß“ (Gries, 1981, S. 169).

Mit dem psychologischen Problem hängt eng zusammen, daß der negative Ausgang einiger Tests bereits als sicheres Anzeichen für die Fehlerfreiheit angesehen wird. Bereits im Abschnitt 3.5 wurde auf unsere Neigung zur Überschätzung bestätigender Informationen hingewiesen. Auch dem kann man mit Regeln und selbstauferlegtem Zwang beikommen.

Die Wirksamkeit von Tests ist nicht nur durch das psychologische Problem des Testens gefährdet. Der Programmierer läßt sich bei der Codierung des Programms von gewissen Vorstellungen leiten. Seine Denkgewohnheiten, seine Einstellung bilden den Hintergrund seiner Arbeit. Beim Testen leiten ihn zunächst einmal dieselben Vorstellungen und Denkgewohnheiten. Das kann dem Programmierer, selbst wenn er das psychologische Problem meistert, einen Strich durch die Rechnung machen: Er findet die erfolgreichen Testfälle einfach deshalb nicht, weil sein Denken in den alten Bahnen bleibt. Aber auch hier kommt man weiter, indem man sich an Regeln hält, die in der Vergangenheit das Auffinden erfolgreicher Testfälle ermöglichten.

Es sieht so aus, als ob auch das Testen mit der Einhaltung strenger Regeln steht oder fällt. Die folgenden Regeln haben sich in der Praxis bewährt. Der Leser ist aufgefordert, diesen Regelkatalog aus seinen Erfahrungen heraus zu modifizieren und zu ergänzen.

- Trennen: Die einzelnen Phasen der Programmierung (nämlich: Entwurf, Codierung, Testfallentwurf, Test, Fehlerbeseitigung) sind strikt voneinander zu trennen. Sämtliche Testfälle sind aufzustellen, bevor es an das eigentliche Testen geht.
- Umschalten: Besonders beim Übergang von der Codierung zum Testfallentwurf ist ein Wechsel der Einstellung bewußt herbeizuführen. Man mache sich die neue Zielsetzung klar: erfolgreiche Testfälle!

Die ersten beiden Regeln sind unmittelbare Konsequenzen aus dem vorher Gesagten: Sie sollen das psychologische Problem des Testens entschärfen. Die nächste Regel soll vermeiden, daß dem Tester die Prägnanztendenz einen Streich spielt. Unser Bestreben, Gesetzmäßigkeiten in irgendwelche Sachverhalte hineinzusehen, macht auch vor Testergebnissen nicht halt: Fehler werden leicht übersehen, wenn man nicht bereits eine Vorstellung vom korrekten Ergebnis hat. Also:

- Zu jedem Testfall vorab (also vor dem eigentlichen Test) auch die erwarteten Ergebnisse formulieren
- Die Testfälle werden dokumentiert und so aufbewahrt, daß die Tests jederzeit mit geringem Aufwand durchgeführt und wiederholt werden können. Niemals Testfälle nur so im Vorübergehen erfinden.
- Testergebnisse gründlich prüfen! Das gilt besonders bei Wiederholung des Testdurchlaufs nach einer Programmänderung. Auf den letzten Test kommt es an, er ist der wichtigste.
- Tests sind für gültige und für ungültige Eingabedaten sowie für Sonderfälle und Entartungen zu formulieren. Aus jeder wichtigen Äquivalenzklasse von Eingabedatensätzen ist wenigstens ein Eingabedatensatz auszuwählen.

Erläuterung: Als äquivalent sieht man Datensätze dann an, wenn das Programm gleichartig darauf reagiert, wenn also zu erwarten ist, daß entweder bei jedem der Datensätze ein Fehler auftritt oder bei keinem. In diesem Sinne wären bei der einleitenden Zweierpotenzaufgabe aus Abschnitt 1.1 die Zahlen 4, 8, 16 usw. einer Äquivalenzklasse zuzuordnen.

- Grenzwerte testen (Testing Boundary Conditions): Vorzugsweise sollte man Werte an Intervallgrenzen und Gültigkeitsgrenzen von Variablen vorgeben. Auch Werte mit besonderen Eigenschaften (beispielsweise die neutralen Elemente Null und Eins) sind zu berücksichtigen (Myers, 1987, S. 50 ff.).

Erläuterung: Mit dieser Regel kann man Fehler der Art „Um eins daneben" erkennen. Bei der einführenden Zweierpotenzaufgabe kommt man damit auf die Testfälle $z = 0$ und $z = 1$.

- Über entdeckte Fehler Buch führen. Aus den Fehlern sind Regeln für das Aufstellen wirksamer Testfälle abzuleiten.
- Voreilige Fehlerhypothesen vermeiden: Die Fehlerursache ist stets eindeutig zu identifizieren. Auf maskierte Fehler achten: Nach der Fehlerbeseitigung sind alle Tests zu wiederholen.

5.4 Fehlerbuchführung

Der Programmierer steigert den Effekt des Lernens aus den Fehlern, indem er sich Regeln gibt und diese der Erfahrungsfortschreibung unterwirft. Er sollte das ganz explizit tun und den Katalog von Programmierregeln in einer Datei bereithalten. Welche Möglichkeiten hat der Programmierer noch, sein Lernen aus den Fehlern zu vervollkommnen?

Normalerweise werden Fehler als peinlich empfunden. Niemand ist stolz auf von ihm selbst begangene Fehler. Das führt leider zu Beschönigungsversuchen und zur Tendenz, die Fehler zu vergessen. Aber genau diese Verdrängung ist es, die das Lernen aus den Fehlern erschwert. So unangenehm die Fehler der Vergangenheit sind: Für die Zukunft sind sie wertvoll. Es ist unwirtschaftlich, die Fehler wegzustecken, bevor sie einer eingehenden Analyse unterzogen worden sind. Das vernichtet die Chance, das Maximum aus ihnen zu lernen.

Der nächste Schritt ist, daß man die Fehler dokumentiert, über sie Buch führt. Das eröffnet die Möglichkeit, zu einem späteren Zeitpunkt, wenn die Fähigkeit der Fehleranalyse fortgeschritten ist, auf sie zurückzukommen. Wir betrachten also die Fehler der Vergangenheit als einen teuer erworbenen Fundus. Sie werden am besten in einem Fehlerbuch festgehalten. Auch dieses Fehlerbuch hält man sich auf einer Datei zugriffsbereit.

Nun ist es nicht sinnvoll, jeden Flüchtigkeitsfehler oder jede Fehlervariante in das Fehlerbuch aufzunehmen. Das Fehlerbuch wird fortgeschrieben mit dem Ziel, eine Sammlung typischer Fehler zu bekommen. Darüber nachdenken, ob ein bestimmter Fehler in das Fehlerbuch gehört, sollte man dann, wenn

- die Fehlersuche lange gedauert hat
- die durch den Fehler verursachten Kosten hoch waren oder
- der Fehler lange unentdeckt geblieben ist.

Die Eintragungen in das Fehlerbuch sollten folgende Daten umfassen:

- Laufende Fehlernummer
- Datum (wann entstanden, wann entdeckt)
- Programmname, Datum
- Fehlerkurzbeschreibung (Titel)
- Ursache (Verhaltensmechanismus)
- Rückverfolgung: Gab es schon Fehler derselben Sorte? Warum war eine früher vorgeschlagene Gegenmaßnahme nicht wirksam?
- Programmierregel, Gegenmaßnahme
- ausführliche Fehlerbeschreibung

Ob der Programmierer für sich selbst ein Fehlerbuch nach streng formalen Regeln führt oder ob er eine weniger formale Technik entwickelt: Es wird sich für ihn auszahlen, wenn er die wichtigsten Fehler der Vergangenheit zusammen mit den Begleitumständen bei Bedarf in sein Gedächtnis zurückrufen kann.

Einheitliche Formate für die Eintragungen in ein Fehlerbuch und feste Bezeichnungen für Fehlertypen wird man bei größeren Projekten mit mehreren Pogrammierern einführen. Bishop und Pullen (1988) berichten über ein solches

Projekt, bei dem ein Fehlerbuch (Defect Record) geführt und ausgewertet worden ist.

5.5 Semi-algorithmisches Programmieren

5.5.1 Prädikate und Bedingungen

Obwohl er Texte schreibt: Der Programmierer ist kein Dichter. Es gibt wohl Programmierer, die sich so verhalten und die sich einiges auf ihr Künstlertum zugute halten. Jedoch: der Programmierer ist einer, der Maschinen baut. Dabei bedient er sich einer Universalmaschine, eines Rechners. Seine Tätigkeit gleicht also eher der eines Ingenieurs. Das kommt auch zum Ausdruck in den verschiedenen Phasen, die die Entwicklung eines Programms durchläuft: Spezifikation, Entwurf, Realisierung, Test.

Hochentwickelte technische Disziplinen zeichnen sich dadurch aus, daß in weiten Bereichen die Arbeitsweise zunehmend durch deduktives Vorgehen und weniger durch Kreativität bestimmt wird. An die Stelle der Intuition treten diskursive Methoden. Wenn es möglich ist, in einem Teilgebiet optimale oder zumindest gute Lösungen mit Hilfe eines Algorithmus oder mit semi-algorithmischen Methoden zu gewinnen, ist es sträflich, darauf zu verzichten und sich auf Probierlösungen zu verlassen.

Will man Denkfallen umgehen und Programmierfehler vermeiden, müssen an die Stelle des intuitiven Software-Entwurfs diskursive Programmiertechniken treten.

Gerade im Bereich des Entwurfs von Algorithmen ist die Informatik dabei, zu einer solchermaßen entwickelten Disziplin zu werden. Ausgehend von logischen Aussagen über das zu erreichende Ergebnis wird die Lösung Schritt für Schritt hergeleitet. Gleichzeitig entsteht der Beweis der Korrektheit des Algorithmus: „Ein Programm und sein Beweis sollten Hand in Hand entwickelt werden, wobei der Beweis normalerweise den Weg weist..." (Gries, 1981, S. 164).

Dieser Abschnitt ist dem semi-algorithmischen (oder: diskursiven) Programmieren gewidmet. Über die Tragweite der Methode kann sich der Lernende nur klar werden, wenn er sie selbst anwendet und einige Übung darin erlangt. Schließlich muß jeder für sich eine Balance der verschiedenen Methoden finden und den Programmierstil entwickeln. Jeder muß den Weg selbst heraussuchen, der um die Denkfallen herumführt.

Das semi-algorithmische Vorgehen zeichnet sich dadurch aus, daß zuerst eine vollständige und formal einwandfreie Darstellung des angestrebten Resultats erstellt wird. Dazu verwenden wir die Sprache der Logik. Mit ihr lassen sich die Anforderungen an einen Algorithmus exakt ausdrücken und Schritt für Schritt präzisieren.

Wir gehen von den booleschen (also: logischen) Ausdrücken aus, wie sie in PASCAL oder auch MODULA-2 definiert sind (Däßler, Sommer, 1985; Wilson, Addyman, 1984; Wirth, 1985). Das sind Ausdrücke (Expressions), die in Abhängigkeit von den in ihnen vorkommenden Variablen nur die Werte FALSE und TRUE annehmen können (z. B. die Bedingung einer WHILE-Schleife). Zuweilen findet man auch die Darstellung 0 für FALSE und 1 für TRUE. Wir übernehmen für die Wahrheitswerte eine naheliegende Ordnungsrelation: 0 < 1 und FALSE < TRUE.

Die Übertragung von Operationssymbolen auf neue Objekte ist nicht verwerflich, solange die Eigenschaften und Gesetzmäßigkeiten, die man mit den Symbolen assoziiert, dieselben bleiben. Man darf durchaus a ≤ b schreiben, wenn die Variablen a und b einmal Zahlen, ein andermal Mengen oder in einem dritten Fall Zeichenketten sind. Man liest das Symbol „ ≤ " dann beispielsweise als „kleiner oder gleich", „enthalten in" oder „in lexikographischer Anordnung nicht hinter". Von Bedeutung ist, daß in allen Fällen die Gesetze einer Halbordnung gelten. Das ist algebraisches Denken.

Die Mehrfachverwendung von Operations- und Relationssymbolen dient nicht nur dem sparsamen Umgang mit Zeichen, sondern auch der Denkökonomie. In Programmiersprachen erhält man auf diese Weise eine einfache Möglichkeit zur Formulierung von Prozeduren, die sich auf mehrere Datentypen anwenden lassen (Beispiel: Eine Prozedur, mit der man Zahlen oder auch Wörter sortieren kann). Die Weiterentwicklung dieser Gedanken führt zu den neueren Ansätzen der Software-Entwicklung: Objektstrukturen und zugehörige Operationen (abstrakte Datentypen) werden nur durch Angabe ihrer Eigenschaften und nicht durch Konkretisierungen definiert (Partsch, Möller, 1987; Duden, 1988).

Mit der obigen Festlegung lassen sich die Relationszeichen zur Darstellung boolescher Operatoren verwenden. Für die Auswertung nicht geklammerter Ausdrücke übernehmen wir die übliche Vorrangregelung: Zuerst NOT, dann die Multiplikationsoperatoren (wie *, /, AND), dann die Additionsoperatoren (wie +, -, OR) und schließlich die relationalen Operatoren (wie =, <, ≤, >, ≥).

Wir werden boolesche Ausdrücke auch zur Aufstellung von Aussagen über etwas und zur Formulierung von Sätzen verwenden. In solch einem Fall sind die folgenden Formen gleichwertig:

```
1. Es gilt A
2. A ist wahr
3. A=TRUE
4. A
```

Gemeint ist dabei stets, daß der Ausdruck A allgemeingültig, d. h. für alle möglichen Werte der in ihm vorkommenden Variablen wahr ist. Es handelt sich also um eine *Tautologie*. Tautologien dienen einerseits zur Formulierung der *Gesetze* der Logik und andererseits zur Aufstellung von Behauptungen. Gesetze sind unabhängig von der Bedeutung der in ihnen auftretenden Variablen und für alle möglichen Wertebelegungen für die Variablen immer wahr. Behauptungen sind Aussagen über etwas, also *Definitionen, Sätze oder Regeln.*

Für die logische Implikation stehen unter anderen die folgenden gleichwertigen Formen zur Verfügung:

```
5. Aus A folgt B
6. NOT A OR B
```

```
7. A ≤ B
8. A impliziert B
```

Das Implikationszeichen „ ≤ " in der 7. Form wird als „kleiner oder gleich" gelesen. Die hier bevorzugte Schreibweise für die Implikation ist leider etwas gewöhnungsbedürftig, weil heute oft ein Pfeil für die Implikation verwendet wird, der von links nach rechts zeigt. Den Pfeil verwendet man aber besser für logische Ableitungen (Lorenzen, 1970).

Die Verwendung des Kleiner-gleich-Zeichens für die Implikation unterstützt außerdem die Anschauung: Logische Ausdrücke und Prädikate werden wir später mit Mengen identifizieren. Dann geht die Implikation in die Inklusion über. Und das Implikationszeichen ≤ ist dem üblichen Zeichen für die Inklusion ähnlich.

Eine Äquivalenz ist eine Gleichung, die eine Tautologie ist. Die folgenden Formen besagen alle dasselbe:

```
 9. A ist äquivalent B
10. A=B
11. (A AND B) OR (NOT A AND NOT B)
12. (A≤B) AND (B≤A)
```

Gesetze in der Form von Äquivalenzen sind beispielsweise

```
A AND (B OR C) = (A AND B) OR (A AND C)
```

(das ist eines der Distributivgesetze) oder

```
NOT (A OR B) = NOT A AND NOT B
```

(eines der De Morganschen Gesetze).

Zusätzlich zu den logischen Verknüpfungen AND, OR und NOT, sowie zu den Relationen werden noch einige Quantoren eingeführt, auch wenn die Programmiersprache solche Operatoren nicht kennt. Da wir es meist mit einer endlichen Anzahl von Variablen und Operationen zu tun haben, dienen die Quantoren zunächst einmal der abgekürzten Schreibweise von Ausdrücken.

Der Ausdruck

$$OR_{m \le i < n}\ E_i$$

mit den booleschen Ausdrücken oder Variablen E_i steht für

$$E_m\ OR\ E_{m+1}\ OR\ \ldots\ OR\ E_{n-1}$$

Er wird so gelesen: Es gibt ein i, $m \le i < n$, so daß E_i wahr ist. Der Ausdruck hat also genau dann den Wert TRUE, wenn wenigstens ein E_i den Wert TRUE hat, und genau dann den Wert FALSE, wenn alle E_i gleich FALSE sind. Das so verallgemeinerte OR heißt Existenzquantor. Die Schreibweise geht insofern über die reine Abkürzung boolescher Ausdrücke hinaus, als auch der Indexbereich variabel sein darf. Sowohl m als auch n dürfen Variablen vom Typ INTEGER sein.

Der Ausdruck

$$\text{AND}_{m \leq i < n} \; E_i$$

steht für

$$E_m \; \text{AND} \; E_{m+1} \; \text{AND} \; \ldots \; \text{AND} \; E_{n-1}$$

Er wird so gelesen: Für alle i, $m \leq i < n$, ist E_i wahr. Das so verallgemeinerte AND heißt Allquantor.

Endliche Summen werden so geschrieben:

$$\sum_{m \leq i < n} v_i$$

Das ist eine Kurzform für

$$v_m + v_{m+1} + \ldots + v_{n-1}$$

Hier sind die v_i Ausdrücke oder Variablen von einem Datentyp, für den die Addition definiert ist, z. B.: INTEGER oder auch REAL. Auch das Summenzeichen $\sum$ ist für uns ein Quantor.

Die Indizes können auch anders begrenzt sein, beispielsweise so: $m \leq i \leq n$. Die Quantoren sind dann dementsprechend zu modifizieren. Als Indexmengen für All- und Existenzquantor sowie die Summe kann man auch andere als endliche zusammenhängende Abschnitte der ganzen Zahlen zulassen. Sei M eine solche Indexmenge, dann schreibt man

$$\text{OR}_{i \in M} \; E_i, \; \text{AND}_{i \in M} \; E_i \; \text{bzw.} \; \sum_{i \in M} v_i$$

und definiert die Bedeutung ganz entsprechend. Bei Existenz- und Allquantor sind auch unendliche Mengen M zulässig, während bei der Summation über unendliche Mengen Vorsicht angebracht ist. Wir wollen uns bei den Summen auf endliche Indexmengen M beschränken; dann spielt die Reihenfolge der Summation keine Rolle und die obige Summenschreibweise steht für ein eindeutiges Summationsergebnis. Dies gilt nur, wenn man eine Arithmetik voraussetzt, für die die üblichen Rechenregeln gültig sind.

Für leere Indexmengen $(M = \varnothing)$ sind die Werte der Quantoren so festgelegt:

$$\text{OR}_{i \in \varnothing} \; E_i = \text{FALSE}$$
$$\text{AND}_{i \in \varnothing} \; E_i = \text{TRUE}$$
$$\sum_{i \in \varnothing} v_i = 0$$

Zwischen Existenz- und Allquantor bestehen die Beziehungen

$$\text{NOT} \; (\text{AND}_{i \in M} \; E_i) = \text{OR}_{i \in M} \; \text{NOT} \; E_i$$
$$\text{NOT} \; (\text{OR}_{i \in M} \; E_i) = \text{AND}_{i \in M} \; \text{NOT} \; E_i$$

Boolesche Ausdrücke, die auch Quantoren enthalten können und in denen freie Variablen vorkommen dürfen, heißen *Prädikate*. Freie Variablen sind Variablen, die nicht (wie beispielsweise der Index i in den obigen Ausdrücken) an Quantoren gebunden sind und die für Ersetzungen durch spezielle Werte oder durch Ausdrücke frei sind.

Eigentlich spricht man von Prädikaten nur, wenn sie wenigstens eine freie Variable enthalten. Wir erlegen uns diese Einschränkung nicht auf und beziehen Prädikate ohne freie Variablen ein, die sogenannten nullstelligen Prädikate (Dörfler, Peschek, 1988).

Behauptungen (Zusicherungen, englisch: Assertions) in der Form von Prädikaten dienen der Funktionsbeschreibung von Programmen und Anweisungen. Sie stellen das Hilfsmittel für strenge Definitionen, Spezifikationen und Programmbeweise dar. Darum soll es jetzt gehen.

Mit V sei die Menge von Variablen v bezeichnet, die dem Algorithmus zugänglich sind: $v \in V$. Die jeweiligen Werte dieser Variablen können gelesen und verändert werden. Der Wertebereich einer Variablen ist durch ihren Datentyp festgelegt. Einfache Datentypen sind BOOLEAN, INTEGER und REAL; zusammengesetzte Datentypen sind ARRAY und RECORD.

Den Wertebereich der Variablen v bezeichnen wir mit W(v) und die Vereinigungsmenge der Wertebereiche mit W. Die gleichzeitig vorliegenden Werte der Variablen definieren den momentanen Zustand. Ein Zustand σ läßt sich also denken als eine Funktion

$$\sigma: V \longrightarrow W$$

Da auch der Zustand veränderlich ist, kann man den Wert als Funktion von v und σ sehen und es ist letztlich unerheblich, ob man diesen Wert in der Form $\sigma(v)$ oder $v(\sigma)$ schreibt. Wir werden die zweite Schreibweise bevorzugen und fassen $v(\sigma)$ als Projektion des momentanen Systemzustands auf die Variable v auf. Natürlich ist $v(\sigma) \in W(v)$.

Der Wert eines Prädikats E im Zustand σ wird ermittelt, indem man jede im Prädikat vorkommende Variable v durch ihren Wert $v(\sigma)$ ersetzt und das sich so ergebende Prädikat auswertet. In Verallgemeinerung der Schreibweise für Werte von Variablen schreibt man für den Wert eines Ausdrucks E im Zustand σ auch $E(\sigma)$. Für Prädikate gilt

$$E(\sigma) \in \{FALSE, TRUE\}$$

Eine Anweisung S wird hier einfach aufgefaßt als eine Funktion, die für Zustände definiert ist und deren Bilder ebenfalls Zustände sind (Baber, 1987). Sei σ_0 ein Zustand, der vor Ausführung der Anweisung vorliegt; dann ist σ_1 das durch

$$\sigma_1 = S(\sigma_0)$$

definierte zugehörige Bild. Das ist der Zustand, der nach Ausführung der Anweisung besteht. Eine Einschränkung gegenüber allgemeineren Konzepten liegt darin, daß nichtdeterministische Anweisungen, anders als beispielsweise bei Gries (1981, S. 111), ausgeschlossen sind.

Zusicherungen (Assertions) sind Behauptungen über Zustände an bestimmten Stellen eines Programmes. Seien Q und R Prädikate und sei ferner S eine Anweisung in einem Programm. Die Zusicherung Q sei die *Vorbedingung* (Precondition) und die Zusicherung R die *Nachbedingung* (Postcondition) der Anweisung S. Das wird so geschrieben:

$$\{Q\} \ S \ \{R\}$$

Wir wollen darunter verstehen, daß für alle möglichen Zustände gilt:

$$Q(\sigma) \ \leq \ R(S(\sigma))$$

In Worten: Wenn unmittelbar vor Ausführung der Anweisung S ein Zustand σ besteht, in dem die Vorbedingung Q wahr ist, dann gehört σ zum Definitionsbereich der Anweisung, und nach der Ausführung der Anweisung ist die Nachbedingung R wahr. Die Nachbedingung R ist das gewünschte Resultat der Anweisung.

Das ist die Definition der sogenannten vollständigen Korrektheit (Total Correctness), wie sie auch bei Gries (1981, S. 109 f.) zu finden ist. Von teilweiser Korrektheit (Partial Correctness) spricht man dann, wenn $Q(\sigma)$ nicht mehr impliziert, daß σ zum Definitionsbereich von S gehört. Aber wenn σ zum Definitionsbereich gehört, dann muß auch $R(S(\sigma))$ wahr sein.

Interessant ist natürlich der Fall, daß Q wahr ist. Der Programmablauf vor der Anweisung S hat genau das sicherzustellen.

Wenn das Prädikat A das Prädikat B impliziert, wenn also $A \leq B$ gilt, und wenn die Prädikate A und B außerdem nicht äquivalent sind, dann nennt man A stärker als B und umgekehrt B schwächer als A.

Es ist praktisch, jedes Prädikat mit der Menge derjenigen Zustände zu identifizieren, für die es wahr ist, z. B.: $A = \{ \sigma \mid A(\sigma)\}$. Die Implikation geht dann in die Inklusion über.

Das stärkere Prädikat schränkt die Menge der Zustände, für die es wahr ist, stärker ein als das schwächere. Ist A stärker als B, dann gilt $A \leq B$ und damit gehören alle Zustände aus A auch zu B. Da die beiden Prädikate aber nicht äquivalent sind, muß es wenigstens einen Zustand geben, der zu B, nicht aber zu A gehört.

Ein Prädikat $\{Q\} \ S \ \{R\}$ bleibt wahr, wenn man Q durch eine stärkere oder äquivalente Vorbedingung Q' und R durch eine schwächere oder äquivalente Nachbedingung R' ersetzt. Also gilt diese Regel für Abschwächung und Verstärkung: Aus $\{Q\} \ S \ \{R\}$, $Q' \leq Q$ und $R \leq R'$ folgt $\{Q'\} \ S \ \{R'\}$.

Wichtig ist auch noch diese Regel für die Konjunktion von Bedingungen: Aus $\{Q_1\} \ S \ \{R_1\}$ und $\{Q_2\} \ S \ \{R_2\}$ folgt $\{Q_1 \ \text{AND} \ Q_2\} \ S \ \{R_1 \ \text{AND} \ R_2\}$.

5.5.2 Beweisregeln für Zuweisung, Sequenz und Auswahl

Mit Hilfe der Zusicherungen werden jetzt Regeln angegeben, die die Funktion der wichtigsten einfachen und zusammengesetzten Anweisungen (Strukturblocktypen) beschreiben. Diese Regeln bilden dann die Grundlage für Korrektheitsbeweise und die folgerichtige Entwicklung von Programmen. Zunächst folgen die Regeln für

- die Zuweisung
- die Sequenz von Anweisungen
- die Auswahl (IF-Anweisung)

Der besonders wichtige Schleifensatz für

- die Iteration (WHILE-Schleife)

wird im nächsten Unterabschnitt behandelt.

Zur Darstellung der Regeln benötigen wir noch eine *Substitutionskonvention für Ausdrücke*: Seien E und e Ausdrücke und x eine Variable. Dann bezeichnet E^x_e einen Ausdruck, der aus E dadurch entsteht, daß man überall die frei vorkommende Variable x durch e ersetzt.

Erläuterung: Variablen heißen frei, wenn sie dort, wo sie in einem Ausdruck vorkommen, jeweils durch einen beliebigen Wert ihres Wertebereichs ersetzt werden können. Dagegen sind die Indexvariablen in Quantoren an diese gebunden, also nicht frei für Ersetzungen. Es ist hilfreich, die Indizes von Quantoren als lokale Variablen dieser Quantoren aufzufassen, deren Namen geändert werden können, ohne daß sich das Prädikat ändert. Eine solche Änderung in einem Prädikat E ist zum Beispiel dann angezeigt, wenn bei einer Substitution E^x_e eine in e vorkommende Variable gebunden würde (Gries, 1981, S. 76 ff.; Lorenzen, 1970, S. 101 ff.).

Die *Regel für die Zuweisung* lautet:

$$\{R^x_e\} \; x := e \; \{R\}$$

Sei also R ein beliebiges Prädikat. Ist vor Ausführung der Zuweisung jenes Prädikat wahr, das entsteht, wenn man überall in R die frei vorkommende Variable x durch den Ausdruck e ersetzt, dann muß nach Ausführung der Zuweisung das Prädikat R wahr sein. Beispiel: Sei $x := x + 1$ die Zuweisung und die Nachbedingung sei $x < 0$. Offensichtlich ist dann $x + 1 < 0$ eine Vorbedingung, so daß gilt

$$\{x+1<0\} \; x := x+1 \; \{x<0\}$$

Die Regel für die Zuweisung ist in der obigen Form nur im Sinne der teilweisen Korrektheit aufzufassen. Die Vorbedingung R^x_e garantiert nicht immer die Ausführbarkeit der Anweisung $x := e$. In folgenden Fällen kann sich die Vorbedingung als zu schwach erweisen:

- Die Variable x kommt in R nicht vor und es gibt Zustände, in denen R gilt (R ist in diesem Falle zugleich Vorbedingung) und in denen e nicht definiert ist.
- Die Variable x kommt in e nicht vor und ist auch nicht deklariert.

Um zur vollständigen Korrektheit zu kommen, führen wir die folgende General-klausel ein: Nötigenfalls wird die Vorbedingung durch eine stärkere ersetzt derart, daß die Ausführbarkeit der Anweisung garantiert ist.

Die *Regel für die Sequenz* von Anweisungen sei für den einfachen Fall der Hinter-einanderausführung der beiden Anweisungen S und T angegeben:

```
Aus {P} S {Q} und {Q} T {R} folgt {P} S; T {R}
```

Und die *Regel für die Auswahl* mittels IF-Anweisung sieht so aus:

```
Aus {Q AND B} S₁ {R} und {Q AND NOT B} S₂ {R} folgt
{Q} IF B THEN S₁ ELSE S₂ {R}
```

Beispiel: Es ist zu zeigen, daß die Anweisung

```
IF x<0 THEN y:= -x ELSE y:= x
```

das Resultat $y = abs(x)$ ergibt. Die Regel für Zuweisungen liefert die beiden Prädi-kate

```
{x=-abs(x)} y:= -x {y=abs(x)}
```

```
{x=abs(x)} y:= x {y=abs(x)}
```

Andererseits folgt $x = -abs(x)$ aus $x < 0$ und aus NOT $(x < 0)$ folgt $x = abs(x)$. Also sind auch die Prädikate

```
{NOT (x<0)} y:= x {y=abs(x)}
```

und

```
{x<0} y:=-x {y=abs(x)}
```

wahr. In der Regel für die Auswahl kann man nun Q, B und R folgendermaßen festsetzen: $R = (y = abs(x))$, $B = (x < 0)$, $Q = TRUE$. $Q = TRUE$ bedeutet, daß in jedem Fall das Resultat $y = abs(x)$ entsteht:

```
{TRUE} IF x<0 THEN y:= -x ELSE y:= x {y=abs(x)}
```

Schon dieses einfache Beispiel macht etwas deutlich, was ganz typisch für das semi-algorithmische Programmieren ist: Es ist das Denken vom Resultat her.

Beim Korrektheitsnachweis fragt man nach den Vorbedingungen, die erfüllt sein müssen, wenn mit dem Programm das gewünschte Resultat herauskommen soll. Natürlich ist man im allgemeinen an der schwächsten Vorbedingung interes-siert, die sich finden läßt. Dadurch werden alle Fälle erfaßt, in denen das Pro-gramm wie gewünscht funktioniert.

Noch wichtiger ist das „Denken vom Resultat her" beim Programmieren selbst:

- Begonnen wird mit der Formulierung des Resultats, wobei vor allem Klarheit zu schaffen ist über die Variablen, für die man das Prädikat formuliert. Das ist die entscheidende kreative Phase: Von der Formulierung des Resultats R hängt es ab, ob und wie sich die Aufgabe in Teilaufgaben zerlegen läßt, die sich schließlich mit elementaren Anweisungen lösen lassen.
- Die Zerlegung in Teilaufgaben geschieht nach der Methode der schrittweisen Verfeinerung und unter Verwendung von Strukturblocktypen wie Sequenz, Auswahl und Iteration.
- Für das gesamte Programm P läßt sich schließlich ein Prädikat der Form $\{Q\}$ P $\{R\}$ formulieren. Dabei soll Q möglichst schwach sein. Allgemeingültig ist das Programm dann, wenn $Q = TRUE$.

Dieses Denken vom Resultat her legt nahe, daß man für eine Anweisung die denkbar schwächste Vorbedingung angibt, die zu einem gewünschten Resultat führt. Wenn man aber zu jedem denkbaren Resultat die jeweils schwächste Vorbedingung (Weakest Precondition) kennt, ist die Funktion der betreffenden Anweisung vollständig festgelegt. In der „mathematischen Theorie der Programmierung" nutzt man tatsächlich diese Methode zur Definition der Programmkonstrukte (Gries, 1981).

Übung: Man konstruiere mit Hilfe der Regel für die Auswahl die schwächste Vorbedingung Q, so daß

```
{Q} IF B THEN S₁ ELSE S₂ {R}
```

Dabei gehe man von den schwächsten Vorbedingungen Q_1 bzw. Q_2 der Anweisungen S_1 bzw. S_2 bezüglich R aus.

— HALT ————————————————————————————————————

Seien also Q_1 und Q_2 die jeweils schwächsten Vorbedingungen, so daß $\{Q_1\}$ S_1 $\{R\}$ und $\{Q_2\}$ S_2 $\{R\}$.

Die Vorbedingung Q wird so definiert:

```
Q = (B ≤ Q₁) AND (NOT B ≤ Q₂)
```

Es läßt sich leicht nachweisen, daß Q die Bedingungen der Regel für die Auswahl erfüllt. Die eine der Voraussetzungen der Regel, nämlich $\{Q\ AND\ B\}$ S_1 $\{R\}$, ergibt sich aus der Tatsache, daß $Q\ AND\ B \le Q_1$ ist:

```
Q AND B = (NOT B OR Q₁) AND (B OR Q₂) AND B
        = (NOT B OR Q₁) AND B
        = NOT B AND B OR Q₁ AND B
        = Q₁ AND B
        ≤ Q₁
```

Genauso ergibt sich die Voraussetzung $\{Q\ AND\ NOT\ B\}$ S_2 $\{R\}$. Die Regel für die Auswahl liefert damit das Prädikat

```
{Q} IF B THEN S₁ ELSE S₂ {R}
```

Jetzt ist noch zu zeigen, daß Q die schwächste Vorbedingung der IF-Anweisung bezüglich des Resultats R ist. Sei nun Q' irgendeine Vorbedingung, die die Voraussetzungen der Regel für die Auswahl erfüllt. Da mit Q_1 und Q_2 die schwächsten Vorbedingungen der Anweisungen S_1 und S_2 bekannt sind, kann man die Voraussetzungen der Regel auch so schreiben:

```
Q' AND B     ≤ Q₁
Q' AND NOT B ≤ Q₂
```

Diese Prädikate werden zusammengefaßt und umgeformt:

```
TRUE = (Q' AND B ≤ Q₁) AND (Q' AND NOT B ≤ Q₂)
     = (NOT(Q' AND B) OR Q₁) AND (NOT(Q' AND NOT B) OR Q₂)
     = (NOT Q' OR NOT B OR Q₁) AND (NOT Q' OR B OR Q₂)
     = NOT Q' OR (NOT B OR Q₁) AND (B OR Q₂)
     = (Q' ≤ (B ≤ Q₁) AND (NOT B ≤ Q₂))
     = (Q' ≤ Q)
```

Und $Q' \leq Q$ besagt, daß Q tatsächlich die schwächste Vorbedingung ist, die sich mit der Regel für die Auswahl finden läßt.

5.5.3 Der Schleifensatz

Iterationsschleifen sind die Hauptstrukturelemente vieler Algorithmen. Eine formale Behandlung solcher Schleifen liegt nahe, weil gerade hier Entwurfsfehler besonders häufig zu beobachten sind. Im folgenden wird eine einfache Version des Schleifensatzes dargestellt. In dieser Form reicht er für WHILE-Schleifen, wie sie beispielsweise in PASCAL oder MODULA-2 möglich sind und wie sie sich auch in anderen prozeduralen Sprachen wie FORTRAN und ALGOL realisieren lassen.

Die WHILE-Schleife mit der Bedingung B und der Anweisung S nimmt die Form

```
WHILE B DO S
```

an. Um deutlich zu machen, daß es sich bei der WHILE-Schleife selbst um eine Anweisung handelt, wird der Programmteil zuweilen in Anführungsstriche gesetzt und so zu einer Einheit verbunden: „WHILE B DO S". Die Bedingung B ist ein boolescher Ausdruck, der in Abhängigkeit vom Zustand σ wahr oder falsch sein kann:

```
B(σ) ∈ {FALSE, TRUE}
```

Mit S^i sei die i-malige Anwendung der Anweisung S bezeichnet; S^0 ist die nullmalige Anwendung: $S^0(\sigma) = \sigma$.

Für die WHILE-Schleife wird eine *Endlichkeitsbedingung* definiert: Die Schleife WHILE B DO S ist für den Zustand σ endlich, wenn es ein n, $0 \leq n < \infty$, gibt, so daß

```
AND 0≤i<n B(S^i(σ)) AND NOT B(S^n(σ))
```

Bei der Endlichkeitsbedingung handelt es sich also um ein Prädikat, das von B und S abhängt und das genau dann wahr ist, wenn die wiederholte Anwendung von S (eventuell auch nullmalig) schließlich auf einen Zustand führt, in dem B falsch ist und wenn bis dahin nur Zustände auftreten, für die sowohl B als auch S definiert sind und für die B wahr ist.

Falls für einen Zustand σ die Endlichkeitsbedingung erfüllt ist, liegt auch die Zahl n fest. Man sagt dann, daß die Schleife nach n Iterationen endet.

Damit lautet die *Definition der WHILE-Schleife:*
Sei σ_0 der Zustand unmittelbar vor der Schleife WHILE B DO S. Falls für σ_0 die Endlichkeitsbedingung erfüllt ist und die Schleife nach n Iterationen endet, ist der durch

$$\sigma_1 = S^n(\sigma_0)$$

definierte Zustand σ_1 derjenige, der unmittelbar nach der WHILE-Schleife besteht:

```
σ1 = "WHILE B DO S"(σ0)
```

Falls die Endlichkeitsbedingung nicht erfüllt ist, ist das Ergebnis der Schleife undefiniert.

Die Endlichkeitsbedingung legt den Definitionsbereich der WHILE-Schleife fest. Die Endlichkeitsbedingung wird in folgenden Fällen nicht erfüllt:

- $B(S^i(\sigma_0))$ ist für alle i wahr und die Berechnung bricht nicht ab (Endlosschleife)
- Es entsteht im Verlaufe der Iterationen ein Zustand, für den B oder S nicht definiert ist.

Für das algorithmenorientierte Vorgehen (siehe Abschnitt 2.7) sind Prädikate von besonderem Interesse, die vor und nach jedem Iterationsschritt wahr sind. Ein solches Prädikat heißt *Invariante.* Wenn es nun gelingt, Prädikate I und B zu finden, so daß das Prädikat

```
I AND NOT B
```

das gewünschte Resultat R impliziert (I AND NOT B $\leq$ R); wenn sich ferner eine Anweisung oder Rechenvorschrift S finden läßt, die I invariant läßt, solange B gilt; wenn ferner die wiederholte Anwendung von S (unter der Vorbedingung I) schließlich auf einen Zustand führt, in dem B nicht mehr gilt, dann liefert die Schleife

```
WHILE B DO S
```

eine Lösung des Problems, sofern man sicherstellt, daß zu Beginn die Invariante I wahr ist.

Diese Aussage läßt sich sehr prägnant in der Form des *Schleifensatzes* ausdrükken: Wenn I die Endlichkeit der WHILE-Schleife impliziert und wenn

```
{I AND B} S {I}
```

stets wahr ist, dann gilt

```
{I} WHILE B DO S {I AND NOT B}
```

Beweis: Sei σ_0 ein Zustand, für den $I(\sigma_0)$ gilt. Die Schleife ist folglich endlich. Sie möge nach n Iterationen enden. Nach Beendigung der Schleife ist der Zustand gleich $S^n(\sigma_0)$ und es gilt NOT $B(S^n(\sigma_0))$. Daß zum Schluß auch I wahr ist, ergibt sich mittels vollständiger Induktion: $I(S^i(\sigma_0))$ gilt zunächst für $i=0$. Sei nun $i < n$. Aus der Endlichkeitsbedingung folgt, daß $B(S^i(\sigma_0))$ wahr ist. Ist nun $I(S^i(\sigma_0))$ wahr, dann ist die Voraussetzung für S erfüllt und es gilt auch $I(S(S^i(\sigma_0)))$, und das ist nichts anderes als $I(S^{i+1}(\sigma_0))$. Solange B wahr ist, kann man i immer weiter erhöhen und $I(S^i(\sigma_0))$ bleibt gültig. Also gilt schließlich $I(S^n(\sigma_0))$. Folglich ist nach Durchlaufen der Schleife das Prädikat I AND NOT B wahr.

Die Endebedingung soll hier auch mit E bezeichnet werden. Zwischen der Endebedingung und der Schleifenbedingung B besteht also die Äquivalenz

```
E = NOT B
```

Beispiel „Summe“: Es ist die Summe der Zahlen

```
x[1], x[2], ... , x[n]
```

zu bilden. Dabei ist n eine nichtnegative Zahl.

Lösung: Man muß sich erst Klarheit über die nötigen Variablen verschaffen. Wir führen s für die Summe und k für den letzten Index von Teilsummen ein. Eine passende Invariante I wird so definiert:

$$I = (s = \textstyle\sum_{1 \le i \le k} x[i]) \text{ AND } (0 \le k \le n)$$

Das gewünschte Resultat wird durch I AND NOT B impliziert, wenn man die Bedingung B folgendermaßen definiert:

```
B = (k<n)
```

Eine Reihe von Umformungen zeigt das. Da sind zunächst die Äquivalenzen

$$\begin{aligned}
I \text{ AND NOT } B &= (s = \textstyle\sum_{1 \le i \le k} x[i]) \text{ AND } (0 \le k \le n) \text{ AND NOT } (k<n) \\
&= (s = \textstyle\sum_{1 \le i \le k} x[i]) \text{ AND } (k=n)
\end{aligned}$$

Der Ausdruck in der letzten Zeile impliziert $s = \sum_{1 \le i \le n} x[i]$ und das heißt, daß der Wert der Variablen s die gesuchte Summe ist: $s = x[1] + x[2] + \ldots + x[n]$. Daß

I AND NOT B das gewünschte Resultat nur impliziert und ihm nicht äquivalent ist, liegt daran, daß I AND NOT B noch die Variable k enthält, über die das Resultat schließlich nichts mehr aussagt.

Die Anweisungsfolge „s:=0; k:=0" (Initialisierung) stellt die Gültigkeit der Invarianten sicher. Das ist unmittelbar einleuchtend. Man kann dies aber auch formal herleiten, indem man - ausgehend von der Invarianten als Nachbedingung - die Vorbedingung der beiden Initialisierungsanweisungen mit Hilfe der Regel für Zuweisungen schrittweise herleitet. Es ergibt sich das konstante Prädikat TRUE. Und das heißt nichts anderes, als daß die Initialisierung ausgehend von jedem beliebigen Zustand die Invariante wahr macht.

Jetzt ist noch eine Anweisung gesucht, die I unter der Bedingung B invariant läßt und die Fortschritte in Richtung der Endebedingung NOT B macht. Eine halbfertige Version des Programms sieht so aus:

```
{TRUE}
s:= 0; k:= 0;
{I}
WHILE k<n DO
erhöhe k und erhalte I
{I AND NOT B}
```

Die Anweisung „erhöhe k und erhalte I" läßt sich als zusammengesetzte Anweisung realisieren:

```
BEGIN
  k:= k + 1;
  s:= s + x[k]
END
```

Es ist zu zeigen, daß diese Anweisung die Invariante I tatsächlich erhält in dem Sinne, daß sie hinter dem END wahr ist, wenn unmittelbar vor dem BEGIN sowohl I als auch B galt.

— HALT ——

Zum Beweis geht man am besten wieder von der Nachbedingung der zusammengesetzten Anweisung aus: Zum Schluß soll die Invariante $(s = \sum_{1 \le i \le k} x[i])$ AND $(0 \le k \le n)$ wahr sein. In diesem Ausdruck wird s durch $s + x[k]$ ersetzt. Das ergibt nach der Regel für Zuweisungen eine Vorbedingung der Anweisung $s:=s+x[k]$. Dieses Prädikat sieht nach einer einfachen Umformung so aus:

$$(s = \sum_{1 \le i \le k-1} x[i]) \text{ AND } (0 \le k \le n)$$

Dieses Prädikat ist noch geringfügig zu verstärken, da für $k=0$ die Zuweisung $s:=s+x[k]$ nicht definiert ist:

$$(s = \sum_{1 \le i \le k-1} x[i]) \text{ AND } (1 \le k \le n)$$

Das Prädikat ist gleichzeitig Nachbedingung der Anweisung $k := k+1$. Eine geeignete Vorbedingung erhält man wieder aus der Regel für Zuweisungen, indem man k durch $k+1$ ersetzt: $(s = \sum_{1 \leq i \leq k} x[i])$ AND $(0 \leq k < n)$. Dieses Prädikat ist äquivalent zu I AND B.

Damit ist erwiesen, daß die zusammengesetzte Anweisung tatsächlich die Invariante I erhält, solange B gilt.

Und das ist das endgültige Programm:

```
s:= 0; k:= 0;
WHILE k<n DO BEGIN
  k:= k + 1;
  s:= s + x[k]
END
```

Auf den ersten Blick scheinen Invarianten Spezialitäten zu sein. Hin und wieder mag es Invarianten geben, die einem helfen, Schleifen zu konstruieren. Aber läßt sich tatsächlich immer zu einem mittels Schleife erzielbaren Resultat eine geeignete Invariante finden? Und ergibt sich das Resultat dann daraus auch tatsächlich mit Hilfe des Schleifensatzes? Die Antwort lautet: Ja – das Konzept der Invarianten und der Schleifensatz erfassen das Typische der Iteration!

Um das zu zeigen, konstruiert man die schwächste Vorbedingung Q der WHILE-Schleife bezüglich des Resultats R:

```
{Q} WHILE B DO S {R}
```

Das Prädikat läßt sich so charakterisieren: Für einen beliebig gewählten Zustand σ ist $Q(\sigma)$ genau dann wahr, wenn die Endlichkeitsbedingung für die WHILE-Schleife erfüllt ist, wenn es also ein n gibt, so daß

$$\text{AND}_{0 \leq i < n} \ B(S^i(\sigma)) \ \text{AND NOT} \ B(S^n(\sigma))$$

und wenn ferner der sich ergebende Zustand $S^n(\sigma)$ ein gewünschtes Resultat ist, wenn also $R(S^n(\sigma))$ gilt.

Es läßt sich nun nachweisen, daß Q zugleich eine Invariante ist, die die Voraussetzungen des Schleifensatzes erfüllt. Im Schleifensatz kann dann Q für I geschrieben werden. Klar ist zunächst, daß Q (gemäß obiger Charakterisierung) die Endlichkeitsbedingung impliziert. Jetzt ist noch zu zeigen, daß {Q AND B} S {Q} gilt. Die Vorbedingung Q AND B kann nur dann wahr sein, wenn der Zustand σ die Endlichkeitsbedingung mit einem n > 0 erfüllt. Andernfalls ist entweder Q oder B falsch. Sei nun also die Endlichkeitsbedingung mit einem n > 0 erfüllt. Dann gilt aber auch $Q(S(\sigma))$, denn auch der Zustand $S(\sigma)$ erfüllt die Endlichkeitsbedingung (jetzt wegen $S^i(\sigma) = S^{i-1}(S(\sigma))$ allerdings mit n-1 statt n), und am Ende der WHILE-Schleife entsteht wieder der Zustand $S^n(\sigma)$, für den ja R gilt. Damit ist erwiesen, daß Q die Voraussetzungen für eine Invariante erfüllt.

Da Q zugleich die schwächste Vorbedingung der WHILE-Schleife bezüglich R ist, kann es keine schwächere Invariante mit demselben Resultat geben (Baber, 1987, S. 79; Gries, 1981, S. 139).

Nachdem nun gezeigt worden ist, daß Q eine Invariante im Sinne des Schleifensatzes ist, ist nun noch nachzuweisen, daß sich aus dem Schleifensatz der Schluß ziehen läßt, daß die Iterationsschleife das gewünschte Resultat hervorbringt.

Die Prädikate R AND NOT B und Q AND NOT B sind äquivalent. Ist nämlich in einem Zustand σ eines der beiden Prädikate erfüllt, dann gilt auch die Endlichkeitsbedingung mit $n = 0$ und das bedeutet, daß $R(\sigma) = NOT\ B(\sigma) = Q(\sigma) = TRUE$ ist. Also ist R schwächer als oder äquivalent zu Q AND NOT B. Die Anwendung des Schleifensatzes mit Q anstelle von I liefert zunächst

```
{Q} WHILE B DO S {Q AND NOT B}
```

und schließlich, durch Abschwächen der Nachbedingung,

```
{Q} WHILE B DO S {R}
```

Die schwächste Vorbedingung der WHILE-Schleife bezüglich eines Resultats R ist also eine Invariante im Sinne des Schleifensatzes.

5.5.4 Übersicht: Beweisregeln

Zur Erleichterung der Arbeit werden in diesem Abschnitt die wichtigsten der bisher behandelten Regeln für Korrektheitsbeweise zusammengestellt.

Definition:

```
{Q} S {R} heißt soviel wie Q(σ) ≤ R(S(σ)) für alle Zustände σ
```

Regel für Abschwächung und Verstärkung:

```
Gilt {Q} S {R}, Q' ≤ Q und R ≤ R', dann gilt auch {Q'} S {R'}
```

Regel für Konjunktion:

```
Gilt {Q₁} S {R₁} und {Q₂} S {R₂},
dann gilt auch {Q₁ AND Q₂} S {R₁ AND R₂}
```

Die Zuweisungsregel:

```
Es gilt {Rˣₑ} x:= e {R}
```

(Nötigenfalls ist die Vorbedingung durch eine stärkere zu ersetzen, so daß die Ausführbarkeit der Anweisung x:= e garantiert ist.)

Die Sequenzregel:

```
Gilt {P} S {Q} und {Q} T {R},
dann gilt auch {P} S; T {R}
```

Die erste Auswahlregel:

```
Gilt {Q AND B} S₁ {R} und {Q AND NOT B} S₂ {R},
dann gilt auch {Q} IF B THEN S₁ ELSE S₂ {R}
```

Die zweite Auswahlregel:

```
Gilt {Q₁} S₁ {R} und {Q₂} S₂ {R}, dann gilt auch
{(B ≤ Q₁) AND (NOT B ≤ Q₂)} IF B THEN S₁ ELSE S₂ {R}
```

Der Schleifensatz:

```
Aus {I AND B} S {I} und aus der Endlichkeit der Schleife
„WHILE B DO S" unter der Bedingung I folgt
{I} WHILE B DO S {I AND NOT B}
```

5.5.5 Beispiel: Wortsuche

Ein Text ist nach einem Wort zu durchsuchen. Es ist ein Programm zu schreiben, das ausgibt, wo das Wort erstmalig vorkommt (Siehe Beispiel 2.2 aus Abschnitt 4.2.2).

Der Text ist auf dem Feld t und das gesuchte Wort auf dem Feld w abgespeichert:

```
t = (t[0], t[1], ..., t[M-1])
w = (w[0], w[1], ..., w[N-1])
```

Als erstes legen wir uns eine präzise und nicht zu umständliche Ausdrucksweise zu. Da wir nicht von vornherein und ganz von selbst in Prädikaten denken, stellen wir uns vor, wie die Suche nach der Wortposition ablaufen könnte: Um festzustellen, ob das Wort auf Position i des Textes steht, vergleicht man w[0] mit t[i], w[1] mit t[i+1] und so weiter. Die Prüfung wird fortgesetzt, solange die Buchstaben übereinstimmen.

Den Sachverhalt, daß dieser Vorgang bis zum k-ten Buchstaben des Wortes (das ist der Buchstabe w[k-1]) erfolgreich verlaufen ist, stellen wir mit dem Prädikat P dar. Das Prädikat P ist demnach folgendermaßen definiert:

$$P = \text{AND}_{0 \leq h < k} \; (w[h] = t[i+h])$$

Dieses Prädikat dient uns als Ausgangsbasis zur Formulierung von Bedingungen für das Programm.

Das Prädikat P hat die freien Variablen i und k. Dabei steht i für die Wortposition im Text und k ist der Index des Buchstabens im Wort, der zum Vergleich ansteht, falls man nicht schon alle Buchstaben geprüft hat. Als nächstes steht also die Frage „w[k]=t[i+k]?" an.

Den Sachverhalt, daß das Wort auf Position i steht, kann man nun mit dem Prädikat P^k_N ausdrücken. Es entsteht aus P gemäß Substitutionskonvention dadurch, daß man die freie Variable k durch die Konstante N ersetzt:

$$P^k_N = \text{AND}_{0 \leq h < N} \; (w[h] = t[i+h])$$

Nun wird der Text t systematisch von vorn nach hinten nach dem Wort w abgesucht: i=0, 1, 2, ... Der Stand der Bearbeitung läßt sich dann so formulieren: An keiner Position vor j kommt das Wort vor. Ab Position j stimmen die Buchstaben mit den ersten k Buchstaben des Wortes w überein. Das wird durch das Prädikat I' ausgedrückt:

$$I' = \text{NOT}(\text{OR}_{0 \leq i < j} \; P^k_N) \; \text{AND} \; P^i_j$$

Dieses Prädikat hat die zwei freien Variablen j und k. Die Variable k kommt in P^k_N zwar nicht mehr vor, dafür aber in P^i_j:

$$P^i_j = \text{AND}_{0 \leq h < k} \; (w[h] = t[j+h])$$

Das Prädikat I' ist von Anfang bis Ende des Suchvorgangs wahr. Und an den Werten, die die freien Variablen am Ende der Suche annehmen, erkennt man das Ergebnis: Ist $j \leq$ M-N und gilt k = N, dann ist das Wort gefunden worden und j zeigt auf den Anfang des Wortes im Text. Ist j größer als die letztmögliche Wortposition, also j > M-N, dann kommt das Wort im Text nicht vor.

Für eine Lösung der Wortsuche mit Hilfe des Schleifensatzes haben wir jetzt alle Zutaten beisammen: Die Invariante und die Abbruchbedingung haben wir soeben formuliert.

Da wir die Indizes als INTEGER-Werte darstellen, ist es sinnvoll, die Beschränkungen der Wertebereiche der freien Variablen mit in die Invariante aufzunehmen. Wir definieren die Invariante I endgültig so:

```
I = I' AND (0 ≤ j) AND (0 ≤ k ≤ N)
```

Als Endebedingung, das ist die negierte Schleifenbedingung B, setzen wir, wie oben bereits angesprochen,

```
NOT B = (j ≤ M-N) AND (k ≥ N) OR (j>M-N)
```

Es empfiehlt sich, die Endebedingung immer möglichst schwach zu wählen, weil dadurch die Schleifenbedingung möglichst stark wird und man am ehesten sicherstellen kann, daß die Schleife abbricht. Deshalb wurde oben nicht k = N, sondern k $\geq$ N gesetzt. Wegen der Wertebereichsbeschränkungen innerhalb der Invarianten I ist die Bedingung k $\geq$ N gleichbedeutend mit der ursprünglich formulierten Bedingung k = N.

Das gewünschte Resultat R hat nun tatsächlich die für Anwendung des Schleifensatzes nötige Form: R = I AND NOT B.

Die Schleifenbedingung ergibt sich durch Negation der Endebedingung:

```
B = NOT NOT B = NOT((j ≤ M-N) AND (k ≥ N) OR (j>M-N))
  = (k<N) AND (j ≤ M-N)
```

Die Anforderungen an den Algorithmus lassen sich jetzt präzisieren, wenn wir als Grundstruktur eine Schleife wählen:

```
{TRUE}
Initialisiere, so daß I gilt;
{I}
WHILE B DO erhöhe (j, k) und erhalte I;
{I AND NOT B}
{R}
```

Die passende Initialisierung ist schnell gefunden: Für (j, k) = (0, 0) ist I wahr. Folglich reicht zur Initialisierung die Sequenz j: = 0; k: = 0.

Aber was heißt: erhöhe (j, k)? Offensichtlich ist zur Erreichung des Schleifenendes danach zu trachten, daß j und k möglichst wachsen. An k stellt die Invariante nur die Bedingung $0 \leq k \leq N$ und P^i_j. Falls w[k] = t[j + k] gilt, kann man k erhöhen und die Invariante bleibt wahr. Andernfalls muß man versuchen, j zu erhöhen. Eine Erhöhung von j setzt die Erfüllung mehrerer Bedingungen voraus.

Eine davon ist, daß P^i_j wahr bleiben muß. Das läßt sich durch Zurücksetzen von k auf den Wert null erreichen. Diese Überlegungen legen nahe, die Wertepaare (j, k) lexikographisch zu ordnen: Es sei (j, k) < (j′, k′) genau dann, wenn $j < j'$ oder wenn $j = j'$ und $k < k'$. Im Sinne dieser Ordnungsrelation wollen wir „erhöhe (j, k)" auffassen.

Für den Programmabschnitt „erhöhe (j, k) und erhalte I" bietet sich eine Auswahlanweisung an. Danach sieht das endgültige Programm so aus:

```
j:= 0; k:= 0;
WHILE (k<N) AND (j<=M-N) DO
IF w[k]=t[j+k] THEN k:= k+1 ELSE BEGIN
  j:= j+1; k:= 0
END
```

Diese Fassung des Wortsuche-Algorithmus stammt von Robert L. Baber. Der Korrektheitsnachweis folgt den oben formulierten Anforderungen. Es ist nur noch die Korrektheit der Auswahlanweisung zu zeigen. Für die Auswahlanweisung folgt aus dem Schleifensatz diese Korrektheitsforderung:

```
{I AND B}
IF w[k]=t[j+k] THEN k:= k+1 ELSE BEGIN
  j:= j+1; k:= 0
END
{I}
```

Den Nachweis führt man am besten mit der ersten Form der Auswahlregel.

— HALT——

Nach der ersten Auswahlregel ist zu zeigen, daß

```
{I AND B AND (w[k]=t[j+k])}
k:= k+1
{I}
```

und daß

```
{I AND B AND NOT(w[k]=t[j+k])}
j:= j+1; k:= 0
{I}
```

gilt.
Zunächst ist

$$I = \text{NOT}(\text{OR}_{0 \le i < j}\ P^k_N) \text{ AND } P^i_j \text{ AND } (0 \le j) \text{ AND } (0 \le k \le N)$$

und

$$I \text{ AND } B = \text{NOT}(\text{OR}_{0 \le i < j}\ P^k_N) \text{ AND } P^i_j \text{ AND } (0 \le j) \text{ AND } (0 \le k \le N)$$
$$\text{AND } (k<N) \text{ AND } (j \le M\text{-}N)$$
$$= \text{NOT}(\text{OR}_{0 \le i < j}\ P^k_N) \text{ AND } P^i_j \text{ AND } (0 \le j \le M\text{-}N) \text{ AND } (0 \le k < N)$$

Die schwächsten Vorbedingungen für die Anweisungen der beiden Zweige der Auswahlanweisung bezüglich I seien mit Q_1 bzw. mit Q_2 bezeichnet. Für den ersten Zweig heißt das

```
{Q₁}
k:= k+1
{NOT(OR₀≤i<j Pᵏ_N) AND Pⁱ_j AND (0≤j) AND (0≤k≤N)}
```

und für den zweiten

```
{Q₂}
j:= j+1; k:= 0
{NOT(OR₀≤i<j Pᵏ_N) AND Pⁱ_j AND (0≤j) AND (0≤k≤N)}
```

Die Zuweisungsregel liefert

```
Q₁ = NOT(OR₀≤i<j Pᵏ_N) AND Pⁱ_jᵏ₊₁ AND (0≤j) AND (0≤k+1≤N)
Q₂ = NOT(OR₀≤i<j+1 Pᵏ_N) AND Pⁱ_j+1ᵏ₀ AND (0≤j+1) AND (0≤0≤N)
```

Das Prädikat $P^i_j{}^k_{k+1}$ ist dasselbe wie $(P^i_j)^k_{k+1}$. Das heißt, daß die textuellen Substitutionen nacheinander auszuführen sind. In P wird also zuerst i durch j ersetzt und danach k durch $k+1$. Das Prädikat $P^i_{j+1}{}^k_0$ ist aus P^i_j durch die Substitution von k durch 0 (aufgrund der Zuweisung $k:=0$) und durch die Substitution von j durch $j+1$ (aufgrund der Zuweisung $j:=j+1$) entstanden. Dabei wurde ausgenutzt, daß $P^i_j{}^k_0{}^j_{j+1}=P^i_{j+1}{}^k_0$.

Da

$$P^i_{j+1}{}^k_0 = \text{AND}_{0\le h<0}\ (w[h] = t[j+1+h]) = \text{TRUE}$$

und

$$(0\le 0\le N) = \text{TRUE},$$

erhält man für Q_2 noch eine kürzere Darstellung:

$$Q_2 = \text{NOT}(\text{OR}_{0\le i<j+1}\ P^k{}_N)\ \text{AND}\ (0\le j+1)$$

Außerdem ist

$$P^i_j{}^k_{k+1} = \text{AND}_{0\le h<k+1}\ (w[h] = t[j+h])$$

Der Beweis ist abgeschlossen, wenn gezeigt ist, daß

$$\text{I AND B AND}\ (w[k]=t[j+k])\ \le\ Q_1$$

und

$$\text{I AND B AND NOT}(w[k]=t[j+k])\ \le\ Q_2$$

Hier ist der Nachweis für die erste der Implikationen:

```
I AND B AND (w[k]=t[j+k])
= NOT(OR(0≤i<j) Pᵏ_N) AND Pⁱ_j AND (0≤j≤M-N) AND (0≤k<N) AND (w[k]=t[j+k])
= NOT(OR(0≤i<j) Pᵏ_N) AND (Pⁱ_j AND (w[k]=t[j+k])) AND (0≤j≤M-N) AND (0≤k<N)
= NOT(OR(0≤i<j) Pᵏ_N)
  AND (AND(0≤h<k) (w[h]=t[j+h]) AND (w[k]=t[j+k]))
  AND (0≤j≤M-N) AND (0≤k<N)
= NOT(OR(0≤i<j) Pᵏ_N) AND (AND(0≤h<k+1) (w[h]=t[j+h]))
  AND (0≤j≤M-N) AND (0≤k<N)
= NOT(OR(0≤i<j) Pᵏ_N) AND Pⁱ_j ᵏ_{k+1} AND (0≤j≤M-N) AND (0≤k<N)
≤ NOT(OR(0≤i<j) Pᵏ_N) AND Pⁱ_j ᵏ_{k+1} AND (0≤j) AND (0≤k+1≤N)
= Q₁
```

Für die zweite der Implikationen sieht die Sache so aus:

```
I AND B AND NOT(w[k]=t[j+k])
= NOT(OR(0≤i<j) Pᵏ_N) AND Pⁱ_j AND (0≤j≤M-N) AND (0≤k<N) AND NOT(w[k]=t[j+k])
= (AND(0≤i<j) NOT Pᵏ_N) AND Pⁱ_j AND (0≤j≤M-N) AND (0≤k<N)
  AND NOT(w[k]=t[j+k])
= (AND(0≤i<j) NOT Pᵏ_N AND NOT(w[k]=t[j+k]))
  AND Pⁱ_j AND (0≤j≤M-N) AND (0≤k<N)
= (AND(0≤i<j) NOT AND(0≤h<N) (w[h]=t[i+h]) AND NOT(w[k]=t[j+k]))
  AND Pⁱ_j AND (0≤j≤M-N) AND (0≤k<N)
= (AND(0≤i<j) OR(0≤h<N) NOT (w[h]=t[i+h]) AND NOT(w[k]=t[j+k]))
  AND Pⁱ_j AND (0≤j≤M-N) AND (0≤k<N)
≤ AND(0≤i<j+1) OR(0≤h<N) NOT (w[h]=t[i+h])
  AND Pⁱ_j AND (0≤j≤M-N) AND (0≤k<N)
= NOT(OR(0≤i<j+1) Pᵏ_N) AND Pⁱ_j AND (0≤j≤M-N) AND (0≤k<N)
≤ NOT(OR(0≤i<j+1) Pᵏ_N) AND (0≤j+1)
= Q₂.
```

Das wäre geschafft! Die Korrektheit des Algorithmus "Wortsuche" ist damit nachgewiesen.

5.5.6 Bewertung der Methode

Die Arbeit des Ingenieurs besteht in der Anwendung umfangreicher wissenschaftlicher Erkenntnisse (Theorien) und der Mathematik auf den Entwurf und die Konstruktion von nützlichen Dingen. Der Student der Nachrichtentechnik hat keine andere Wahl: Er muß sich mit den Grundlagen seiner Wissenschaft auseinandersetzen und in einem mühsamen Prozeß beispielsweise die Maxwellschen Gleichungen verstehen lernen. Vom Verständnis bis zu einer nutzbringenden Anwendung der Theorie ist noch ein weiter Weg zurückzulegen: Mehrere Semester lang heißt es üben – solange, bis die Anwendung der theoretischen und methodischen Grundlagen leicht von der Hand geht. Keiner kommt auf den Gedanken, daß es auch ohne die Grundlagen gehen könnte.

Obwohl vom Wesen her eine Ingenieurwissenschaft, hat die Tätigkeit des Programmierens oft noch den Charakter der Bastelei (Basteln = unzünftige Handwerksarbeit). Anstatt sich Zeit zu nehmen, eine solide Grundlage für die gegenwärtige und zukünftige Arbeit zu legen, sucht so mancher nach dem Königsweg. „Praktiker werden zu dem Glauben verleitet, daß sie nach einem dreiwöchigen Kurs über das für ihre Aufgabe erforderliche Grundwissen verfügen; alles was sie dann noch brauchen, um effektiv zu arbeiten, ist das richtige Paket kleiner Werkzeuge und die rasch zu erwerbende Vertrautheit mit den neuesten technischen Details des jeweiligen Fachgebiets – so glauben sie" (Baber, 1986).

Das Programmieren als ingenieurwissenschaftliche Disziplin baut auf theoretischen und methodischen Grundlagen auf. Diese sind als unentbehrliches Rüstzeug auch des Praktikers anzusehen und müssen in der Programmierausbildung einen festen Platz einnehmen. Die Beweisregeln und der diskursive (semi-algorithmische) Programmierstil gehören dazu. Wenn Beweisregeln erst einmal einen so festen Platz in der Programmierausbildung haben wie die Maxwellschen Gleichungen in der Elektrotechnik, und wenn ihre Anwendung ausreichend trainiert worden ist, dann verliert Umformungsarbeit wie die des letzten Unterabschnitts ihren Schrecken.

Das semi-algorithmische Programmieren entschärft einige Denkfallen. Aber offensichtlich gibt es auch einige, gegen die es nichts oder nur wenig bewirkt. Letztere gilt es zu erkennen. Denkfallen lauern

- in der übertriebenen Algorithmisierung des Entwurfsprozesses, die dazu führen kann, daß der Überblick verloren geht und daß man der linearen Kausalkette des Formelwerks zu stark vertraut, aber auch
- in der vorzeitigen Abkehr vom algorithmischen Vorgehen mit der Gefahr, daß eine gute und fehlerfreie Lösung nicht erreicht wird.

Drei Punkte verdienen besondere Aufmerksamkeit:

1. Es kommt wesentlich auf den Ausgangspunkt an. Ist bereits das gewünschte Resultat (die Nachbedingung) des Algorithmus falsch formuliert worden, wird auch der streng formal hergeleitete Algorithmus nicht das tun, was man von ihm erwartet.
2. Die Gesetze der Logik und der Algebra geben die Arbeitsweise des Rechners nicht völlig korrekt wieder. Sobald aber Maschinen-Logik und Maschinen-Arithmetik von den verwendeten Regeln abweichen, ist das semi-algorithmische Programmieren nicht mehr schlüssig; Denkfallen tun sich auf.
3. Definitionsbereiche von Ausdrücken und Anweisungen sind abhängig von den Eigenheiten des Rechners, der Sprache und des Compilers. Ob ein Ausdruck oder eine Anweisung zu einem definierten Ergebnis führt, läßt sich nicht unter ausschließlicher Verwendung der Regeln für die Programmkonstrukte und der allgemeinen Gesetze der Logik und Algebra entscheiden.

Zum ersten Punkt: Das semi-algorithmische Vorgehen startet mit einer Phase, in der vor allem Kreativität gefordert ist und in der Vorabwissen, Hypothesen und Faustregeln eine Rolle spielen. Der vorhergehende Unterabschnitt hat gezeigt, daß es bei der Anwendung des Schleifensatzes ganz wesentlich auf die Formulierung von Invarianten und Endebedingungen ankommt. Diese Prädikate können mehr oder weniger geschickt gewählt oder gar ganz falsch sein, wie beim Wortsuchalgorithmus aus Abschnitt 4.2.2. (Hier hatte sich der Fehler beim Aufstellen der Endebedingung eingeschlichen.) Und dagegen ist natürlich auch die semi-algorithmische Methode machtlos.

Zum zweiten Punkt: Das semi-algorithmische Programmieren geht von Gesetzmäßigkeiten aus. Dazu gehören die Gesetze der Logik und die Umformungsgesetze der Algebra. Es handelt sich also um Modelle, nach denen sich unser Denken richtet. Die Sache geht solange gut, solange diese Modelle auch auf die Arbeitsweise des Computers passen. Aber genau das stimmt nicht immer: Die Rechengesetze der Arithmetik lassen sich nicht auf die Maschinenarithmetik übertragen, und wenn der Rechner mit einer verallgemeinerten Logik arbeitet, stimmen auch die üblichen logischen Gesetze nicht mehr (Gries, 1981, S. 69).

Wenn in einem Prädikat beispielsweise eine Summe $\sum_{i \in M} v_i$ vorkommt und die Summanden v_i reelle Zahlen sind, dann ist von vornherein eine Interpretation der Summe im Sinne der REAL-Arithmetik ausgeschlossen. Da das Summationsergebnis normalerweise reihenfolgeabhängig ist, verliert das $\sum$-Zeichen seinen Sinn (Knuth, Band 2, 1981, S. 214).

Zum dritten Punkt: Wenn wir ein Prädikat (A < C - B) in die Form (A + B < C) bringen, dann sind für uns diese Ausdrücke äquivalent. Sind A und B aber beispielsweise sehr große Zahlen, kann rechnerintern der erste Ausdruck wohldefiniert und der andere undefiniert sein, weil es bei der Berechnung von A + B zu einem Überlauf des Zahlenbereichs kommt. Siehe auch: „Tücken der Maschinenarithmetik" (Abschnitt 4.2.4).

Dieses Beispiel zeigt, daß die Gesetze der Algebra und der Logik noch keine ausreichenden Instrumente zur Behandlung der Gültigkeitsgrenzen und zur Festlegung von Definitionsbereichen sind. Weitere Regeln und Bedingungen sind zu beachten; und diese sind wesentlich von der Konfiguration (Rechner, Sprache, Compiler) abhängig. Als weiteres Beispiel möge der Ausdruck

```
(x <= 0) OR (1/x < y)
```

mit den REAL-Variablen x und y dienen. Für x = 0 ist der zweite Term der Disjunktion undefiniert. Steht der Ausdruck in einem PASCAL-Programm, dann ist im allgemeinen der gesamte Ausdruck undefiniert und es kommt zum Programmabbruch. Anders liegen die Dinge bei MODULA-2-Programmen. Da der erste Term der Disjunktion bereits wahr ist, erhält der Gesamtausdruck den Wahrheitswert TRUE und es kommt auf den folgenden Term überhaupt nicht mehr an. Er darf undefiniert sein.

Wie man sieht, baut der streng semi-algorithmisch programmierende Entwickler den Algorithmus aus Bestandteilen auf, von deren Funktionsweise er eine Idealvorstellung hat. In diesem Punkt gleicht er dem Ingenieur, der eine elektrische Schaltung zunächst als ein Netzwerk aus idealen Widerständen, Kondensatoren und Spulen entwirft und der beispielsweise die Gesetze der Linearität und Zeitinvarianz benutzt. In Wirklichkeit sind die verwendeten Bauelemente den Idealvorstellungen bestenfalls ähnlich: Parameterwerte streuen und driften; parasitäre Elemente verfälschen die Funktion.

Bei einer elektrischen Schaltung geht es ohne zusätzliche Entwurfsschritte nicht ab: Feinabstimmung und Nachbesserungen auf der Grundlage von Empfindlichkeits-, Worst-Case- und Zuverlässigkeits-Analysen sowie Tests der elektromagnetischen Verträglichkeit und der mechanischen und thermischen Belastbarkeit.

Der Vergleich des Programmierers mit dem Elektronik-Entwickler macht zugleich die Position deutlich, die das semi-algorithmische Programmieren im Software-Herstellungsprozeß einnimmt: Es handelt sich um eine Methode, die in vielen Fällen zu einem gut begründeten und effizienten Entwurf eines Algorithmus führt. Die mitgelieferte Aussage über die Korrektheit gilt aber nur in bezug auf die formale (und eventuell bereits falsche) Spezifikation, und sie wird nur für die Idealform des Algorithmus gemacht. Idealform heißt, daß der Algorithmus für eine ideale Maschine gedacht ist, die streng nach den Gesetzen der Logik und Algebra funktioniert. Mit dem Übergang auf eine reale Maschine schließen sich weitere Entwurfs- und Testschritte an. Insbesondere das Testen nach Regeln stellt eine sinnvolle Ergänzung des semi-algorithmischen Programmierens dar.

Unter den Programmierstudien ist eine, bei der sich das semi-algorithmische Programmieren sehr gut bewährt: „Der Sozialschwindler", Abschnitt 7.2.3. Gegen die Fallen, die beim „Quadratwurzel berechnen" auftreten, ist die Methode wiederum ziemlich wirkungslos (Abschnitt 7.2.2).

Formale Logik und diskursive Methoden leisten ihren Beitrag zur Minderung des Problems der Denkfallen beim Programmieren – vollständig lösen können sie es nicht. Daß formale Logik-Systeme sogar ihre ureigenen Probleme haben, ist in Hofstadters Buch „Gödel, Escher, Bach" (1988) sehr unterhaltsam dargestellt.

Daß auch in der Mathematik, wie in den empirischen Wissenschaften, das Erraten und Vermuten eine große Rolle spielen, und daß „kein Grund besteht, an die Mathematik zu glauben, außer der, daß sie zu funktionieren scheint", führen Davis und Hersh (1985) anhand vieler Beispiele aus der Geschichte der Mathematik vor.

5.6 Aktivierung von Heuristiken

Die Techniken der vorhergehenden Abschnitte nützen nichts, wenn man vor einem Problem sitzt und keine Idee hat, wie man es anpacken könnte. Vielleicht hat man schon eine Lösung, aber eine, die noch nicht zufriedenstellt. Wenn man nach einer besseren Alternative sucht, ist es ganz natürlich, daß man in den vertrauten Denkbahnen bleibt. Etwas Neues will einem dazu partout nicht einfallen. Dann sind Lösungsfindeverfahren, Heuristiken also, gefragt. Nun läßt sich die Anwendung von Heuristiken nicht mechanisieren – sonst wären sie ja keine. Aber etwas kann man doch tun: Die bewußte Aktivierung von Heuristiken kann helfen, Denkblockaden aufzubrechen und gewohnte Denkbahnen zu verlassen. Sie soll der Einengung des Denkens aufgrund von Einstellungseffekten entgegenwirken.

Wie kann man Heuristiken aktivieren? Man schaut in eine Liste von Heuristiken, die bisher bereits beim Lösen von mathematischen und naturwissenschaftlichen Problemen eine Rolle gespielt haben, und aktiviert zunächst einmal die folgende

- Basisheuristik: Kann ich in der Liste der Heuristiken eine finden, die mir weiterhilft?

Damit ist der wesentliche Schritt getan. Spätestens jetzt sollten wir uns eine Liste wirksamer Heuristiken anlegen. Eine systematische Darstellung von Heuristiken für das Problemlösen in der Mathematik findet man bei Pólya (1949). Weitere Beiträge zu unserer Liste können wir der Literatur über das Entwerfen von Algorithmen entnehmen (Aho, Hopcroft, Ullman, 1974).

Natürlich ist es ratsam, eine solche Liste für den persönlichen Gebrauch zu erstellen und sie der Erfahrungsfortschreibung zu unterwerfen. Der Regelkreis des selbstkontrollierten Programmierens wird so auch in der schöpferischen Arbeit wirksam.

Die folgende Liste enthält wohl einige der wichtigsten Heuristiken, die für die Programmierung von Bedeutung sind. Sie werden durch Fragen verdeutlicht, die man sich beim Durchgehen der Liste selbst stellen sollte.

- Analogie: Habe ich etwas Ähnliches schon einmal gesehen? Kenne ich ein verwandtes Problem?
- Verallgemeinerung: Bringt mich der Übergang von einem Objekt zu einer ganzen Klasse von Objekten weiter?
- Spezialisierung: Komme ich weiter, wenn ich zunächst einmal einen leicht zugänglichen Spezialfall löse?
- Variation: Kann ich durch Veränderung der Problemstellung der Lösung näher kommen? Kann man die Problemstellung anders ausdrücken?
- Rückwärtssuche: Ich sehe mir das gewünschte Resultat an. Welche Operatoren könnten mich zu diesem Ergebnis führen?
- Teile und herrsche: Läßt sich das Problem in leichter lösbare Teilprobleme zerlegen?
- Vollständige Enumeration: Ich lasse einen Teil der Bedingungen weg. Kann ich mir Lösungen verschaffen, die wenigstens einen Teil der Zielbedingungen erfüllen? Kann ich mir alle Lösungen verschaffen, die diese Bedingungen erfüllen?

Viel Material – auch zum Einüben der Heuristiken – findet man in den zitierten Werken Pólyas. In der Literatur des Algorithmenentwurfs haben einige der Heuristiken einen festen Platz.

Das Prinzip Teile-und-herrsche findet man oft im Zusammenhang mit der rekursiven Programmierung. Quicksort und die schnelle Fourier-Transformation sind Musterbeispiele dafür (Aho, Hopcroft, Ullman, 1974; Sedgewick, 1983).

Nur eine Heuristik sei hier noch etwas näher beleuchtet: Die Verallgemeinerung. Beim ersten Hinsehen reizt die Aufforderung, das Problem zu verallgemeinern, zum Widerspruch: Warum soll eigentlich das allgemeinere Problem – eins, das das ursprüngliche Problem als Spezialfall enthält – leichter zu lösen sein? Das ist das „Paradoxon des Erfinders" (Pólya, 1949): „Eine Reihe von Fragen kann leichter zu beantworten sein als gerade nur eine. Der umfassendere Lehrsatz kann leichter zu beweisen, die allgemeinere Aufgabe leichter zu lösen sein."

Das Paradebeispiel für die Anwendung der Verallgemeinerung ist die Dynamische Optimierung. Das sogenannte Optimalitätsprinzip ist direkte Folge einer Verallgemeinerung (Dreyfus, 1965; Horowitz, Sahni, 1984).

Hier sei die Sache an einem Problem der Sprachmustererkennung erläutert (Kohonen, 1988, S. 65). Aufgabenstellung:

Es ist ein Programm zu schreiben, das zwei Wörter (Eingabe) auf Ähnlichkeit vergleicht. Als Maß der Ähnlichkeit zweier Wörter dient die Trefferzahl; das ist die Anzahl der übereinstimmenden Buchstaben. Beispielsweise stimmen in den Wörtern „situiert" und „saturiert" der jeweils erste, dritte und vierte Buchstabe überein und die Trefferzahl ist demnach gleich drei. Durch Streichung von Buchstaben in dem einen und dem anderem Wort läßt sich die Trefferzahl eventuell erhöhen. Zum Beispiel führt die Streichung eines „r" in „saturiert" zu „satuiert" und dieses Wort hat mit „situiert" die Trefferzahl sieben. Das Programm soll die so erreichbare maximale Trefferzahl (Ausgabe) liefern.

— HALT ————————————————————————————————

Eine naheliegende Möglichkeit zur Lösung der Aufgabe ist diese: Man bildet sämtliche Wortpaare, die sich durch Streichungen ergeben können, und errechnet die Trefferzahl (vollständige Enumeration). Jetzt braucht man nur noch den maximalen Wert herauszusuchen. Diese Lösungsidee läßt sich ohne Mühe in eine sich rekursiv aufrufende Prozedur umsetzen, die jeweils nur eine Streichung vornimmt. Die Lösung sieht einfach aus. Nur: Sie funktioniert leider nicht. Zumindest bei längeren Wörtern, die sich noch dazu recht unähnlich sind, kommt es zu unerträglich großen Rechenzeiten.

Wir müssen uns von dieser Lösung trennen. Nun haben wir ein richtiges Problem. Wir nehmen Zuflucht zur Basisheuristik und sehen in der Liste der Heuristiken nach.

Bereits der erste Punkt (Analogie) hilft demjenigen weiter, der bereits mit Optimierungsproblemen und dynamischer Optimierung zu tun hatte. Er wird in der Aufgabe, kürzeste Pfade in Graphen zu finden oder in anderen Extremwertaufgaben, verwandte Wesenszüge entdecken. Das dort angewandte Lösungsverfahren kann er geeignet abändern, und er kann so zu einer guten Lösung kommen.

Wer diese Vorkenntnisse nicht hat oder sich nicht mehr erinnern kann, kommt vielleicht mit der zweiten Heuristik der Liste weiter: Verallgemeinerung. Das heuristische Prinzip der Verallgemeinerung bringen wir in eine dem Problem angemessene Fassung. Wir formulieren es als *Einbettungsprinzip:*

Sei $P(\alpha)$ ein Problem, das für eine bestimmte Größe α formuliert ist. Die Größe α möge einer Menge D angehören, für deren Elemente sich das Problem in derselben Weise stellen läßt. Anstatt das Problem $P(\alpha)$ direkt anzugehen, bettet man es in die allgemeine Problemstellung $P(x)$, $x \in D$, ein und ermittelt Beziehungen zwischen den Lösungsansätzen für die $P(x)$. Nun schreitet man von den leichter lösbaren Problemen zu den schwerer lösbaren fort und findet so möglicherweise eine allgemeine Lösung für die $P(x)$. Damit wäre dann auch $P(\alpha)$ gelöst.

Nun zurück zur konkreten Aufgabe: Wir bezeichnen die Wörter der Eingabe mit a und b und den jeweils i-ten Buchstaben mit a_i und b_i. Das erste Wort sei m Buchstaben und das zweite n Buchstaben lang. Die ersten Buchstaben sind also a_1 und b_1 und die letzten sind a_m und b_n.

Wir stellen fest, daß im Falle $m = n = 1$ die Aufgabe sofort lösbar wäre. Dadurch wird nahegelegt, die durch die Eingabe der Wörter festgelegten Zahlen m und n durch Variablen zu ersetzen. Das Ersetzen von Konstanten durch Variablen ist ein Trick, der sehr oft weiterhilft (Gries, 1981, 199 ff.).

Wir verwenden die Formelzeichen aus dem Einbettungsprinzip und setzen $\alpha = (m, n)$ und schreiben für das ursprüngliche Problem $P(m, n)$. Sei nun $x = (i, j)$ eine Variable mit dem durch $0 \leq i \leq m$ und $0 \leq j \leq n$ gegebenen Wertebereich D. Die verallgemeinerte Problemstellung $P(i, j)$ geht aus der ursprünglichen hervor, indem man die Eingabewörter a und b durch ihre Anfangsabschnitte bis zum i-ten bzw. bis zum j-ten Buchstaben ersetzt. Im konkreten Fall, in dem $a = $ „situiert" und $b = $ „saturiert" ist, besteht die Eingabe für das Problem $P(4, 6)$ aus den beiden Wörtern „situ" und „saturi."

Wir haben jetzt viele Probleme, und es sind sehr einfache darunter. Für jedes Problem gibt es eine Lösung, die jeweilige maximale Trefferzahl nämlich. Die Lösung des Problems $P(i, j)$ nennen wir t_{ij} (Lösungsansatz). Diese Werte bilden eine $(m+1, n+1)$-Matrix, die wir Treffermatrix nennen wollen:

$$
\begin{matrix}
t_{00} & t_{01} & \cdots & t_{0n} \\
t_{10} & t_{11} & \cdots & t_{1n} \\
\cdot & \cdot & & \cdot \\
\cdot & \cdot & & \cdot \\
\cdot & \cdot & & \cdot \\
t_{m0} & t_{m1} & \cdots & t_{mn}
\end{matrix}
$$

In der Terminologie der dynamischen Optimierung ist das die Optimalwertfunktion. Offensichtlich sind die oberen und die linken Randwerte gleich null ($t_{i0} = t_{0j} = 0$), denn mit einem Wort aus null Buchstaben kann es keine Treffer geben. Als nächstes sucht man nach Zusammenhängen zwischen benachbarten Werten der Treffermatrix. Halten wir einmal die Position $x = (i, j)$ fest. Stimmen die letzten beiden Buchstaben der jetzt zu betrachtenden Wörter, nämlich a_i und b_j überein, dann muß $t_{ij} = t_{i-1,j-1} + 1$ sein, das heißt: zu diesem einen Treffer kommt noch die maximale Trefferzahl der beiden je um einen Buchstaben kürzeren Wörter. Stimmen die letzten beiden Buchstaben nicht überein, wird wenigstens einer von ihnen bei der Streichungsprozedur weggestrichen, so daß t_{ij} keinesfalls größer als der größte der beiden Werte $t_{i-1,j}$ und $t_{i,j-1}$ werden kann. Unterschritten werden die Werte natürlich ebenfalls nicht. Das führt zu diesen Relationen:

```
t_ij = t_{i-1,j-1} + 1, falls a_i=b_j
t_ij = max{t_{i-1,j}, t_{i,j-1}} sonst.
```

Nun braucht man nur noch von den „leichter lösbaren Problemen zu den schwerer lösbaren" voranzuschreiten und findet leicht die allgemeine Lösung in Form des folgenden Programms:

```
FOR i:= 1 TO m DO
FOR j:= 1 TO n DO
IF a[i]=b[j] THEN
  t[i, j]:= t[i-1, j-1] + 1
ELSE t[i, j]:= max(t[i-1, j], t[i, j-1]);
```

Und so sieht eine damit berechnete Treffermatrix (ohne die Randwerte) aus:

```
s   1   1   1   1   1   1   1   1   1
i   1   1   1   1   1   2   2   2   2
t   1   1   2   2   2   2   2   2   3
u   1   1   2   3   3   3   3   3   3
i   1   1   2   3   3   4   4   4   4
e   1   1   2   3   3   4   5   5   5
r   1   1   2   3   4   4   5   6   6
t   1   1   2   3   4   4   5   6   7

    s   a   t   u   r   i   e   r   t
```

Der rechte untere Wert ist das gesuchte Ergebnis. Das obige Programm rechnet die Trefferzahl auch bei langen Wortpaaren blitzschnell aus. Die Verallgemeinerung (nämlich: nicht nur die gegebenen Wörter, sondern sämtliche Verkürzungen gleich mitzubehandeln) hat uns also schließlich zu einer Lösung geführt, die sich sehr übersichtlich aufschreiben läßt und die auch noch außerordentlich effizient arbeitet.

6 Qualitätsprüfung und Fehlertoleranztechniken

6.1 Qualitätsprüfung

Das Anliegen eines Textes über Programmieren muß zuallererst die Weiterentwicklung des persönlichen Programmierstils sein. Das war das Thema des vorhergehenden Abschnitts. Programmiertechniken und Mechanismen der Selbstkontrolle wie

- das Programmieren nach Regeln
- die Fehleranalyse
- das Testen nach Regeln
- die Fehlerbuchführung

stellen die Basis dar, von der aus hohe Software-Qualität erreicht werden kann. Diese Programmiertechniken konstituieren einen Rückkopplungsprozeß des Lernens aus den Fehlern, dessen Dreh- und Angelpunkt die Regelkataloge bilden. Für die Fortschreibung der Regelkataloge im Zuge des Rückkopplungsprozesses spielt die Fehleranalyse eine wichtige Rolle.

Die Ausbildung von Programmierern muß auf die Installierung und Beherrschung dieser Techniken abzielen. Für das Management wird die Aufgabe der Qualitätsprüfung vor allem zu einer Kontrolle, daß diese Techniken tatsächlich konsequent befolgt werden.

Der Anbieter von Software garantiert an erster Stelle also nicht die Fehlerfreiheit seiner Produkte, sondern die Qualifikation seiner Software-Konstrukteure (Baber, 1986, S. 97 f.).

Die Frage ist nur: Wie mißt man die Qualifikation? Letztlich kommt es doch auf die Qualität der Produkte an. Da die Qualität – neben anderem – den Markterfolg eines Produktes bestimmt, ist der Markt die letzte Instanz der Bewertung. Auf diese Bewertung allein kann sich der Hersteller von Software nicht verlassen, es sei denn, er legt es darauf an, mit seinen Produkten unterzugehen. Der Rückkopplungsmechanismus, den das Marktgeschehen bietet, ist zu grob und global, als daß er das Lernen aus den Fehlern, die Feinabstimmung der Programmiertechniken, unterstützen könnte.

Auf der anderen Seite ist der persönliche Rückkopplungsprozeß, der durch die bisher behandelten Mechanismen des selbstkontrollierten Programmierens hergestellt wird, noch zu eng gefaßt. Er läßt nur subjektive Bewertungen der Leistungen durch den Programmierer selbst zu. Der nächste Schritt zur Verbesserung der Software-Qualität besteht in der Einbeziehung weiterer Personen in den Rückkopplungsprozeß.

Das führt zu den Methoden der Software-Qualitätsprüfung. Dazu gehören:

- Codeinspektionen
- Walkthroughs
- Tests

Diese Techniken der Qualitätsprüfung seien hier nur kurz charakterisiert. Näheres ist dem Buch von Myers (1987) zu entnehmen.

Die Codeinspektionen finden im Rahmen von Sitzungen statt, in denen der Programmierer den Programmtext Anweisung für Anweisung den anderen Teilnehmern erklärt. Außer dem Programmierer nehmen daran wenigstens noch ein Qualitätssicherungsingenieur, der die Rolle des Moderators spielt und ein Testspezialist teil. Außer dieser Aktion findet noch eine weitere statt, bei der das Programm mit Hilfe einer Checkliste (Fehlerprüfliste) analysiert wird.

Die entdeckten Fehler werden in einer Fehlerliste erfaßt. Die Fehlerliste ist Grundlage der Nachbereitungsphase: Zur Nachbereitung gehören die Fehlerbeseitigung und die Analyse der Fehlerliste. Die Analyse der Fehlerliste dient dazu, die Checkliste zu verfeinern und so die Wirksamkeit zukünftiger Inspektionen zu verbessern.

Wichtig ist also auch hier der Rückkopplungsmechanismus, der das Lernen aus den Fehlern so effizient wie möglich machen soll. Er eröffnet die Chance, auch den neigungsbedingten Fehlern beizukommen. Eine ausführliche Fehlerprüfliste wird von Myers (1987) angegeben.

Die Walkthroughs sind den Codeinspektionen sehr ähnlich. Aber anstatt das Programm zu lesen oder Fehlerprüflisten zu verwenden, spielen die Teilnehmer Computer: Während der Sitzung werden auf dem Papier oder auf einer Wandtafel Testfälle durchgespielt, die einer der Teilnehmer (nicht der Programmierer selbst) vorbereitet hat. Dennoch handelt es sich nicht um einen Funktionstest im üblichen Sinne. Die Testfälle sollen den Anreiz bieten, sich mit dem Programm zu befassen und den Programmierer zur Logik und zu den Annahmen zu befragen. Auch hier ist die Nachbereitungsphase von ausschlaggebender Bedeutung, die ebenso wie bei den Codeinspektionen vor allem das Lernen aus den Fehlern zum Ziel hat.

Tests im Rahmen von Qualitätskontrollmaßnahmen werden grundsätzlich von anderen Personen oder Personengruppen durchgeführt als die Programmentwicklung selbst. Die Einführung unabhängiger Testspezialisten löst das psychologische Problem des Testens.

Tester müssen ein Gespür für fehlerträchtige Situationen entwickeln (Fehlererwartung, Error Guessing). Zur Unterstützung des Prozesses des Lernens aus Erfahrung wird auch der Tester einen Testfallkatalog anlegen, in dem er die möglichen Fehler oder fehlerträchtigen Situationen erfaßt. Fehlerträchtige Situationen entstehen beispielsweise im Zusammenhang mit

- Klassifikationen
- komplexen logischen Bedingungen
- Endebedingungen von Schleifen
- Maschinenarithmetik und Rundung
- logischen Ausdrücken, die Variablen vom REAL-Typ enthalten
- negativen Zahlen

- Grenz- und Extremwerten (bei Zahlen: 0, 1, Minimal- und Maximalwert)
- leeren Eingaben
- unzulässigen Eingaben (REAL statt INTEGER beispielsweise)
- Entartungen (eine zu sortierende Liste ist leer, enthält nur ein Element usw.)
- Sonderfällen (Division durch null)
- erstmaliger Verwendung von Variablen (Initialisierungsfehler)
- Formeln, bei deren Auswertung es zu Überschreitungen des Zahlenbereichs kommen kann (Über- oder Unterlauf im Zwischenergebnis)
- Verwendung komplizierter Funktionen

Hinweise für den systematischen Testfallentwurf bietet das Buch von Myers (1987): „Methodisches Testen von Programmen".

Die bisher besprochenen Methoden der Qualitätsprüfung passen zum Generalthema: In jedem Fall ist als wesentliches Element ein Rückkopplungsmechanismus enthalten, der das Lernen aus den Fehlern ermöglicht oder unterstützt.

6.2 Fehlertoleranz

Angesichts des Aufwands, den die Programmiertechniken und die Qualitätssicherungsmaßnahmen erfordern, können Zweifel aufkommen, ob es überhaupt sinnvoll ist, fehlerfreie Programme anzustreben. Alternativ dazu könnte man versuchen, Systeme so zu organisieren, daß Fehler keine oder zumindest keine schwerwiegenden Folgen haben. Diese Systeme funktionieren zuverlässig nicht etwa, weil sie völlig fehlerfrei sind, sondern weil Entwurfs- und Programmierfehler erkannt und eventuell gar korrigiert werden. In diesem Sinne sind die Systeme fehlertolerant. Zu den Fehlertoleranztechniken gehören

- die diversitäre Programmierung mit den Varianten zufällige und erzwungene Diversität
- die Methode der Abnahmetests (Acceptance Tests)

In allen Fällen handelt es sich um Redundanztechniken: Die Software ist umfangreicher, als sie zur Erfüllung der Funktion sein müßte.

Die Konzepte der Fehlertoleranz haben in der Gerätetechnik, also der Hardware, schon lange die Bewährungsprobe hinter sich. Insbesondere aus sicherheitsrelevanten Anwendungen sind sie nicht mehr fortzudenken. Fehlertoleranz heißt hier, daß Ausfälle erkannt und (weitgehend) unschädlich gemacht werden.

Im Falle der Parallelredundanz werden wichtige Funktionen mehrfach in parallel laufenden Geräten realisiert. Durch Ergebnisvergleich können Abweichungen erkannt und eventuell sogar (mittels Mehrheitsentscheid) korrigiert werden.

Überlegungen zur Fehlertoleranz in der Software gehen davon aus, daß das, was gegen Ausfälle hilft, auch gegen Entwurfs- und Programmierfehler gut sein könnte. Und damit ist man bei der diversitären Programmierung (N-Version-Programming): Eine bestimmte Aufgabe wird - ausgehend von einer gemeinsamen Spezifikation - von mehreren getrennt arbeitenden Programmierteams bearbeitet.

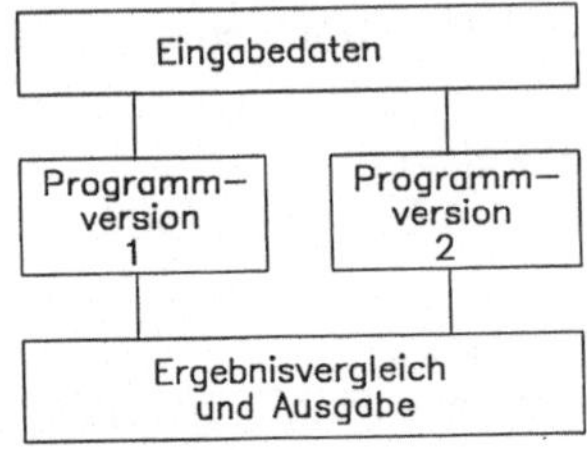

Bild 6.1 Software-Diversität (2-Versionen-System)

Die dabei entstehenden Programm- oder Modulversionen laufen dann parallel und mit denselben Eingabedaten ab (Avizienis et al., 1985). Diese Art der Diversität heißt zufällig, da die Programme alle unter ähnlichen Bedingungen entstehen und die Abweichungen in den Realisierungen zufallsbedingt sind.

Im einfachsten Fall laufen zwei Programme parallel. Ein Ergebnisvergleich deckt Abweichungen auf. Dadurch ist Fehlererkennung möglich. Bei mehr als zwei parallel laufenden Programmen lassen sich Fehler, solange sie nicht die Mehrheit der Programmversionen betreffen, durch Mehrheitsentscheid korrigieren. Noch allgemeinere Konzepte, wie die der wechselseitigen Diagnose, die Preparata, Metze und Chien (1967) untersucht haben, lassen sich mit der diversitären Programmierung kombinieren.

Für die weiteren Überlegungen zur Software-Diversität wird ein einfaches 2-Versionen-System zugrundegelegt (Bild 6.1).

Für solche Systeme zur Fehlererkennung gibt es vor allem die folgenden beiden Anwendungen:

1. In Systemen und Prozessen, die einen sicheren Zustand besitzen, wird man bei Diskrepanzen versuchen, das System in diesen zu überführen, so daß Gefährdungen ausgeschlossen sind. Das System erfüllt dann im allgemeinen nicht mehr seine Funktion, weil beispielsweise eine Notbremsung oder eine Abschaltung durchgeführt werden muß. Bei solchen Fail-Safe-Systemen erhöht die Diversität die Sicherheit auf Kosten der Verfügbarkeit.
2. Beim parallelen Austesten diversitärer Programme verzichtet man darauf, zu jedem Testdatensatz vorab die korrekten Ergebnisse zu ermitteln. Die Fehlerentdeckung geschieht durch den Ergebnisvergleich.

Die Wirksamkeit der diversitären Programmierung hängt hauptsächlich davon ab, inwieweit die Programme zugleich und in derselben Weise fehlerhaft reagieren. Solche gemeinsamen Fehlreaktionen sollten zumindest wesentlich seltener sein als die Fehlreaktionen eines Programms allein. Zu gemeinsamen Fehlreaktionen kann es zum Beispiel dann kommen, wenn in beiden Programmen derselbe Programmierfehler steckt und sich dieser Programmierfehler auf den gerade vorliegenden Eingabedatensatz auswirkt. Diese Gefahr ist bei den neigungsbedingten Fehlern besonders hoch.

Im Abschnitt 6.3 über Bewertungsmodelle für die Software-Diversität wird sich erweisen, daß die bisher beschriebene Methode der zufälligen Diversität das Problem der neigungsbedingten Fehler nicht lösen kann. Von der sogenannten erzwungenen Diversität verspricht man sich eine Überwindung dieses Mangels.

Bei der erzwungenen Diversität wird den Programmierteams vorgegeben, die verschiedenen Versionen nach unterschiedlichen Methoden zu entwickeln. Der Gedanke, der hinter der Methode der erzwungenen Diversität steckt, ist der: Erlegt man den Programmierteams unterschiedliche Bedingungen hinsichtlich der Methodenwahl auf, dann werden auch verschiedene Bereiche des Hintergrundwissens aktiviert; dadurch sollten gemeinsame neigungsbedingte Fehler weitgehend ausgeschlossen werden können.

Denkbar wäre auch, die Wirksamkeit der Diversität dadurch zu verbessern, daß bei der Zusammensetzung der Teams auf die Verschiedenartigkeit der Persönlichkeitsprofile und der Erfahrungen der Teammitglieder geachtet wird. Wenn das dem einen Team verfügbare Hintergrundwissen von dem des anderen Teams deutlich abweicht, sollten die eingeschlagenen Lösungswege sich ebenfalls signifikant unterscheiden.

Einfluß auf die Wirksamkeit der Diversität hat auch der Vergleicher: Er muß die unwesentlichen von den wesentlichen Abweichungen unterscheiden können. Ein zu strenger Vergleicher, der auch leicht variierende Ergebnisse (aufgrund von Reihenfolgeeffekten oder unbedeutenden Rundungsfehlern beispielsweise) moniert, kann zu einer unerträglich niedrigen Verfügbarkeit des Gesamtsystems führen. Ist andererseits der Vergleicher zu großzügig, können Fehlreaktionen der einen oder der anderen Version unbemerkt bleiben.

Und nun zur Methode der Abnahmetests: Abnahmetests wirken wie Prädikate, die in die Software explizit eingebaut werden (Abschnitt 5.5 Semi-algorithmisches Programmieren). Liefert ein solches „Prädikat" für ein Zwischenergebnis den Wert FALSE, sind geeignete Fehlerreaktionen einzuleiten. Fehlerreaktionen können darin bestehen, daß ein Fehler nur gemeldet wird.

Will man über die reine Fehlererkennung hinaus auch noch Fehler korrigieren, kommt man mit Rücksetzblöcken (Recovery Blocks) weiter. Durch Abnahmetests wird die Funktion einzelner Programmblöcke überprüft. Wird ein solcher Abnahmetest einmal nicht bestanden, erfolgt die Rücksetzung des Rechners auf den Zustand, der zu Beginn der Ausführung des Blocks bestand. Danach wird die Rechnung mit einem anderen Programmblock, der entweder dieselbe Funktion wie der ursprüngliche hat oder dessen Funktion gegenüber der ursprünglichen reduziert ist, erneut durchgeführt (Belli, Echtle, Görke, 1986).

Die Methode der Abnahmetests läßt sich mit der Methode der diversitären Programmierung vielfältig kombinieren: Die Lösungsalternativen, die nach dem Zurücksetzen abgearbeitet werden, können Programmblöcke sein, denen dieselbe Spezifikation zugrundeliegt und die nach der Methode der diversitären Programmierung entstanden sind. Gewisse Programmblöcke können von vornherein in zwei diversitären Versionen aktiv sein und (quasi-) parallel ablaufen. Der Abnahmetest läuft dann auf einen Vergleichstest der Ergebnisse hinaus.

6.3   Bewertungsmodelle für diversitäre Systeme

6.3.1   Ein Zuverlässigkeitsmodell

Es zeigt sich, daß bereits bei der Erstellung eines Bewertungsmodells für die Wirksamkeit der Diversität die Gefahr lauert, in Denkfallen zu geraten. Von einer solchen ist in diesem Abschnitt die Rede.

Das diversitäre System besteht aus zwei Teilsystemen. Wenn beide Teilsysteme (Funktionen) versagen, ist nicht mehr sichergestellt, daß der Ergebnisvergleich die Fehlfunktion aufdeckt. Eigentlich versagt das gesamte System nur bei gleichartigem Versagen der Teilsysteme, also dann, wenn die Ergebnisse der Teilsysteme zwar gleich, aber dennoch falsch sind. Das folgende Zuverlässigkeitsmodell geht von der pessimistischen Annahme aus, daß bei jeder gleichzeitigen Fehlfunktion der Teilsysteme, gleichgültig ob sich die Ergebnisse unterscheiden oder nicht, ein (sicherheitsrelevantes) Versagen des gesamten Systems vorliegt.

Mit p wird die Versagenswahrscheinlichkeit eines Teilsystems bezeichnet. Das ist die Wahrscheinlichkeit des Versagens bei einem zufällig (entsprechend der Statistik des Eingabeprozesses) ausgewählten Eingabedatensatz. Eine gewisse Ähnlichkeit des Versagensbegriffs mit dem Ausfallbegriff, wie er bei Zuverlässigkeitsanalysen auftritt, legt nahe, auch für das diversitäre System ein Zuverlässigkeitsmodell aufzustellen. Über Zuverlässigkeitsanalysen gibt das Buch von Koslow und Uschakow (1979) Auskunft. Bild 6.2 zeigt das Zuverlässigkeitsersatzschaltbild des redundanten Systems.

Die Annahme der statistischen Unabhängigkeit (vermeintlich sichergestellt durch die Diversität) liefert für die Versagenswahrscheinlichkeit des Gesamtsystems die Formel:

$$p_{div} = p^2$$

Nach dieser Formel wäre mit der Diversität ein beträchtlicher Gewinn zu erzielen: Versagt das einfache System im Mittel bei jeder tausendsten Anforderung, so würde sich dieser Wert beim diversitären System auf eine Million erhöhen.

Obwohl man hin und wieder diese Formel in der Literatur vorfindet: Durch empirisches Material ist belegt, daß sie nicht stimmen kann (Knight, Leveson, 1985).

Eine etwas eingehendere Analyse des Fehlers, der zu dem falschen Modell führt, ist unter zwei Gesichtspunkten interessant: (1) Es tritt eine ganz typische Denkfalle zutage, die man bei der Modellierung komplexer Systeme immer wieder antrifft. (2) Die Korrektur und die Weiterentwicklung der Überlegungen führt zu einem Versagensmodell, das die Denkfallen beim Programmieren in einem neuen

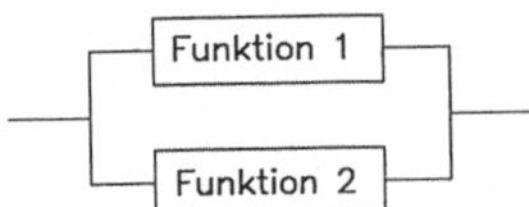

Bild 6.2 Zuverlässigkeitsersatzschaltbild

Licht erscheinen läßt; insbesondere wird klarer, welche Rolle die neigungsbedingten Fehler spielen.

Worin liegt der Fehler des „Zuverlässigkeitsmodells für das Versagen"? Es ist eine Voraussetzung übersehen worden, die bei Zuverlässigkeitsmodellen wohl gültig ist, die aber auf das Versagen im obigen Sinn nicht übertragbar ist. Ähnlichkeiten und Assoziationen haben die Modellbildner dazu verführt, gewisse Bedingungen fälschlicherweise auch in einer neuen und nur äußerlich kaum veränderten Situation als gegeben anzunehmen (Abschnitt 3.6).

Um das deutlich zu machen, muß man sich zunächst eine grundlegende Annahme von Zuverlässigkeitsmodellen vor Augen führen: Der Ausfallprozeß einer Betrachtungseinheit ist zumindest in Gedanken eine völlig eindeutige Sache. Die konkrete Realisierung eines solchen Prozesses ist eine Zeitfunktion $A(t)$, die zwei Werte annehmen kann: $A(t) \in \{\text{intakt, defekt}\}$. Zu jedem Zeitpunkt t gilt die Betrachtungseinheit entweder als intakt oder als defekt, und zwar unabhängig davon, ob sich ein eventuell vorliegender Ausfall auch tatsächlich offenbart.

Ein Ausfall(zustand), das heißt: $A(t) = \text{defekt}$, liegt genau dann vor, wenn es eine zulässige Anforderung oder Eingabe gibt, die zu einem falschen Ergebnis führen würde. Bei Zuverlässigkeitsmodellen wird in diesem Sinne stets von den Eingabedaten und vom Anforderungsprozeß abstrahiert.

Diese wichtige Voraussetzung wird bei Zuverlässigkeitsmodellbildungen häufig übersehen. Das führt dann dazu, daß diese Zuverlässigkeitsmodelle auf Anordnungen und Fragestellungen übertragen werden, bei denen die Voraussetzungen nicht gegeben sind.

Beim Zuverlässigkeitsmodell des diversitären Systems müßte man sich nämlich eine Zeitfunktion vorstellen können, die aussagt, ob die Betrachtungseinheit (also das Programm) zur Zeit gerade funktioniert oder nicht. Aber: Programme können nicht ausfallen. Fehlfunktionen sind ausschließlich darauf zurückzuführen, daß Entwurfs- oder Programmierfehler gemacht worden sind. Die Funktion des Programms ist also entweder von Anfang an und dann für immer korrekt oder niemals!

Solche trivialen „Ausfallprozesse" sind aber der Zuverlässigkeitsmodellierung unzugänglich. Überträgt man Zuverlässigkeitsmodelle dennoch auf Versagensprozesse, muß es nahezu zwangsläufig zu falschen Aussagen kommen. Also: Zuverlässigkeitsmodelle sind zur Bewertung von Software nicht geeignet.

Die Formel dieses Abschnitts ist falsch, weil die Rolle, die der Anforderungsprozeß spielt, unterschlagen wird. Die Abstraktion, die bei Zuverlässigkeitsmodellen üblich und auch angebracht ist, geht hier zu weit. Das ist zu korrigieren.

6.3.2 Versagenswahrscheinlichkeiten

Das Zuverlässigkeitsmodell wird durch Einbeziehung des Anforderungsprozesses zu einem Modell für das Versagen umgebaut. Sei eine Grundgesamtheit von Programmversionen gegeben, die unabhängig voneinander (also nach den Prinzipien der diversitären Programmierung) entstanden sind. Sei x ein beliebiger Satz von Eingabedaten aus der Menge aller möglichen Eingabedatensätze X. In Zeichen:

$$x \in X$$

Mit $|X|$ wird die Anzahl aller möglichen Eingabedatensätze bezeichnet. ($|X|$ ist die Mächtigkeit von X.)

Die Wahrscheinlichkeit, daß eine aus der Grundgesamtheit wahllos herausgegriffene Programmversion bei den Eingabedaten x ein falsches Ergebnis liefert, ist die *datenabhängige Versagenswahrscheinlichkeit* r(x) des einfachen Systems. Sie wird auch Fehlerintensität genannt.

Für die datenabhängige Versagenswahrscheinlichkeit des diversitären Systems aus zwei Programmen $r_{div}(x)$ gilt nun tatsächlich die Formel:

$$r_{div}(x) = r^2(x)$$

Diese Formel kommt so zustande: Zuerst wird eine Programmversion aus der Grundgesamtheit herausgegriffen. Die Wahrscheinlichkeit, daß diese Version beim Datensatz x versagt ist gleich r(x). Dann wird eine weitere Version herausgegriffen. Diese versagt ebenfalls mit der Wahrscheinlichkeit r(x), und zwar unabhängig davon, ob die zuerst herausgegriffene versagt oder nicht.

Die Grundgesamtheit der Programmversionen ist in beiden Fällen dieselbe, das heißt, daß die zuerst herausgegriffen Version auch bei der zweiten Wahl wieder mitberücksichtigt wird. Es handelt sich also um ein „Urnenmodell mit Zurücklegen". Diese Modellannahme wird später noch zu diskutieren und zu modifizieren sein.

Die Unabhängigkeitsannahme, die vom Produktsatz für Wahrscheinlichkeiten gefordert wird, ist beim gewählten Modell gerechtfertigt. Also ist $r_{div}(x) = r(x) \cdot r(x) = r^2(x)$.

In den Begriffen der Wahrscheinlichkeitsrechnung (Fisz, 1976) sind die Eingabedatensätze Elementarereignisse. Der zugehörige Wahrscheinlichkeitsraum kann als diskret und sogar endlich vorausgesetzt werden: $|X| < \infty$. Den einzelnen Eingabedatensätzen x lassen sich Wahrscheinlichkeiten q(x) zuordnen. Die Fehlerintensität r(x) ist also eine diskrete Zufallsvariable.

Die Mittelwert- oder Erwartungswertbildung wird mit E bezeichnet. Für die Fehlerintensität r(x) führt sie auf die (mittlere) *Versagenswahrscheinlichkeit* p des einfachen Systems:

$$p = E[r(x)] = \sum_{x \in X} r(x) \cdot q(x)$$

Analog ist die (mittlere) *Versagenswahrscheinlichkeit des diversitären Systems* p_{div} gegeben durch:

$$p_{div} = E[r_{div}(x)] = E[r^2(x)]$$
$$= \sum_{x \in X} r^2(x) \cdot q(x)$$

Zu einer interessanten Formel für das diversitäre System kommt man über eine Berechnung der Streuung der Fehlerintensität s^2:

$$s^2 = E[(r(x) - p)^2]$$
$$= E[r^2(x) - 2 \cdot p \cdot r(x) + p^2]$$
$$= E[r^2(x)] - 2 \cdot p \cdot E[r(x)] + p^2$$
$$= E[r^2(x)] - p^2$$

Der Ausdruck $E[r^2(x)]$ ist die Versagenswahrscheinlichkeit des diversitären Systems. Damit erhält man für die Versagenswahrscheinlichkeit des diversitären Systems die *Formel von Eckhardt und Lee* (1985):

$$p_{div} = p^2 + s^2$$

Um sich über die Bedeutung der Streuung in dieser Formel Klarheit verschaffen zu können, sei die Streuung explizit angegeben:

$$s^2 = \sum_{x \in X} (r(x) - p)^2 \cdot q(x)$$

Die aus dem Zuverlässigkeitsmodell sich ergebende Formel $p_{div} = p^2$ setzt voraus, daß die Streuung der Fehlerintensität gleich null ist. Diese Voraussetzung ist gleichbedeutend damit, daß für alle Eingabedatensätze x mit einer von null verschiedenen Wahrscheinlichkeit q(x), die Fehlerintensität konstant ist: $r(x) = p$.

Die Annahme, daß die Versagenswahrscheinlichkeit r(x) nicht oder nur in geringem Maße vom eingegebenen Datensatz x abhängt, ist praktisch nie erfüllt. Ganz im Gegenteil: Es zeigt sich, daß im allgemeinen der zweite Summand der Formel, also die Streuung dominiert. Es wäre also eher angebracht, $p_{div} \approx s^2$ zu schreiben anstelle von $p_{div} \approx p^2$. Dieser Tatbestand ist genauer zu untersuchen. Er läßt die typischen Programmierfehler in einem neuen Licht erscheinen und er macht klarer, welche Rolle gerade die neigungsbedingten Fehler in solchen diversitären Systemen spielen.

6.3.3 Ein Experiment

In einem bekannten Experiment zur Diversitären Programmierung wurden – ausgehend von einer gemeinsamen Spezifikation – 27 Programmversionen unabhängig voneinander erstellt. Diese Programme wurden anschließend mit einer Million

Anzahl i der versagenden Versionen	Anzahl der Testfälle n_i
1	15 206
2	551
3	343
4	242
5	73
6	32
7	12
8	2

Testdatensätzen überprüft (Knight, Leveson, 1985). Dabei ergab sich auch diese Statistik, in der jeweils die Anzahl n_i derjenigen Testfälle aufgeführt ist, bei denen genau i Versionen versagen.

Für die allgemeingültige Darstellung der Zusammenhänge werden folgende Bezeichnungen eingeführt:

N ist die Gesamtzahl der Testfälle (hier: $N = 10^6$). Offensichtlich gilt:

$$N = n_0 + n_1 + n_2 + \ldots$$

K bezeichnet die Anzahl der erstellten Versionen (hier: $K = 27$).

Wir bezeichnen die Menge aller Eingabedatensätze, bei denen genau i Versionen versagen, mit X_i. Darunter mögen sich n_i Testdatensätze befinden. Es wird nun angenommen, daß die Testdatensätze repräsentativ sind in dem Sinne, daß sie entsprechend ihren Wahrscheinlichkeiten ausgewählt sind. Um das zu präzisieren, wird zunächst die Wahrscheinlichkeit von Teilmengen A von X definiert.

$$Q(A) = \sum_{x \in A} q(x)$$

Die Wahrscheinlichkeit der Elementarereignisse ist $q(x) = Q(\{x\})$.

Die Forderung, daß die Testdatensätze repräsentativ sind, bedeutet, daß der relative Anteil der Testdatensätze, bei denen genau i Versionen versagen, (in etwa) gleich der Wahrscheinlichkeit aller Datensätze ist, bei denen genau i Versionen versagen:

$$Q(X_i) = n_i/N$$

Für alle Datensätze der Menge X_i ist die Versagenswahrscheinlichkeit abschätzbar durch die Anzahl i der versagenden Versionen geteilt durch die Gesamtzahl K der Versionen:

$$r(x) = i/K \text{ für alle } x \in X_i$$

Für die Versagenswahrscheinlichkeiten des einfachen Systems erhält man:

$$
\begin{aligned}
p &= \sum_{x \in X} r(x) \cdot q(x) \\
&= \sum_{i \in \{1,2,\ldots\}} \sum_{x \in X_i} r(x) \cdot q(x) \\
&= \sum_{i} \sum_{x \in X_i} (i/K) \cdot q(x) \\
&= \sum_{i} (i/K) \cdot Q(X_i) \\
&= \sum_{i} (i/K) \cdot (n_i/N) = 1/(K \cdot N) \cdot \sum_{i} i \cdot n_i
\end{aligned}
$$

Setzt man die Zahlen des Computerexperiments ein, so ergibt sich

$$p = 1/(27 \cdot 10^6) \cdot \sum_i i \cdot n_i = 7 \cdot 10^{-4}$$

Die datenabhängige Versagenswahrscheinlichkeit des diversitären Systems für $x \in X_i$ ist gleich

$$r_{div}(x) = r^2(x) = (i/K)^2$$

Mittelwertbildung liefert:

$$\begin{aligned}
p_{div} &= \sum_{x \in X} r_{div}(x) \cdot q(x) \\
&= \sum_i (i/K)^2 \cdot Q(X_i) \\
&= \sum_i (i/K)^2 \cdot n_i/N \\
&= 1/(K^2 \cdot N) \cdot \sum_i i^2 \cdot n_i \\
&= 38 \cdot 10^{-6}
\end{aligned}$$

Dieser Wert liegt um zwei Zehnerpotenzen über dem, der sich mit der optimistischen Formel des vorigen Unterabschnitts ergeben hätte: $p^2 = 49 \cdot 10^{-8}$. Die Vermutung des letzten Unterabschnitts findet hier eine Bestätigung: Die mittlere Versagenswahrscheinlichkeit des einfachen Systems läßt keine Rückschlüsse auf die des diversitären Systems zu. Es kommt wesentlich auf die Streuung der Fehlerintensität an.

Wie kommen diese starken Schwankungen der Fehlerintensitäten zustande? Vermutlich sind die neigungsbedingten Fehler daran beteiligt: Neigungsbedingte Fehler zeichnen sich durch eine hohe Wahrscheinlichkeit aus. Neigungsbedingte Fehler sind definitionsgemäß die Fehler, die in mehreren Programmversionen anzutreffen sind.

Als neigungsbedingt wollen wir einen Fehler ansehen, wenn er in etwa 10% aller Versionen oder häufiger zu finden ist. Sei X_F die Menge der von neigungsbedingten Fehlern betroffenen Eingabedaten. Das bedeutet, daß ein großer Teil der Programme diese Eingabedaten fehlerhaft bearbeitet. Folglich ist $r(x)$ relativ groß für alle $x \in X_F$, sagen wir: $r(x) > 10\%$.

Tatsächlich wurden in dem oben zitierten Computerexperiment Fehler gefunden, die in mehreren Programmen auftraten und die mit dafür verantwortlich waren, daß bei einigen Testfällen mehrere Versionen versagten.

Wenn für alle $x \in X_F$ die Versagenswahrscheinlichkeit $r(x)$ groß ist, dann muß es zum Ausgleich andere Teilmengen geben, auf denen $r(x)$ sehr niedrig ist. Andernfalls könnte sich nicht eine niedrige mittlere Versagenswahrscheinlichkeit p ergeben.

Die neigungsbedingten Fehler kommen demnach als Ursache für die starke Schwankung der Fehlerintensität in Frage. Das Berechnungsmodell dieses Abschnitts kann allerdings diese Tatsache noch nicht deutlich machen, denn: Die Schwankung der Fehlerintensität ist hier vor allem darauf zurückzuführen, daß die Menge der überhaupt von Fehlern betroffenen Eingabedatensätze klein ist.

Selbst wenn man nur die Fehler berücksichtigt, die sich jeweils nur in einer Version auswirken, kommt man auf eine beträchtliche Streuung der Fehlerintensität. Das wirkt sich beim „Urnenmodell mit Zurücklegen" voll aus (Fisz, 1976, S. 166).

Die Auswirkung der neigungsbedingten Fehler kommt erst zum Ausdruck, wenn man auf das „Urnenmodell ohne Zurücklegen" übergeht. Dieses Urnenmodell steht im Zusammenhang mit der hypergeometrischen Verteilung (Fisz, 1976, S. 169).

Sei x ein zufällig aber fest gewählter Datensatz. Er möge zur Menge X_i gehören. Es sind also genau i von den insgesamt K Versionen, die bei diesem Datensatz versagen. Aus der Grundgesamtheit der K Versionen wählt man eine zufällig aus. Die Wahrscheinlichkeit, daß diese versagt, ist gleich i/K. Anschließend wählt man aus den verbleibenden Versionen die zweite aus (die zuerst ausgewählte bleibt jetzt unberücksichtigt). Die Wahrscheinlichkeit, daß diese versagt, ist unter der Bedingung, daß bereits die erste beim Datensatz x versagt, gleich (i-1)/(K-1). Jetzt ist der Fall ausgeschlossen, daß beide ausgewählte Versionen allein deshalb gleichzeitig versagen, weil sie identisch sind. In die Formel für die mittlere Versagenswahrscheinlichkeit des diversitären Systems ist jetzt

$$r_{div}(x) \ = \ \frac{i \cdot (i-1)}{K \cdot (K-1)}$$

einzusetzen. Mit den Daten des Computerexperiments ergibt sich der Wert $p_{div} = 13 \cdot 10^{-6}$. Die Versagenswahrscheinlichkeit des diversitären Systems wird durch die optimistische Formel des „Zuverlässigkeitsmodells" um den Faktor 26 unterschätzt. Für die Tatsache, daß p_{div} deutlich größer als p^2 ist, dürften die neigungsbedingten Fehler maßgeblich sein, denn gerade diese sorgen dafür, daß verschiedene Programmversionen bei ein und demselben Datensatz versagen.

Wenn dem Versagen zweier Teilsysteme derselbe Programmierfehler zugrundeliegt, dann muß man mit gleichartigem Versagen rechnen. In solchen Fällen wird auch das Gesamtsystem versagen, weil der Vergleicher keine Abweichung entdecken kann. Jedenfalls kann man jetzt nicht mehr unterstellen, daß die Formel für das Versagen diversitärer Systeme zu pessimistische Schätzungen liefert.

6.3.4 Erzwungene Diversität

Was die Methode der Diversitären Programmierung angeht, sind die Ergebnisse der letzten Unterabschnitte nicht sehr ermutigend. Man sollte aber nicht vergessen, daß die Ergebnisse unter gewissen Annahmen hergeleitet worden sind. Es wurde vorausgesetzt, daß die einzelnen Programmversionen unabhängig voneinander entstehen und daß allen eine gemeinsame Spezifikation zugrundeliegt. Für die Erstellung der Programme wurden einheitliche Bedingungen und sogar ein einheitliches Hintergrundwissen vorausgesetzt. Das aber muß nicht sein. Die Frage lautet nun, wie man die Bedingungen und Voraussetzungen ändern muß, um bessere Ergebnisse mit der Diversitären Programmierung zu erzielen. Eine Antwort ist die sogenannte erzwungene Diversität (Forced Diversity).

Jetzt wird den Programmierteams zwar immer noch eine gemeinsame Spezifikation vorgegeben. Aber es wird auch noch der Lösungsweg teilweise festgelegt, indem man den Programmierern gewisse Lösungsmethoden vorgibt. Im allgemeinen existieren zur Lösung einer Aufgabe verschiedene Methoden und damit auch verschiedene Lösungswege. Programme, die auf verschiedenen Wegen entstanden sind, sollten sich dementsprechend unterscheiden. Daraus leitet sich die Hoffnung ab, daß sie nur wenige gemeinsame Fehler enthalten.

Gehen wir nun davon aus, daß einige Programmversionen nach der Methode M_1 entstanden sind und andere nach der Methode M_2. Die Fehlerintensitäten der Programme seien $r_1(x)$ bzw. $r_2(x)$. Die Versagenswahrscheinlichkeit $r_i(x)$ ist die Wahrscheinlichkeit, daß ein Programm, das aus der Menge der nach der Methode M_i entwickelten Versionen zufällig ausgewählt worden ist, beim Eingabedatensatz x versagt. Die mittleren Versagenswahrscheinlichkeiten der Programmversionen, getrennt nach Methodenwahl, sind

```
p_i = E[r_i(x)]
```

Baut man nun ein diversitäres System so auf, daß die beiden parallel laufenden Programme auf verschiedenen Methoden M_1 und M_2 basieren, dann erhält man für die mittlere Versagenswahrscheinlichkeit des diversitären Systems den Ausdruck

```
p_div = E[r_1(x)·r_2(x)]
```

Anstelle der Varianz wertet man jetzt den Ausdruck für die Kovarianz aus:

```
Cov(r_1(x), r_2(x)) = E[(r_1(x)-p_1)·(r_2(x)-p_2)]
```

und erhält für die Versagenswahrscheinlichkeit des diversitären Systems die *Formel von Littlewood und Miller* (1987):

```
p_div = p_1·p_2 + Cov(r_1(x), r_2(x))
```

Diese Formel gibt den Blick auf eine Reihe sehr interessanter Aspekte frei. Sie läßt auch die neigungsbedingten Fehler in einem neuen Licht erscheinen. Bei gleichen Fehlerintensitäten für die beiden Teilsysteme geht diese Formel in diejenige von Eckhardt und Lee (Abschnitt 6.3.2) über.

Setzt man einmal voraus, daß es zwei Methoden gibt, die gleichwertig sind in dem Sinne, daß ihre mittleren Versagenswahrscheinlichkeiten gleich sind: $p_1 = p_2 = p$. Setzt man ferner voraus, daß die Versionen so unterschiedlich sind, daß sie kaum gemeinsam ausfallen. Insbesondere seien aufgrund der unterschiedlichen Methoden kaum gemeinsame neigungsbedingte Fehler enthalten. Dann kann die Kovarianz nicht nur null, sondern sogar negativ werden. Es ist in so einem Fall also durchaus denkbar, daß p_{div} sogar kleiner als p^2 ist.

Aber: Lassen sich wirklich hochwertige Methoden finden, bei denen die mittleren Versagenswahrscheinlichkeiten nicht nur gleich, sondern auch so niedrig wie irgend möglich sind? Oft wird es wohl so sein, daß eine bestimmte Methode bevorzugt wird. Sie stellt den „Stand der Technik" dar und läßt die niedrigste Versagenswahrscheinlichkeit erwarten. Wenn aber ein Trend besteht, die Methode nicht zu sehr abzuwandeln, um vom „Pfad der Tugend" nicht allzu weit abzukommen, dann spielen doch die neigungsbedingten Fehler hinein.

Gesetzt den Fall, die Verwendung höherer Programmiersprachen läßt die niedrigste Versagenswahrscheinlichkeit erwarten, dann werden die methodischen Alternativen PASCAL einerseits und ALGOL andererseits kaum weiterhelfen. Die Denkfallen auf den beiden Entwicklungspfaden werden wohl sehr ähnlich sein, und folglich drohen in beiden Fällen dieselben neigungsbedingten Fehler. Dann wird die Kovarianz positiv, und die Sache liegt ähnlich wie beim diversitären Programmieren ohne Zwang.

Die Methodenwahl wird sich also an den folgenden beiden Punkten zu orientieren haben:

1. Die Methoden müssen optimal (oder nahezu optimal) sein in dem Sinne, daß bei Verwendung dieser Methoden sich die niedrigsten Versagenswahrscheinlichkeiten erreichen lassen.
2. Die Methoden sollten möglichst verschiedene Bereiche des Hintergrundwissens ansprechen, um die Gefahr gemeinsamer neigungsbedingter Fehler zu verringern.

6.4 Das Allokationsproblem

Das Ziel ist hinreichend klar: Das korrekt funktionierende und effiziente System. Vorschläge, auf welchen Wegen dieses Ziel anzustreben ist, gibt es genug. Welcher Weg der beste ist, darüber geht der Streit hin und her. Dabei wird manchmal vergessen, daß es durchaus vom Problem abhängt, ob die eine oder die andere Methode überlegen ist. Das *Allokationsproblem* stellt sich nun so dar:

> Angesichts begrenzter Ressourcen (Programmier- und Rechenkapazität) ist für ein bestimmtes Problem eine Auswahl und Gewichtung der Methoden zu treffen, so daß korrekt funktionierende und möglichst effiziente Systeme entstehen.

Jedenfalls ist bisher deutlich geworden, daß es das Allroundverfahren zur Erstellung fehlerfreier Software nicht gibt. Die Fehlervermeidungsverfahren können nicht sicherstellen, daß das Programm schließlich tatsächlich fehlerfrei ist:

- Das semi-algorithmische Programmieren scheitert an der Komplexität der Probleme.
- Die systematischen oder die Zufallstests scheitern an der Komplexität der Programme.
- Das Programmieren nach Regeln kann nicht besser sein als der Regelkatalog; und der wird zwar immer besser – perfekt ist er wohl nie.

Wer sich angesichts dieser Unzulänglichkeiten völlig auf die Fehlertoleranzverfahren verlegt, wird ebenfalls nicht zum Ziel kommen:

Bei der Software-Diversität muß man damit rechnen, daß aufgrund der Gemeinsamkeiten des Erfahrungsschatzes der Programmierer neigungsbedingte Fehler auftreten. Gegen diese ist die Software-Diversität nahezu wirkungslos oder (im Falle der erzwungenen Diversität) doch zumindest von schwer abschätzbarer Wirkung.

Experimente und Modelle, wie sie im Abschnitt 6.3 besprochen worden sind, liefern Hinweise auf die Rolle der neigungsbedingten Fehler. Sie ermöglichen eine quantitative Abschätzung des Einflusses gewisser Fehlertypen und können zur Entscheidung über die auszuwählenden Methoden herangezogen werden.

Die Modelle werfen ein neues Licht auf die verschiedenen Klassen von Maßnahmen zur Erzielung einer hohen Software-Qualität. Sie seien in einer Übersicht noch einmal aufgeführt:

1. Techniken zur Verbesserung des Programmierstils und zur Selbstkontrolle:

   - das Programmieren nach Regeln
   - die Fehleranalyse
   - das Testen nach Regeln
   - die Fehlerbuchführung
   - das semi-algorithmische Programmieren
   - die Aktivierung von Heuristiken

2. Techniken zur Software-Qualitätsprüfung:

   - Codeinspektionen
   - Walkthroughs
   - Tests

3. Fehlertoleranztechniken:

   - die zufällige Diversität
   - die erzwungene Diversität
   - die Methode der Abnahmetests (Acceptance Tests)

Eine generelle Lösung des Allokationsproblems kann es zwar nicht geben, einfach schon deshalb nicht, weil sich letztlich auch die Aufgabenstellung selbst auf die Methodenwahl auswirkt. Dennoch läßt sich eine Rangordnung der Methoden bestimmen.

Die Bedeutung des Programmierstils wird wohl kaum von irgendwem gering geschätzt. Daß dennoch häufig vornehmlich über Qualitätsprüfung oder Diversität gesprochen wird und weniger über die Methoden zur Weiterentwicklung des Programmierstils, liegt wohl auch daran, daß die entsprechenden Techniken eher als eine persönliche Angelegenheit des einzelnen angesehen werden.

Ein offener Arbeitsstil, offen in dem Sinne, daß frei über Fehler geredet werden kann, scheitert vor allem in größeren Unternehmungen am Belohnungssystem und an den spezifischen Formen der Kooperation: Wer wird wohl offen und über Abteilungsgrenzen hinweg mit den anderen an einem Projekt beteiligten Programmierern zusammenarbeiten und auch seine Fehler zum Nutzen aller offenlegen,

wenn er aus Erfahrung weiß, daß es in schwierigen Projektphasen zu Schuldzu-
weisungen kommen wird. Die Belohnungssysteme fördern „positives Verhalten":
Man muß die eigenen Produkte als Spitzenleistungen verkaufen. Zustimmung
zahlt sich eher aus als kritisches Verhalten. Aber: nicht das positive, sondern nur
kritisches Verhalten, die negative Methode also, kann deutliche Verbesserungen
bewirken.

Belohnungssysteme, die die Einzelkämpfermentalität und die äußerlich positive Haltung fördern, sind den Bestrebungen zur Entwicklung des Programmierstils entgegengerichtet. Konkurrenz innerhalb der Unternehmen und strenge hierarchische Strukturen verhindern, daß sich offene Konzepte der Zusammenarbeit
durchsetzen können. Die Abwesenheit von kooperationsfeindlichen Belohnungs-
systemen ist wohl einer der Gründe dafür, daß gerade manche kleinere Firma
überaus erfolgreich Software entwickelt.

Den Maßnahmen der 1. Klasse (Programmierstil) gebührt Vorrang vor allen
anderen. Danach kommen die Maßnahmen der 2. Klasse. Jedenfalls können die
Maßnahmen der Qualitätsprüfung diejenigen der 1. Klasse nicht ersetzen: Qualität läßt sich nicht in die Software hineinprüfen. Da auch die Qualitätssicherungsmaßnahmen einen Rückkopplungsmechanismus fest installieren, wirken sie för-
dernd auf den Programmierstil zurück.

Die Maßnahmen der dritten Klasse können ebenfalls nicht Ersatz für diejenigen der ersten beiden Klassen sein. Gerade die Rolle, die die neigungsbedingten
Fehler spielen, zeigt, daß Fehlertoleranztechniken weder die qualitätssichernden
Maßnahmen noch die Techniken zur Entwicklung des Programmierstils substitu-
ieren können. Der Einfluß, den die neigungsbedingten Fehler auf die Sicherheit
des Gesamtsystems haben, zeigt, daß die Diversität kaum zur Einsparung von
Testkosten geeignet ist (Gmeiner, Voges, 1979, Diskussion).

Da andererseits die Qualitätssicherungsmaßnahmen sich in einem langfristig
wirkenden Rückkopplungsprozeß entwickeln, wird ein kurzfristiger Mehreinsatz
von Mitteln an dieser Stelle nicht zu einer sprunghaft steigenden Software-Qualität führen. Der Einsatz diversitärer Software ist dann angezeigt, wenn besonders
hohe Sicherheitsanforderungen zu erfüllen sind und ein entsprechender Mehrauf-
wand getrieben werden kann. Die Diversität vermag die Sicherheit dann merklich
zu erhöhen, wenn die Programme genauso sorgfältig geschrieben und verifiziert
werden, als würden sie einzeln eingesetzt.

Nach diesen allgemeinen Hinweisen bleibt immer noch die Frage offen, welche
der Techniken in einer konkreten Problemlage den anderen vorzuziehen sind, das
heißt, in welche größere Anstrengungen zu investieren sind. Das ist die Frage nach
den Indikatoren und Maßzahlen, die die Entscheidungen ermöglichen, welche
Maßnahme mit der größten Aussicht auf Erfolg ergriffen werden soll: Fortsetzung
des Tests, Wechsel der Testmethode (Zufallstest, systematischer Test, Grenzwertetest), Verwendung diversitärer Programmblöcke, Einführung von Abnahmetests.

In diesem Sinne auswertbare Daten fallen im Zuge der Tests an. Wie wirksam
ein nach einer bestimmten Methode erzeugter Testdatensatz ist, kann man am
Testdeckungsgrad messen: Welcher Anteil aller Anweisungen oder Programm-
zweige wird erfaßt? Wie hoch ist der Anteil logischer Bedingungen, die wenigstens
je einmal den Wert TRUE und den Wert FALSE annehmen?

Einen anderen Indikator der Wirksamkeit von Tests liefert die Methode der

Fehlereinpflanzung (Error Seeding): Das Programm wird mit einer bestimmten Anzahl von Fehlern versehen und es wird gemessen, welchen Anteil davon der Testdatensatz herausfindet. Damit kommt man auch zu einer groben Abschätzung der Anzahl der im Programm verbleibenden Fehler. Dazu setzt man voraus, daß das Verhältnis der im Programm verbleibenden echten Fehler zu den erkannten echten Fehlern genauso groß ist, wie das entsprechende Verhältnis bei den eingepflanzten Fehlern (Bishop et al., 1987).

Weitere Indikatoren für die Wirksamkeit von Tests ergeben sich aus der Fehlerzeitreihe: Die Anzahl der je Zeiteinheit gefundenen Fehler wird über der Zeit aufgetragen. Aus dem Kurvenverlauf läßt sich dann herauslesen, ob es sinnvoll ist, weitere Testdaten nach der gewählten Methode zu erzeugen oder nicht (Myers, 1987, S. 124).

Die angesprochenen Indikatoren unterstützen die Entscheidungsfindung, was die Beendigung von Tests angeht. Die Methoden der Fehlereinpflanzung und der Fehlerzeitreihe lassen sich grundsätzlich weiter verfeinern, so daß auch Aussagen über die Wirksamkeit anderer Techniken möglich sind. Dazu sind die Methoden durch die Fehleranalyse zu ergänzen. Aus Art und Anzahl der gefundenen Fehler ergeben sich Hinweise darauf, ob möglicherweise ein Wechsel der Testmethode angezeigt ist, ob Diversität zumindest für Programmteile erfolgversprechend ist oder ob man mit Abnahmetests weiterkommen kann.

Beispielsweise ist ein hoher Anteil neigungsbedingter Fehler an der Gesamtheit der entdeckten Fehler ein Hinweis darauf, daß die Software für diversitäre Systeme ungeeignet ist.

7 Programmierstudien

7.1 Zur Vorbereitung

Bisher ging es um die Darlegung einer Methode, nach der jeder Programmierer seinen Programmierstil verbessern kann: optimales Lernen aus den Fehlern mit dem Ziel, korrekte, lesbare und effiziente Programme zu erzeugen.

Der vorliegende Abschnitt „Programmierstudien" dient dem Einüben der Methode. Das Material ist für das Selbststudium, aber auch für Übungen in Form von Seminaren gedacht. Dazu ein paar Hinweise:

Der Leser mache sich vorab klar, daß es *nicht* darum geht, ein Programm „irgendwie hinzukriegen". Vielmehr ist eine Methode einzuüben, nach der man möglichst viel aus seinen eigenen Fehlern lernen kann! Versuchen Sie davon loszukommen, jeden Fehler als Zeichen persönlichen Versagens oder der Schwäche anzusehen. Fehler zu machen ist keine Schande. Daß ein und derselbe Fehler immer wieder auftritt, das ist vermeidbar. Jeder Fehler bietet die Chance zu lernen. Gerade in den folgenden Übungen steht nicht das perfekte Programm im Mittelpunkt, sondern die Art und Weise, wie man mit den Fehlern umgeht.

In jeder Programmierstudie wird der Leser zu Aktivitäten wie Entwicklung und Codierung des Programms, Testfallerstellung, Testdurchführung und Fehlerbehebung aufgefordert.

Nun wurde bereits im Abschnitt 5.3 über das Testen nach Regeln auf das Problem hingewiesen, daß Programmierer für das Testen ihrer Programme eigentlich nicht die richtige (nämlich: aggressive) Einstellung mitbringen. Testen als Mittel der Programmierung, Testen als Methode zur Verbesserung der eigenen Programme, erfordert besondere Anstrengungen. Der Übergang von der Codierung zum Test des eigenen Programms erfordert einen Wechsel der Einstellung: Der Programmierer muß umschalten.

Das geht nur, wenn sich der Programmierer der verschiedenen Phasen seiner Tätigkeit bewußt ist. Er sollte die Phasen klar voneinander trennen und in einem Arbeitsplan festhalten (siehe den Ablaufplan von Bild 7.1).

Der Programmierer muß dringend vermeiden, die verschiedenen Phasen während der Durchführung wieder zu vermischen. Besonders wichtig ist die strikte Trennung für den Übergang von der Codierung zur Testfallerstellung. Zuweilen empfiehlt es sich, sogar eine ganz andere Arbeit an dieser Stelle dazwischenzuschieben. Also: Auch das Erstellen und Einhalten eines Arbeitsplans ist Bestandteil der Übungen.

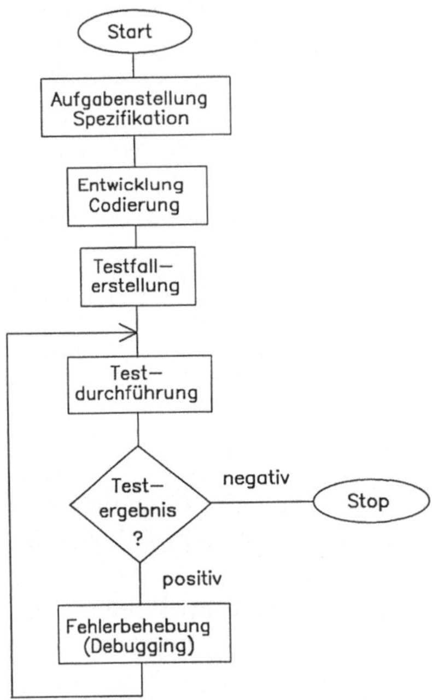

Bild 7.1 Ablaufplan

Erst wenn eine Programmierstudie diesem Plan folgend bearbeitet worden ist, sollte man sich der nachfolgenden Besprechung widmen. In einigen Fällen wird ein Testfallkatalog angegeben. Hier kann man prüfen, ob man an die wesentlichen Testfälle – im Sinne der Äquivalenzklassenbildung und des Grenzwertetests – auch tatsächlich gedacht hat. Die Besprechungen zu den Übungen enthalten meist auch kleine Programmbeispiele oder Ausschnitte daraus.

Diese Programme sind als Lösungsvorschläge zu verstehen. Mit der Methode der „evolutionären Programmierung" ist völlig unvereinbar, Programme zu Musterlösungen zu erklären. Das würde ja bedeuten, daß man *die* Lösung in der Tasche hat. Wir wollen Skepsis pflegen und die kritische Methode anwenden. Also: in keinem Fall sehen wir die Programme als Musterlösungen an. Auch der eleganteste Programmtext, das in allen Fällen (vermutlich) korrekt arbeitende Programm, muß nicht in jedem Fall auch das effizienteste sein. Das eine oder andere Programmbeispiel erscheint auch deshalb, weil es eine Reihe lehrreicher Fehler enthält.

Die besprochenen Fehler haben nicht alle dasselbe Gewicht. Manche Fehler machen das ganze Programm unbrauchbar. Daneben gibt es solche, die in den allerwenigsten Fällen oder vermutlich sogar nie stören. Bei manchen ist man versucht, sie als Schönheitsfehler abzutun. Aber hier ist Vorsicht geboten: Unsere Neigung zur Beschönigung der selbstfabrizierten Fehler verhindert schon wieder das wirkungsvolle Lernen.

Gern spielen wir die Schwere der Mängel unserer Programme herunter. Die eine oder andere Nachlässigkeit erscheint uns tolerierbar. Daß es sich um einen Fehler handeln soll, will nicht so recht einleuchten. In solchen Fällen ist es hilfreich, sich ein paar Kontrollfragen zu stellen:

- Wäre mein Kunde, der Anwender des Programms, zufrieden?
- Könnte sich das Software-Produkt mit Mängeln dieser Art auf dem Markt durchsetzen?

Dann wird deutlich, daß Bemerkungen wie „Das ist ja nebensächlich" nur Selbsttäuschungen sind.

Wird in einem Programm tatsächlich kein Fehler mehr gefunden, dann ist das auch noch kein Grund, sich selbstzufrieden zurückzulehnen. Jetzt kommt nämlich die Suche nach Lösungsalternativen. Der Programmierer sollte versuchen, die Denkgewohnheiten zu durchbrechen, indem er einen weiteren Ansatz (z. B. mit Techniken des semi-algorithmischen Programmierens) macht. Zum Schluß unterwirft er die gefundenen Lösungsalternativen einem Vergleichstest:

- Welcher Algorithmus läuft schneller?
- Welcher geht mit dem Speicherplatz sparsamer um?
- Welcher ist besser lesbar?

Die hier vorgestellten Übungen und Studien sind in Seminaren erprobt worden. Ergebnisse der Seminararbeiten finden sich in den Diskussionen und Besprechungen der Lösungsvorschläge wieder.

7.2 Beispiele

7.2.1 Dreiecke klassifizieren

Aufgabenstellung: Gegeben seien die ganzen Zahlen a, b und c (Eingabe). Die Zahlen werden als Seitenlängen eines Dreiecks interpretiert. Schreiben Sie ein Programm, das feststellt, ob es sich um ein ungleichseitiges, ein gleichschenkliges oder ein gleichseitiges Dreieck handelt.

—— HALT ——

Nach der Methoden der Äquivalenzklassenbildung und des Grenzwertetests ergeben sich beispielsweise die Testfälle der Tabelle auf der folgenden Seite.

Ein Teilnehmer an einem Seminar, in dem diese Dreiecksklassifizierungsaufgabe behandelt wurde, kommentierte diese Tabelle so: „Wenn man alle diese Fälle abfangen will, wird das Programm wahnsinnig aufwendig." Stimmt das? Was unterscheidet die guten von den weniger guten Programmen? Texte korrekter Programme sind nicht notwendigerweise länger als diejenigen schlechter Programme, sie sind nur besser organisiert.

Für das Abfangen falscher Typen bei der Eingabe erstellt man sich am besten Prozeduren und stellt sie zu einer kleinen Bibliothek zusammen, so daß man sie immer wieder verwenden kann. Bei interaktiver Eingabe läßt man das Programm jeden einzelnen Wert anfordern und quittieren. Ist der Eingabewert keine ganze Zahl, sollte das Programm mit einer Meldung reagieren und den Wert erneut anfordern. Auf diese Weise läßt sich die Falscheingabe zuverlässig vermeiden.

KATEGORIE	EINGABE: (a, b, c)	ERWARTETES ERGEBNIS
Zulässige Dreiecke	(4, 5, 6) (4, 6, 5)	ungleichseitig
jeder Klasse	(5, 4, 6) (5, 6, 4)	– dito –
mit Permutationen	(6, 4, 5) (6, 5, 4)	– dito –
der Seiten	(3, 2, 2) (2, 3, 2)	gleichschenklig
(X: größte darstell-	(2, 2, 3)	– dito –
bare INTEGER-Zahl)	(2, 2, 2)	gleichseitig
	(X, X, X)	gleichseitig
Entartungen mit	(0, 1, 1) (1, 0, 1)	entartet
Permutationen:	(1, 1, 0)	– dito –
a=0 oder b=0 oder c=0	(0, 0, 0)	– dito –
a+b=c oder a+c=b	(1, 1, 2) (1, 2, 1)	entartet
oder b+c=a	(2, 1, 1)	– dito –
	(1, 2, 3) (1, 3, 2)	– dito –
	(2, 1, 3) usw.	– dito –
Unzulässige Werte	(2, 0, 0) (0, 2, 0)	undefiniert
mit Permutationen:	(0, 0, 2)	(kein Dreieck)
a+b<c oder a+c<b	(4, 5, 10) (4, 10, 5)	– dito –
oder c+b<a	(5, 4, 10) usw.	– dito –
negative Werte	(–8, 8, 8) (8, –8, 8)	– dito –
(X: große Zahl)	(8, 8, –8) (–X , X, X)	– dito –
	(X, –X, X) (X, X, –X)	– dito –
Falsche Eingabe:		Falscheingabe
– falscher Typ	('a', 'b', 3.2)	– dito –
– zu große Zahl Y	(Y, Y, Y)	– dito –
– zu wenige Parameter	(2, 3) (2) ()	– dito –
– zu viele Parameter	(2, 3, 4, 5)	– dito –

Es bleibt die eigentliche Klassifikationsaufgabe übrig. Die Grundstruktur des Programms läßt sich in der Form eines Entscheidungsbaums darstellen (Bild 7.2).

Dazu paßt das folgende Programm. Um die Fallunterscheidung zu erleichtern, werden darin die Dreiecksseiten vorab der Länge nach sortiert.

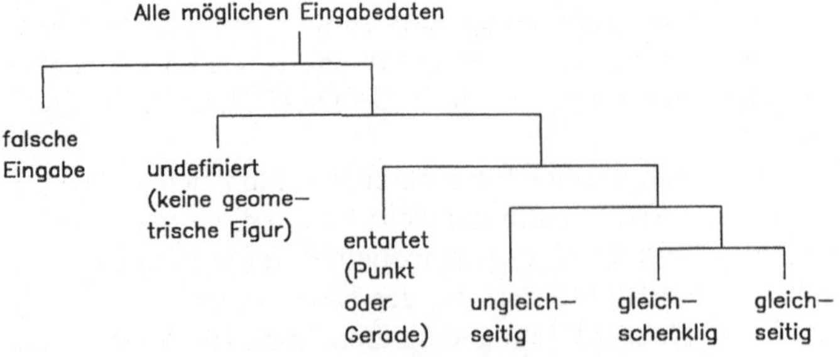

Bild 7.2 Ein Entscheidungsbaum zur Dreiecksklassifizierung:

```
{sortieren, c wird längste Seite:}
IF c<a THEN tausche(c,a);
IF c<b THEN tausche(c,b);
IF b<a THEN tausche(b,a);
{klassifizieren:}
IF (a<0) OR (b<0) OR (c<0) OR (c-a>b) THEN
  klasse:= undefiniert
ELSE IF (a=0) OR (b=0) OR (c=0) OR (c-a=b) THEN
  klasse:= entartet
ELSE IF (a=b) OR (b=c) THEN
  IF a=c THEN klasse:= gleichseitig
  ELSE klasse:= gleichschenklig
ELSE klasse:= ungleichseitig;
```

Da das Programm nun alle Testfälle bestanden hat, könnte man eigentlich mit der
Lösung zufrieden sein. Aber: Anläßlich eines Seminars stellten aufmerksame Teilnehmer fest, daß das Programm (wenigstens) noch einen subtilen Programmierfehler enthält.

Verwunderlich ist, daß das Programm auch in den Fällen, die den Fehler sicht-
bar machen sollten, einwandfrei funktionierte. Sehen wir uns den Fehler genauer
an: Er steckt in der ersten Zeile der Klassifizierung:

```
IF (a<0) OR (b<0) OR (c<0) OR (c-a>b) THEN
```

Hier wird die Negation der Dreiecksungleichung $c \leq a+b$ verwendet, um festzustellen, ob es sich bei den eingegebenen Zahlen überhaupt um die Längen von
Dreiecksseiten handeln kann. Die Bedingung für die Verletzung der Dreiecksungleichung wird in der Form $c - a > b$ geschrieben, um interne Bereichsüberschrei-
tungen bei großen Zahlen zu vermeiden. Vereinbarungsgemäß ist c die größte der
Zahlen, die auf der linken Seite um den Wert a vermindert wird.

Da vorher überprüft wird, ob diese Zahlen alle nichtnegativ sind, sollte bei der
Subtraktion jedenfalls ein maschinenintern darstellbarer Wert entstehen, solange
sowohl c als auch a maschinenintern als ganze Zahlen darstellbar sind. Der Wert
kann nicht kleiner als 0 und nicht größer als c sein.

Aber: Die arithmetische Operation c - a kommt in demselben (booleschen)
Ausdruck vor, der auch die Abfrage enthält, ob die Werte nichtnegativ sind. Vor
Auswertung des Ausdrucks ist also noch keineswegs sichergestellt, daß es beim
Teilausdruck $c-a > b$ nicht zur Bereichsüberschreitung kommen kann. Wenn c eine
sehr große positive und a eine betragsmäßig sehr große negative Zahl ist, dann ist
$c-a > b$ maschinenintern nicht definiert.

Das bliebe ohne Folgen, wenn der PASCAL-Compiler auch undefinierte boolesche Ausdrücke adäquat behandeln könnte. Das ist beispielsweise in
MODULA-2 der Fall, wo AND und OR so definiert sind:

```
p AND q = Falls p dann q sonst FALSE
p OR q = Falls p dann TRUE sonst q
```

Das sind die Operationen „conditional and" und „conditional or" (Gries, 1981,
S. 68 ff.). Das Resultat der Verknüpfungen kann hier auch in solchen Fällen wohldefiniert sein, in denen der zweite Operand undefiniert ist.

Aber eine solche Logik ist nicht Bestandteil der Sprachdefinition von PASCAL und sie ist im verwendeten Compiler auch tatsächlich nicht eingebaut.

Es liegt an einem Compilerfehler, daß die Bereichsüberschreitung nicht bemerkt wird. Stattdessen kommt es zu einer falschen Wertzuweisung. Diese ist im vorliegenden Fall ohne negative Konsequenzen.

Da man im allgemeinen nicht mit der verallgemeinerten Logik und auch nicht mit dem besagten Compilerfehler „rechnen" kann, muß man die logischen Bedingungen im Programmtext in Ordnung bringen. Der Ausdruck wird so aufgespaltet, daß die Abfrage auf Verletzung der Dreiecksungleichung erst durchgeführt wird, wenn sicher ist, daß alle Zahlen nichtnegativ sind. Also ersetzt man die besagte Zeile durch:

```
IF (a<0) OR (b<0) OR (c<0) THEN klasse:= undefiniert
ELSE IF c-a>b THEN
```

Die häufigsten Denkfallen und Fehler bei dieser Klassifizierungsaufgabe sind:

- Die Abfrage, ob es sich überhaupt um Dreiecksseiten handeln kann, wird vergessen (eindimensionales Ursache-Wirkungs-Denken)
- Die Prüfung auf Entartungen fehlt (eindimensionales Ursache-Wirkungs-Denken und Prägnanztendenz)
- Die Möglichkeit interner Zahlenbereichsüberschreitungen im Zusammenhang mit der Dreiecksungleichung wird nicht bedacht (Prägnanztendenz, falsche Hypothesen)
- Falscheingaben werden nicht abgefangen (eindimensionales Ursache-Wirkungs-Denken)

7.2.2 Quadratwurzel berechnen

Aufgabenstellung: Die iterative Berechnung der Quadratwurzel einer nichtnegativen Zahl a nach der Newtonschen Methode geht von der folgenden Funktion aus:

```
f(x) = (x + a/x)/2
```

Für x wählt man einen Anfangswert (beispielsweise $x = 1$ oder $x = a$). Die wiederholte Ausführung der Zuweisung

```
x:= f(x)
```

führt zum Grenzwert $x = \sqrt{a}$. Das ist der Fixpunkt der Funktion f, also der Punkt, für den $x = f(x) = (x + a/x)/2$ gilt. Schreiben Sie auf dieser Grundlage ein Programm zur Berechnung der Quadratwurzel nichtnegativer Zahlen a (Eingabe).

— HALT ———

Testfälle:

KATEGORIE	EINGABE: a	ERWARTETES ERGEBNIS
Reguläre Eingabe (auch mit großen und kleinen Werten; auf Rechengenauigkeit achten)	2,25 4 0,11111... 10^{16} 0,1	1,5 2 0,33333... 10^{8} 0,31622776601...
Grenzwerte Sonderfälle	1 0	1 0
Extreme Werte	größte (kleinste) darstellbare Zahl	die Wurzel daraus
Kritische Werte (Werte für a, so daß die Funktion keinen Fixpunkt in maschineninterner Darstellung hat)	Abhängig von der Maschinenarithmetik (Zahlen knapp unter eins, z.B.: 0,999999999999)	die Wurzel daraus (jedenfalls sollte das Programm nach endlicher Zeit einen Näherungswert liefern)
Unzulässige Werte	-2	Fehlermeldung
Falsche Eingabe	'A' zu große Zahl zu kleine Zahl	Fehlermeldung - dito - - dito -
Leere Eingabe		Fehlermeldung

Die hauptsächlich auftretenden Fehler seien an einem Lösungsvorschlag diskutiert:

```
PROCEDURE rechne (VAR x: REAL);
VAR y: REAL;
BEGIN
  y:= x;
  x:= (x+a/x)/2;
  IF x<>y THEN rechne(x)
END;
```

Der wesentliche Fehler steckt in der Abbruchbedingung: Es werden REAL-Zahlen auf Gleichheit abgefragt. (Im Programm tritt die Bedingung in negierter Form auf.) Das setzt voraus, daß die Funktion f auch in maschineninterner Zahlendarstellung einen Fixpunkt besitzt. Andernfalls tritt diese Endebedingung niemals ein. Tatsächlich gibt es auch bei diesem äußerst gutartigen Algorithmus kritische Werte für a, so daß die Bedingung nicht erfüllt wird. Diese Werte hängen von der Maschinenarithmetik ab. In der obigen Tabelle ist ein Beispiel für Turbo Pascal angeführt. Ursache für die fehlerhafte Abbruchbedingung ist die Prägnanztendenz: Wir denken die Gesetze für reelle Zahlen und Funktionen in den Rechner hinein. Aber die Hypothese, daß auch in der REAL-Arithmetik die Funktion f einen Fixpunkt haben muß, ist falsch.

Zuweilen wird die Abbruchbedingung auch so angegeben: abs(x-y) < eps. Das Programm beendet die Rechnung demnach dann, wenn der neu berechnete Wert sich vom alten um weniger als eine positive Zahl eps unterscheidet. Wegen der Verwendung der absoluten Abweichung als Maß für die Genauigkeit ist diese Bedingung nur unwesentlich besser als die des obigen Programms: Sie berücksichtigt nicht, daß die Zahlen x und y sehr groß oder auch sehr klein werden können. Dadurch wird in vielen Fällen Genauigkeit verschenkt, und in anderen Fällen ist diese Bedingung genauso streng wie die Abfrage auf Gleichheit.

Naheliegend ist eine Abbruchschranke, die eine gewisse relative Genauigkeit garantiert: abs(x-y) < x*eps. Hier kommt es darauf an, den Wert eps nicht zu groß und auch nicht zu klein zu wählen. Im ersten Fall erreicht man nicht die gewünschte Genauigkeit, und im zweiten Fall kann die Bedingung so streng werden wie die Abfrage auf Gleichheit. Tatsächlich braucht man zur Festlegung der Abbruchbedingung Kenntnisse über die Genauigkeit der Zahlendarstellung im Rechner.

Weniger schwerwiegend, aber nicht sachgerecht, ist die Verwendung der Rekursion anstelle der Iteration. Die unzweckmäßige Verwendung der Sprachelemente ist eine Einstellungssache (Abschnitt 3.7). Außerdem wird in dem Programm der Eingabewert null nicht korrekt behandelt: Es kommt zu einer Division durch null.

Der Algorithmus verlangt nach einem Anfangswert. In diesem Zusammenhang kann ein interessanter Trugschluß auftreten. Auf den Vorschlag, die Iteration stets mit dem Wert x=1 zu starten, unabhängig vom Wert a, kam spontan der Einwand, man solle doch besser den Wert a nehmen. Dieser sei doch näher am letztendlichen Resultat. Das stimmt zwar nicht. Aber dennoch scheint es befriedigender zu sein, mit einem Wert zu starten, der etwas mit der angepeilten Größe zu tun hat. Dabei kann man sich leicht überzeugen, daß es völlig unerheblich ist, ob man x=a oder x=1 als Anfangswert wählt: Nach dem ersten Iterationsschritt landet man in beiden Fällen bei demselben Wert.

7.2.3 Der Sozialschwindler

Aufgabenstellung: Gegeben seien drei alphabetisch sortierte Namenslisten. Die erste enthält die Namen aller Mitarbeiter von IBM Yorktown, die zweite die Namen der Studenten der Columbia Universität und die dritte die Sozialhilfeempfänger von New York City. Schreiben Sie ein Programm, das den ersten Namen findet, der auf allen drei Listen steht. (Anstelle der Namen werden natürliche Zahlen gewählt. Schließen Sie die Listen geeignet ab, beispielsweise mit einer Zahl, die als Listenelement nie vorkommt. Der Einfachheit halber nehmen Sie anstelle der Dateien Integer-Arrays, die Sie wie sequentielle Dateien behandeln.)

— HALT ——————————————————————————————————

Testdaten:

EINGABE a	EINGABE b	EINGABE: c	ERGEBNIS
4, 5	4, 5	3, 4	4
(leer)	(leer)	(leer)	Fehlanzeige
4	4, 5	4, 5, 6	4
4, 5, 6, 7, 8	1, 2, 3, 7, 9	3, 7, 8	7
1, 2, 3	1, 2, 3	1, 2, 3	1
7, 8, 9	5, 6, 9	1, 2, 3, 4, 9	9
(leer)	1, 2	1, 3	Fehlanzeige
1, 3, 5, 7, 9	2, 4, 6, 8	1, 2, 3, 4, 5	Fehlanzeige
(leer)	(leer)	1, 2, 5	Fehlanzeige
7, 8, 9	5, 7, 9	3, 4, 5, 7	7

Permutationen zu allen Fällen

Der Witz dieser Aufgabe liegt nicht darin, daß man sie irgendwie korrekt löst. Hier handelt es sich um ein Musterbeispiel für die semi-algorithmische Methode. Der Programmierer vergleiche seine Lösung mit derjenigen, die man mittels der semi-algorithmischen Methode erreichen kann. In diesem Fall läuft der Programmentwurf so:

1. Was ist gegeben?

Vorgegeben sind die „Namenslisten" gemäß folgender Deklaration:

```
VAR a, b, c: ARRAY [0..max] OF INTEGER;
```

2. Was ist das Ziel?

Seien i_0, j_0, k_0 Zahlen, so daß $a[i]=b[j]=c[k]$ erstmals für $i=i_0$, $j=j_0$ und $k=k_0$ gilt. Falls kein Name in allen drei Listen erscheint, sollen die Indizes i_0, j_0 und k_0 jeweils auf der Position hinter dem letzten Namen der Liste stehen, also auf das Endezeichen zeigen. Das gewünschte Resultat läßt sich nun in der Form des Prädikats R definieren:

```
R=(i ≤ i₀) AND (j ≤ j₀) AND (k ≤ k₀)
   AND ((a[i]=b[j]) AND (b[j]=c[k]) OR ListenEnde)
```

Dieses Prädikat läßt sich leicht in eine Invariante und eine Endebedingung zerlegen, so daß sich unmittelbar der Entwurf eines Algorithmus auf der Grundlage des Schleifensatzes ergibt. Die Konjunktionen der ersten Zeile wählt man als Schleifeninvariante und der Ausdruck der letzten Zeile ist eine geeignete Endebedingung. (Der boolesche Ausdruck ListenEnde soll genau dann TRUE sein, wenn einer der Indizes i, j oder k auf ein Listenende zeigt.)

Ungünstig ist, daß bei jedem Durchlauf der Schleife das Erreichen des Listenendes zu überwachen ist. Die Abfrage, ob das Listenende bei einer der Listen schon erreicht ist, kann entfallen, wenn man an jede der Listen einen bestimmten „Pseudonamen" hängt, der größer als jeder in den Listen vorkommende Name ist. Da im Rahmen der Studie statt der Namen ganze Zahlen stehen, wählt man die größte darstellbare ganze Zahl; diese ist dann allerdings als reguläres Listenelement nicht mehr zugelassen.

Solche Pseudoelemente, beispielsweise am Ende von Listen, verhindern, daß
Suchprozesse erfolglos bleiben. Sie dienen praktisch als Wächter (Sentinel), so daß
der Algorithmus nicht über die Gültigkeitsbereiche der Datenstrukturen hinaus-
schießt. Sie ersparen das wiederholte Abfragen von Sonderfällen und können die
Effizienz des Algorithmus steigern. (Ein anderes treffendes Beispiel ist das Durchsuchen einer nicht sortierten linearen Liste nach einem bestimmten Element: Hier
spart man sich die stets wiederkehrende Abfrage, ob das Listenende bereits
erreicht ist, indem man das gesuchte Element als letztes zusätzlich anhängt.) Falls
ein solcher Algorithmus nur das Pseudoelement finden kann, ist das ein Zeichen
für erfolglose Suche.

3. Der Algorithmus (gemäß Schleifensatz)

Bei Verwendung der Pseudoelemente als Wächter sieht der Algorithmus sehr einfach und elegant aus:

```
i:= 0; j:= 0; k:= 0;
WHILE NOT((a[i]=b[j]) AND (b[j]=c[k])) DO
IF  a[i]<b[j] THEN i:= i+1
ELSE IF b[j]<c[k] THEN j:= j+1
ELSE k:= k+1;
```

Manch einen mag stören, daß bei diesem Entwurf auch dann noch weitergesucht
wird, wenn bei einer der Listen das Ende schon erreicht ist. Man bedenke jedoch,
daß es um das Durchsuchen von alphabetisch sortierten Namenslisten geht: Tritt
in einer der Listen das Ende auf, dann ist meist auch bei den anderen Listen das
Ende nicht mehr fern.

Dennoch kann es zuweilen vorteilhafter sein, mit einer expliziten Endebedingung zu arbeiten anstatt mit Sentinels: Eleganter Code ist nicht Selbstzweck.
Glücklich ist der, der zwischen mehreren korrekten Algorithmen wählen kann. Er
kann sich in Ruhe den Effizienzüberlegungen widmen.

7.2.4 Quadratische Gleichungen

Aufgabenstellung: Schreiben Sie ein Programm, das zu den reellen Eingabewerten
a, b und c sämtliche Nullstellen des Polynoms

```
P(x) = ax² + bx + c
```

ausgibt.

— HALT ——

Es wird die bekannte Formel

$$x = (-b \pm \sqrt{b^2 - 4ac})/(2a)$$

benutzt. Testfälle (x ist eine beliebige Zahl, G ist eine sehr große und k eine sehr kleine, gerade noch darstellbare, positive Zahl und i ist die imaginäre Einheit, die definiert ist durch $i^2 = -1$):

```
a  |  b  |  c  | Erwartete Ausgabe
---+-----+-----+------------------------------------
1/2|  2  |  2  | Doppelte Nullstelle:-2
 0 |  5  |  9  | Nur eine reelle Lösung:-1,8
 2 |  0  | -8  | Zwei reelle Lösungen: ± 2
 2 |  0  |  8  | Zwei imaginäre Lösungen: ± 2i
 5 |  2  |  0  | Zwei reelle Lösungen: 0 und -2/5
 1 |  0  |  0  | Doppelte Nullstelle: 0
 0 |  1  |  0  | Eine Lösung: 0
 0 |  0  |  1  | Unlösbar
 0 |  0  |  0  | Die Gleichung ist für beliebige x erfüllt
 G |  0  | -1  | ±1/ √G
 k |  0  | -G  | ± √G/k
 0 |  G  | -1  | 1/G
 G |  0  | -G  | ±1
                 |
und so weiter    |
```

Bei dieser Programmierstudie handelt es sich also einerseits um eine Klassifizierungsaufgabe, und die damit zusammenhängenden Schwierigkeiten sind ähnlich wie bei der Dreiecksklassifizierung. Andererseits treten massive Probleme im Zusammenhang mit der REAL-Arithmetik auf. Wenn man nicht aufpaßt und die Formel geradeaus herunterprogrammiert, steigt das Programm bei vielen Zahlenkombinationen mit sehr großen und auch sehr kleinen Werten aus. Diese Fälle lassen sich zwar abfangen, aber zu welchem Preis? Der Bereich der zulässigen Zahlen wird drastisch reduziert. Ist die kleinste darstellbare positive REAL-Zahl etwa 10^{-38} und die größte 10^{38}, dann schrumpft der Zahlenbereich jetzt auf Werte zwischen 10^{-19} und 10^{19}.

Wir wollen dieses Problem und mögliche Lösungen an einer etwas transparenteren Aufgabe studieren. Nehmen wir die geradezu alltägliche Aufgabe, die Länge eines Vektors oder den Betrag einer komplexen Zahl mit den Komponenten x und y zu bestimmen. Es geht also darum, die Zahl

$$b = \sqrt{x^2 + y^2}$$

zu berechnen.

— HALT ————————————————————————————————

Für die Formulierung der Testfälle sei angenommen, daß 10^{-38} die kleinste und 10^{38} die größte darstellbare positive Zahl ist. Seien mit k jetzt Zahlen mit relativ kleinem und mit G Zahlen mit recht großem Betrag bezeichnet. Beispielsweise könnte man folgende Zahlen nehmen:

$$k = 0, \ \pm 10^{-20}, \ \pm 10^{-38}$$

$$G = 1, \ \pm 10^{20}, \ \pm 10^{38}$$

Jedenfalls sollten die beiden neutralen Elemente 0 und 1 mitberücksichtigt werden! Die Testfälle lassen sich nun nach dem folgenden Schema bilden:

```
x  |  y  | Erwartete Ausgabe
---+-----+------------------
k  |  k  | max |k| bzw. |k|· √2
k  |  G  | |G|
G  |  k  | |G|
G  |  G  | max |G| bzw. |G|· √2
```

Wer die Aufgabe löst, indem er die Formel für den Betrag geradeaus herunterprogrammiert, kommt etwa zu der folgenden Anweisung:

```
b:=sqrt(sqr(x)+sqr(y))
```

Er muß feststellen, daß das Programm bei den meisten der Testfälle versagt: Das Programm steigt mit Gleitkommaüberlauf aus (Overflow-Error) oder es liefert den Wert null, wo das Ergebnis tatsächlich ein Zahl ungleich null ist (Underflow-Error)! Der Zahlenbereich, auf den diese Formel anwendbar ist, ist gegenüber dem Bereich der darstellbaren REAL-Zahlen tatsächlich stark eingeschränkt.

Eine einfache Möglichkeit, den Zahlenbereich weitgehend auszuschöpfen, bietet dagegen diese Anweisung:

```
IF abs(x)<abs(y) THEN b:= abs(y)*sqrt(1 + sqr(x/y))
ELSE IF x = 0 THEN b:= 0
ELSE b:= abs(x)*sqrt(1 + sqr(y/x))
```

Nachteilig ist bei dieser Anweisung, daß die Rechenzeit geringfügig größer ist als bei der vorherigen. Sie versagt dafür aber auch in weitaus weniger Fällen. Abfragen zur Verhinderung des Gleitkommaüberlaufs können nun weniger restriktiv sein. (Übrigens ist dies einer der seltenen Fälle, wo es sinnvoll ist, Gleitkommazahlen auf Gleichheit abzufragen.)

Die häufigsten Fehler, die im Zusammenhang mit der Aufgabe „Quadratische Gleichungen" auftreten, lassen sich wieder auf einige Denkfallen zurückführen:

- Es werden nicht alle möglichen Klassen von Lösungen berücksichtigt. Die komplexwertigen Lösungen werden vielleicht deshalb unterschlagen, weil sich der übertrieben vereinfachende Lehrsatz „Aus negativen Zahlen kann man keine Wurzel ziehen" zu stark eingeprägt hat. Ursache dafür ist wohl die Prägnanztendenz.
- Entartungen bleiben unberücksichtigt. Auch hier ist sicher die Prägnanztendenz im Spiel. Dazu kommt das lineare Ursache-Wirkungs-Denken, das uns die Kompliziertheit von Problemen unterschätzen läßt.
- Die Möglichkeit interner Zahlenbereichsüberschreitungen bei Multiplikationen

wird nicht bedacht. Es wird übersehen, daß die Arithmetikgesetze zwar im Rahmen der Mathematik, nicht aber für den Rechner und dessen REAL-Arithmetik existieren. Auch dieser Fehler geht auf die Prägnanztendenz und unsere Neigung zurück, einfache und generell zufriedenstellende Hypothesen auch auf unpassende Situationen anzuwenden.

7.2.5 Kleiner geht nicht

Die folgende kleine Aufgabe ist aus einer Arbeit von Böcker (1984, S. 37):

Angenommen, die „ < "-Relation des Computers funktioniert nicht. Es ist eine Funktion zu schreiben, die genau dann den Wert TRUE annimmt, wenn a kleiner b ist:

```
FUNCTION less(a, b: REAL): BOOLEAN;
```

— HALT ————————————————————————————————

Die folgenden typischen Antworten sind aus einem Seminar für Studenten in höheren Semestern. Ganz ähnliche Ergebnisse hat diese Aufgabe im Rahmen eines Seminars für Praktiker und Ausbilder gebracht: Nur die wenigsten kommen auf die einfachste Lösung.

Die Antworten von 19 Befragten:

```
1. IF b-a>0 THEN less:= TRUE ELSE less:= FALSE          5 mal
2. IF (a>b) OR (a=b) THEN less:= FALSE ELSE less:= TRUE 2 mal
3. IF b>a THEN less:= TRUE ELSE less:= FALSE            4 mal
4. IF NOT(a>=b) THEN less:= TRUE ELSE less:= FALSE      3 mal
5. less:= NOT(a>=b)                                     2 mal
6. less:= b>a                                           1 mal
7. IF a>=b THEN less:= FALSE ELSE less:= TRUE           2 mal
```

Anmerkungen:

- Alle Lösungen sind korrekt. Offenbar gibt es keine Schwierigkeiten, eine richtige Lösung aufzuzeigen
- Nur den wenigsten fällt die einfachste Lösung (6.) ein
- Es gibt offenbar einen Denkwiderstand, boolesche Ausdrücke als solche zu sehen. Man sieht sie vorwiegend in Verbindung mit logischen Entscheidungen. Das ist die „funktionale Gebundenheit boolescher Ausdrücke" (Beispiel 10.1 aus Abschnitt 4.2.10) und diese führt zu Fehleinstellungen.
- Ein weiterer Denkwiderstand betrifft die Reihenfolge der Variablen. Wie die 5. Antwort zeigt, fällt es nicht leicht, die Variablen einfach zu vertauschen. Das mag daran liegen, daß wir Gesetzmäßigkeiten auch dort akzeptieren oder vermuten, wo solche gar nicht vorliegen (Prägnanztendenz).

7.3 Quellenangaben und weitere Aufgabenstellungen

Anregungen zu den Programmierstudien können vielen guten Lehrbüchern über Programmieren und den Einführungen in Programmiersprachen entnommen werden. Die hier ausführlicher dargestellten Studien sind in Seminaren erprobt worden. Die Quellen sind:

Myers: Methodisches Testen von Programmen (Dreiecke klassifizieren)

Kernighan, Plauger: The Elements of Programming Style (Quadratwurzel, Quadratische Gleichungen)

Gries: The Science of Programming (Der Sozialschwindler)

In den genannten Werken sind Anregungen zu weiteren Übungen und Programmierstudien zu finden. Weitere Quellen:

Knuth: The Art of Computer Programming

Aho, Hopcroft, Ullman: The Analysis and Design of Computer Algorithms

Horowitz, Sahni: Fundamentals of Computer Algorithms

Baber: The Spine of Software

Wirth: Algorithmen und Datenstrukturen

Backhouse: Programmkonstruktion und Verifikation

Es folgt eine Auswahl von Aufgabenstellungen für Programmierstudien.

Labyrinth (Kernighan, Plauger, 1978, S. 67 f.): Eine beliebig vorgebbare boolesche (5-mal-5)-Matrix dient als Modell für ein Labyrinth. Die Nullen sind die Wände und die Einsen sind mögliche Wege. Eine Maus soll einen Weg durch dieses Labyrinth finden, wobei sie die einfache Regel anwendet: „Geh nach rechts, wenn du kannst, und nach links, wenn du mußt" Ein Pfad besteht aus einer zusammenhängenden Folge von Einsen dieses Labyrinths, der irgendwo in das Labyrinth hinein und irgendwo anders herausgeht. Pfade dürfen nicht an der äußeren Begrenzung des Labyrinths entlanglaufen. Der Startpunkt ist (ebenso wie das Labyrinth selbst) als Eingabe vorzusehen. Auszugeben ist der sich ergebende Pfad.

Dreiecksfläche (Kernighan, Plauger, S. 84): Ein Programm soll aus den reellen Werten a, b und c, die als Längenangaben für Dreiecksseiten interpretiert werden, die Dreiecksfläche errechnen und ausgeben.

Serienschwingkreis: Es ist ein Programm zu schreiben, das den Strom I eines Serienschwingkreises aus der Spannung U, dem Widerstandswert R, der Kapazität C, der Induktivität L sowie der Frequenz f entsprechend der folgenden Formel berechnet:

$$I = U / \sqrt{R^2 + (2\pi f L - 1/(2\pi f C))^2}$$

Verkettete Liste sortieren: Die Felder einer vorwärts und rückwärts verketteten linearen Liste sind nach verschiedenen Kriterien zu sortieren.

Textformatierung (Goodenough, Gerhart, 1975): Gegeben sei ein Text, konkret: eine Folge von Wörtern, Zwischenräumen und Zeilenvorschubzeichen. Dieser Text ist zeilenweise zu drucken. Folgende Bedingungen sind dabei einzuhalten:

1. Neue Zeile nur bei Leerzeichen oder bei Zeilenvorschub
2. Zeilen möglichst weit auffüllen, es sei denn, der Zeilenvorschub wird erzwungen
3. Zeilen werden mit Leerzeichen aufgefüllt. Leerzeichen am Anfang werden unterdrückt

Dreizehn Streichhölzer (Baber, 1987, S. 223): Auf dem Tisch liegen 13 Streichhölzer. Zwei Spieler nehmen abwechselnd wahlweise 1, 2 oder drei Hölzer auf einmal weg. Wer das letzte Hölzchen nehmen muß, hat verloren. Soweit das Spiel. Es ist ein Programm zu schreiben, das die Spielzüge des ersten Spielers abfragt, die Rolle des zweiten Spielers übernimmt und den Spielstand anzeigt. Das Programm soll auf Gewinn spielen.

Halbkreis: In einer zufälligen Art und Weise werden auf einem Kreis drei Punkte gewählt. Wie groß ist die Wahrscheinlichkeit dafür, daß diese drei Punkte auf einem Halbkreis liegen? Schreiben Sie ein Programm, das folgende Teilschritte n-mal (n gehört zur Eingabe) durchführt:

1. Bestimmung der drei Punkte mittels Zufallszahlengenerator
2. Entscheidung, ob die Punkte auf einem Halbkreis liegen

Dabei wird mitgezählt, in wie vielen Fällen die Punkte tatsächlich auf einem Halbkreis liegen. Sei k die Zahl, die sich schließlich ergibt. Dann ist k/n ein Schätzwert für die gesuchte Wahrscheinlichkeit. Dieser ist auszugeben.

Literaturverzeichnis

Aho, A. V.; Hopcroft, J. E.; Ullman, J. D.: The Design and Analysis of Computer Algorithms. Addison-Wesley, Reading, Mass. 1974

Anderson, J. R.: Kognitive Psychologie. Heidelberg 1988

Avizienis, A.; et al.: Software Fault-Tolerance by Design Diversity DEDIX: A Tool for Experiments. SAFECOMP '85. Proceedings of the 4th IFAC Workshop, Como, Italy, 1985 (Pergamon Press), 173–178

Baber, R. L.: Softwarereflexionen. Ideen und Konzepte für die Praxis. Springer, Berlin Heidelberg 1986

Baber, R. L.: The Spine of Software. John Wiley, 1987

Backhouse, R. C.: Programmkonstruktion und Verifikation. Hanser, Prentice-Hall, London 1989

Basili, V. R.; Perricone, B. T.: Software Errors and Complexity: An Empirical Investigation. Comm. ACM 27(1984)1, 42–52

Becker, G.; Camarinopoulos, L.: Eine datenorientierte Untersuchung zur Quantifizierung von Software-Zuverlässigkeit. Informationstechnik it-29(1987)2, 68–79

Belli, F.; Echtle, K.; Görke, W.: Methoden und Modelle der Fehlertoleranz. Informatik-Spektrum (1986)9, 68–81

Berkovitz, L. D.; Dreyfus, S. E.: A Dynamic Programming Approach to the Nonparametric Problem in the Calculus of Variations. RAND Corp., RM-4329-PR, Dec. 1964

Bishop, P. G., et al.: STEM – A Project on Software Test and Evaluation Methods. In: Achieving Safety and Reliability with Computer Systems (Ed.: B. K. Daniels). Elsevier, London New York 1987, 100–117

Bishop, P. G.; Pullen, F. D.: PODS Revisited – A Study of Software Failure Behaviour. FTCS-18, Tokyo, June 1988

Blasius, K. H.; Siekmann, J. H.: Computergestützte Frühwarn- und Entscheidungssysteme. Informatik Spektrum 10(1987)1, 24–39

Böcker, H.-D.: Softwareerstellung als wissensbasierter Kommunikations- und Designprozeß. Dissertation am Institut für Informatik der Universität Stuttgart 1984

Boltzmann, L.: Populäre Schriften. Vieweg, Braunschweig 1979

Carnap, R; Stegmüller, W.: Induktive Logik und Wahrscheinlichkeit. Springer, Wien 1959

Collofello, J. S.; Balcom, L. B.: A proposed causative software error classification scheme. American Federation of Information Processing Societies (AFIPS) Conf. Proc. 1985 National Computer Conference, 537–545

Corsini, R. J. (ed.): Encyclopedia of Psychology (4 vols.). Wiley, New York 1984

Dahl, O.-J.; Dijkstra, E. W.; Hoare, C. A. R.: Structured Programming. Academic Press, London 1972

Darwin, C. R.: The Origin of Species. John Murray, London 1859

Däßler, K.; Sommer, M.: PASCAL. Einführung in die Sprache. DINNorm 66256. Erläuterungen. Springer, Berlin Heidelberg 1985

Davis, P. J.; Hersh, R.: Erfahrung Mathematik. Birkhäuser, Basel 1985

Dawkins, R.: Das egoistische Gen. Springer, Berlin Heidelberg 1978

De Millo, R. A.; Lipton, R. J.; Perlis, A. J.: Social Processes and Proofs of Theorems and Programs. Comm. ACM 22(1979)5, 271–280

Dörfler, W.; Peschek, W.: Einführung in die Mathematik für Informatiker. Hanser, München Wien 1988

Dörner, D.: Problemlösen als Informationsverarbeitung. Kohlhammer, Stuttgart Berlin Köln Mainz 1979

Dreier, T.: Zum Schutz von Computerprogrammen nach deutschem Recht. Spektr. d. Wiss. (1987)2, 33–34

Dreyfus, S. E.: Dynamic Programming and the Calculus of Variations. New York 1965

Duden Informatik. Bibliographisches Institut & Brockhaus, Mannheim 1988

Duncker, K.: Zur Psychologie des produktiven Denkens. Springer, Heidelberg New York 1966

Eckhardt, D. E.; Lee, L. D.: A Theoretical Basis for the Analysis of Multiversion Software Subject to Coincident Errors. IEEE Trans. on Software Engineering, SE-11(1985)12, 1511–1517

Eibl-Eibesfeldt, I.: Die Biologie des menschlichen Verhaltens. Piper, München 1984

Endres, A.: Analyse und Verifikation von Programmen. Oldenbourg, München Wien 1977

Ernst, B.: Der Zauberspiegel des M. C. Escher. TACO, Berlin 1986

Feldman, J. A.: Programmiersprachen. Spektrum d. Wiss. (1980)2, 102–113

Fisz, M.: Wahrscheinlichkeitsrechnung und mathematische Statistik. DVW, Berlin 1976

Foster, K. A.: Error Sensitive Test Cases Analysis (ESTCA). IEEE Transactions on Software Engineering, SE-6(May 1980)3

Freud, S.: Zur Psychopathologie des Alltagslebens. Fischer, 1977

Gillam, B.: Optische Täuschungen. Spektr. d. Wiss. (1980)3, 100110

Glass, R. L.: Persistent Software Errors. IEEE Trans. SE-7(1981)2, 162–168

Glass, R. L.: Vortrag auf der 3. Internationalen GI/ITG/GMAFachtagung Bremerhaven, 9.-11. September 1987

Global 2000, Der Bericht an den Präsidenten. Das Volk der Vereinigten Staaten, 1980

Gmeiner, L.; Voges, U.: Software Diversity in Reactor Protection Systems: An Experiment. SAFECOMP '79. Proceedings of the IFAC Workshop, Stuttgart, 16–18 May 1979 (Pergamon), 75–79

Goodenough, J. B.; Gerhart, S. L.: Toward a Theory of Test Data Selection. IEEE Trans. SE-1(June 1975)2, 156–173

Goodenough, J. B.; Gerhart, S. L.: Correction to „Toward a Theory of Test Data Selection". IEEE Trans. SE-1(Dec. 1975), 425

Gould,.J. L.; Marler, P.: Lernen durch Instinkt. Spektr. d. Wiss. (1987)3, 104–115

Grams, T.: Biased Programming Faults – How to Overcome Them? Aus: Informatik-Fachberichte 147 (Hrsg.: F. Belli, W. Görke) Fehlertolerierende Rechensysteme. Springer, Berlin Heidelberg 1987, 13–23

Grams, T.: Diversitäre Programmierung: Kein Allheilmittel. Informationstechnik it 28(1986)4, 196–203

Gries, D.: The Science of Programming. Springer, Heidelberg 1981

Gropengießer, H.: Leserbrief in Spektr. d. Wiss. (1986)12, 4

Gutknecht, J.: Elementary Principles of Informatics. Institut für Informatik, ETH Zürich 1984

Halstead, M. H.: Elements of Software Science. North Holland, New York 1979

Henley, E. J.; Kumamoto, H.: Designing for Reliability and Safety Control. Prentice-Hall, Englewood Cliffs, New Jersey 1985

Hofstadter, D. R.: Gödel, Escher, Bach – ein Endloses Geflochtenes Band. Klett-Cotta, Stuttgart 1988

Horowitz, E.; Sahni, S.: Fundamentals of Computer Algorithms. Computer Science Press, Rockville, Maryland 1984

Hounshell,.D. A.: Der Wettlauf um das Telefonpatent. Spektrum d. Wiss. (1981)3, 106–114

Howden, W. E.: An Evaluation of the Effectiveness of Symbolic Testing. Software-Practice and Experience, vol.8(1978), 381–397

IEEE spectrum. Special issue. Three Mile Island and the future of nuclear power. 16(1979)11, 70

Isaacson, E.; Keller, H. B.: Analyse numerischer Verfahren. Harri Deutsch. Zürich Frankfurt/M. 1973

Keidel, W. D.: Sinnesphysiologie. Teil 1. Allgemeine Sinnesphysiologie. Visuelles System. Springer, Berlin Heidelberg New York 1971

Kernighan, B. S.; Plauger, P. J.: The Elements of Programming Style. 2nd. ed. McGraw-Hill, New York 1978

Knight, J. C.; Leveson, N. G.: Correlated failures in multiversion software. SAFECOMP '85. Proceedings of the 4th IFAC Workshop, Como, Italy, 1985 (Pergamon Press), 159–165

Knuth, D.: The Art of Computer Programming. 3 Bände. Addison-Wesley, 1973, 1981

Koch, F. A.: Computer-Vertragsrecht. Rudolf Haufe, Freiburg 1986

Kohonen, T.: Self-Organization and Associative Memory. Springer, Berlin 1988

Kopetz, H.: Software-Zuverlässigkeit. Hanser, München 1976

Koslow, B. A.; Uschakow, I. A.: Handbuch zur Berechnung der Zuverlässigkeit für Ingenieure. Hanser, München 1979

Laeser, R. P.; McLaughlin, W. I.; Wolff, D. M.: Fernsteuerung und Fehlerkontrolle von Voyager 2. Spektr. d. Wiss. (1987)1, 60–70

Landa,.L. N.: Algorithmization in Learning and Instruction. Educational Technology Publications. Englewood Cliffs, New Jersey 1974

Landa, L. N.: Instructional Regulations and Control. Educational Technology Publications. Englewood Cliffs, New Jersey 1976 (The Relation Between Heuristic and Algorithmic Processes, 105–169)

Landa, L. N.: Some Problems in Algorithmization and Heuristics in Instruction. Instructional Science 4(1975), 99–112

Landau, E.: Grundlagen der Analysis. Leipzig 1930

Leveson, N. G.: Software Fault Tolerance in Safety-Critical Applications. Aus: Informatik-Fachberichte 147 (Hrsg.: F. Belli, W. Görke) Fehlertolerierende Rechensysteme. Springer, Berlin Heidelberg 1987, 1–12

Leveson, N. G.: Software Safety: Why, What, and How? ACM Computing Surveys 18(1986)2, 129–163

Lin, H: Software für Raketenabwehr im Weltraum. Spektr. d. Wiss. (1986)2, 30–38

Littlewood, B.; Miller, D. R.: A conceptual model of the effect of diverse methodologies on coincident failures in multi-version software. Aus: Informatik-Fachberichte 147 (Hrsg.: F. Belli, W. Görke) Fehlertolerierende Rechensysteme. Springer, Berlin Heidelberg 1987, 263–272

Lorenz, K.: Die Rückseite des Spiegels. Versuch einer Naturgeschichte menschlichen Erkennens. Piper, München 1973

Lorenzen, P.: Formale Logik. de Gruyter, Berlin 1970

Luchins, A. S.: Mechanization and Problem Solving. The Effect of Einstellung. Psychological Monographs 54(1942)6

Mayer, R. E.: Denken und Problemlösen. Springer, Berlin Heidelberg New York 1979

McCabe, T. J.: A Complexity Measure. IEEE Trans. in Software Engineering SE-2(1976)4, 308–320

Mills,.H. D.: Structured Programming: Retrospect and Prospect. IEEE Software 3(Nov. 1986), 58–66

Monod, J.: Zufall und Notwendigkeit. Piper, München 1971

Myers, G. J.: Methodisches Testen von Programmen. Oldenbourg, München 1987

Myers, G. J.: Software Reliability. Wiley, New York 1976

Newell, A.; Simon, H. A.: Human Problem Solving. Prentice Hall, Englewood Cliffs, N. J. 1972

Nisbett, R.; Ross, L.: Human Inference: Strategies and Shortcomings of Social Judgment. Prentice-Hall, Englewood Cliffs, New Jersey 1980

Norman, D. A.: Categorization of Action Slips. Psychological Review 88(1981)1, 1–15

Norman,.D. A.: Design Rules Based on Analyses of Human Error. Communication of the ACM 26(April 1983)4, 254–258

NTG-Empfehlung 3004, Entwurf 1982: Zuverlässigkeitsbegriffe im Hinblick auf komplexe Software und Hardware. ntz 35(1982)5, 325333

Oerter, R.: Psychologie des Denkens. Auer, Donauwörth 1971

Orbán, L.: Schach als Denkspiel. dtv, München 1974

Packard, V.: Die geheimen Verführer. Econ, Düsseldorf 1964

Partsch, H., Möller, B.: Konstruktion korrekter Programme durch Transformation. Informatik-Spektrum (1987)10, 309–323

Poggio, T.; Koch, C.: Wie Synapsen Bewegung verrechnen. Spektr. d. Wiss. (1987)7, 78–84

Pólya, G.: Mathematik und plausibles Schließen. Band 1: Induktion und Analogie in der Mathematik. Birkhäuser, Basel 1962

Pólya, G.: Mathematik und plausibles Schließen. Band 2: Typen und Strukturen plausibler Folgerung. Birkhäuser, Basel 1963

Pólya, G.: Schule des Denkens. Francke, Bern 1949

Popper, K. R.: Logik der Forschung. Mohr, Tübingen 1982

Popper,.K. R.: Objektive Erkenntnis. Ein evolutionärer Entwurf. Hoffmann und Campe, Hamburg 1973

Preparata, F. P.; Metze, G.; Chien, R. T.: On the Connection Assignment Problem of Diagnosable Systems. IEEE Trans. on Electronic Computers EC-16(1967)6, 848–854

Ramachandran, V. S.; Anstis, S. M.: Das Wahrnehmen von Scheinbewegungen. Spektr. d. Wiss. (1986)8, 104–115

Rasmussen, J.; Duncan, K.; Leplat, J.: New Technology And Human Error. Wiley, 1987

Riedl, R.: Biologie der Erkenntnis. Parey, Hamburg 1981

Riedl, R.; Bonet, E. M.: Entwicklung der Evolutionären Erkenntnistheorie. Edition S, Verlag der Österreichischen Staatsdruckerei, 1987

Ritter, M. (Hrsg.): Wahrnehmung und visuelles System. Spektrum der Wissenschaft Verlag, Heidelberg 1986

Schnapf, J. L.; Baylor, D. D.: Die Reaktion der Photorezeptoren auf Licht. Spektr. d. Wiss. (1987)6, 116–123

Schneidewind, N. F.; Hoffmann, H.-M.: An Experiment in Software Error Data Collection and Analysis. IEEE Trans. SE-5(1979)3, 276286

Schnupp, P.; Floyd, C.: Software. De Gruyter, Berlin New York 1978

Schönwandt, W.: Denkfallen beim Planen. Vieweg, Braunschweig 1986

Sedgewick, R.: Algorithms. Addison-Wesley 1983

Self-Assessment Procedure. Kolumne ab Heft Comm. ACM 19(1976)5

Shneiderman, B.: Software Psychology. Little, Brown, Boston Toronto 1980

Singer, W.: Hirnentwicklung und Umwelt. Spektr. d. Wiss. (1985)3, 48–61

Smullyan, R. M.: The Chess Mysteries of Sherlock Holmes. Knopf, 1979 (Siehe auch: Spektrum d. Wiss. (1980)2, 21 f.)

Steinbuch, K.; Rupprecht, W.: Nachrichtentechnik. 3 Bände. Springer, Berlin Heidelberg 1982

Tsipis, K.: Cruise Missile. Scientific American 236(1977)2, 20–29

Tversky, A.; Kahneman, D.: Judgment under Uncertainty: Heuristics and Biases. Science 185(September 1974), 1124–1131

UrhG: Urheberrechtsgesetz, Stand 18.12.1986

Vollmer, G.: Evolutionäre Erkenntnistheorie. Hirzel, Stuttgart 1983

Weinberg, G. M.: The Psychology of Computer Programming. Van Nostrand Reinhold, New York 1971

Wertheimer, M.: Produktives Denken. Kramer, Frankfurt/M. 1964

Weyuker, E. J.; Ostrand, T. J.: Theories of Program Testing and the Application of Revealing Subdomains. IEEE Trans. SE-6(1980)3, 236–246

Wilson, E. O.; Bossert, W. H.: Einführung in die Populationsbiologie. Springer, Berlin Heidelberg New York 1973

Wilson, I. R.; Addyman, A. M.: PASCAL. Hanser, München Wien 1984

Wirth, N.: Algorithmen und Datenstrukturen. Teubner, Stuttgart 1983

Wirth, N.: Datenstrukturen und Algorithmen. Spektr. d. Wiss. (1984)11, 46–58

Wirth, N.: Program Development by Stepwise Refinement. Comm. ACM 14(1971)4, 221–227

Wirth, N.: Programmieren in Modula-2. Springer, Berlin Heidelberg 1985

Zemanek, H.: Elementare Informationstheorie. Oldenbourg, Wien München 1959

Sachverzeichnis

abgestufte Qualität 76
Abnahmetest 121 ff.
algorithmenorientiert 30, 100
algorithmisch 25
Algorithmus 25, 32
Allokationsproblem 132
Allquantor 93
Analogie 114
Anfangszustand 20, 23, 25
angeboren 15 ff.
angeborene Lehrmeister 5, 61
Äquivalenz 33, 92, 101
Arithmetikgesetze 116
Assoziation 5, 56 ff., 72, 81, 86
Aufgabe 14, 18 ff., 20
Ausfallprozeß 125
Auslösemechanismus 39
Auswahl 83, 97
Auswahlanweisung 108
Auswahlregel 98, 105

Bedingung 99 ff.
Bewährungsgrad 55
Beweisregel 83, 96 ff., 105, 111
boolescher Ausdruck 77, 90

Codeinspektion 120

Datentyp 91
Deduktion 27, 48
Denkblockade 13, 113
Denkfalle 1, 17 ff., 61, 142, 148
Denkgewohnheit 14, 58, 60, 87
diskursiv 90, 111
Distributivgesetz 92
Diversität 121 ff.

Einbettungsprinzip 115
eindimensionales Ursache-Wirkungs-Denken
    44 ff., 142
Eingabeprozeß 124
Einstellung 5, 58, 69, 87, 113, 144
Endebedingung 26, 32 ff., 101, 107, 143
Endlichkeitsbedingung 100
Engpaß der Wahrnehmung 35

Entwurfsfehler 4, 6, 121, 125
Enumeration 114
erzwungene Diversität 121 ff., 130 ff.
Evolution 5, 14, 41, 61
evolutionäres Programmieren 17, 138
Existenzquantor 92

falsifizierbar 49
Fehleinstellung 13, 59, 67, 149
Fehleranalyse 63 ff., 80
Fehlerbuchführung 89
Fehlereinpflanzung 135
Fehlererwartung 120
Fehlerhypothese 88
Fehlerintensität 126
Fehlerkategorie 80
Fehlertoleranz 6, 121 ff.
Fehlerursache 63 ff.
Filterwirkung des Nervensystems 35
funktionale Gebundenheit 59, 149

Gebundenheit 58, 65, 77
Gegenhypothese 51
Gestaltgesetz 42
Glaubwürdigkeit 55
Grenzwertetest 88, 138 ff.

Heuristik 11, 20 ff., 113 ff.
Hintergrundwissen 17 ff., 24, 79
Hypothese 11, 37, 39, 48 ff., 69 ff.
Hypothesenwahrscheinlichkeit 51 ff.

Implikation 91, 95
Induktion 47 ff.
Induktionsproblem 49
Inklusion 92, 95
Invariante 32, 100
Irrtümer 18
Iteration 83

Kausaldenken 44 ff., 51, 69, 74, 85
Kausalitätserwartung 61
Kausalkette 44, 75, 77, 111
Komplexitätsmaß 64
Konkurrenzhypothese 50

konstruktive Methode 27
Korrektheit 4, 86, 95
Korrektheitsbeweis 32, 83, 96
kritische Methode 138
Kurzzeitgedächtnis 11 ff.

Langzeitgedächtnis 11 ff.
Laufanweisung 68
Lernfähigkeit 14, 61
lineares Ursache-Wirkungs-Denken 44 ff., 148
Linearität 46
logisches Denken 48
Lösungsfindeverfahren 20, 26, 113 ff.

Maschinenarithmetik 70, 84
Modellbildung 129
Modularisierung 60, 82
Mustererkennung 119

Nachbedingung 95 ff.
negative Methode 86, 134
neigungsbedingt 17, 19, 65, 79, 120 ff., 129 ff.
Nullwahrscheinlichkeit 55

Ökonomieprinzip 38
Operator 10, 21, 25, 58, 91
Optimalwertfunktion 116

Paradoxon 52
Paradoxon des Erfinders 114
Parallelredundanz 121
plausibles Denken 48
Prädikat 93 ff.
Prägnanz 23
Prägnanztendenz 40 ff., 66 ff., 84 ff., 88, 142 ff.
Problem 20, 25, 32, 58, 81
Problembeschreibung 86
Problemlösen 17, 22 ff., 25, 114
produktives Denken 20 ff.
Programmbeweis 4
Programmierfehler 17, 63 ff., 80 ff., 121, 125, 141
Programmierregel 80 ff.
psychologisches Problem des Testens 87

Qualitätsprüfung 119 ff.
Quantor 92 ff.

Redundanztechnik 121
Regelkatalog 80 ff.
Rekursion 59, 144
Rückkopplungsprozeß 81 ff., 119, 134
Rückwärtssuche 114

Scheinwerfermodell 40 ff.
Schleife 83, 99 ff.

Schleifensatz 99 ff., 105, 107, 145
selbstkontrolliertes Programmieren 80 ff., 114
semantisches Netz 12
semi-algorithmisch 27 ff., 90 ff., 145
sensorischer Speicher 11
Sequenz 83, 97
Sequenzregel 105
Sparsamkeitsprinzip 38 ff., 43, 69
Spezialisierung 114
Spezifikation 86
Sprachmustererkennung 115
Starrheit 15
Strukturerwartung 61
Substitutionskonvention 96, 106
Suchraumeinschränkung 22

Tautologie 28, 55, 91
Teile und herrsche 114
Teilproblem 16
Test 84, 120, 134, 137 ff.
Testdaten 122, 128, 135
Testdeckungsgrad 134
Testen nach Regeln 86 ff., 137
Theorie 11, 37
TOTE-Einheit 21

Umgehungsstrategie 16, 60
Ursachenanalyse 63, 80

Variation 114
Verallgemeinerung 49, 114
Verbotsirrtum 59
Verhaltensmechanismus 40
Verhaltensmodell 9
Versagen 124
Versagenswahrscheinlichkeit 126
Versuch und Fehlerbeseitigung 5, 15, 17
vollständige Enumeration 114
vollständige Induktion 101
Vorabwissen 10, 15, 111
Vorbedingung 95 ff.
Vorurteil 37, 70

Wahrnehmung 40 ff.
Wahrnehmungsapparat 15, 36, 40 ff.
Walkthrough 120

Zielbedingung 26, 114
Zielzustand 20, 25
zufällige Diversität 121 ff.
Zufallstest 132
Zusicherung 95
Zuverlässigkeitsmodell 49, 124 ff., 127
Zuverlässigkeitstheorie 57
Zuweisung 96
Zuweisungsregel 105

Verzeichnis der Beispiele und Übungen

Baumproblem 22
Blockwenden 30
Der Sozialschwindler 144
Dreiecke klassifizieren 139
Kleiner geht nicht 149
Neun-Punkte-Problem 23
Quadratische Gleichungen 146
Quadratwurzel berechnen 142
Schachgeheimnis 32
schwächste Vorbedingung 98
Sprachmustererkennung 115
Summe 101
Wortsuche 106
Zweierpotenz 1

Springer Compass

Herausgegeben von P. Schnupp und H. Strunz

N. Wirth: Programmieren in Modula-2. Übersetzt aus dem Englischen von G. Pfeiffer. Zweite Auflage. XIV, 229 S., 2 Abb. 1990

W. Reisig: Systementwurf mit Netzen. XII, 125 S., 139 Abb. 1985

K. Kurbel: Programmierstil in Pascal, Cobol, Fortran, Basic, PL/1. XII, 328 S., 52 Abb. 1985

J. Nehmer: Softwaretechnik für verteilte Systeme. XIII, 185 S., 66 Abb. 1985

T. Baggenstos, R. Marty, B. Mergler, P. Schnorf: UNIX als Basis für Softwareentwicklung. X. 199 S., 124 Abb. 1985

P. Schnupp, U. Leibrandt: Expertensysteme – Nicht nur für Informatiker. VIII, 140 S., 31 Abb. 1986

J. Bechlars, R. Buhtz: GKS in der Praxis. XIV, 379 S., 50 Abb. 1986

R. Franck: Rechnernetze und Datenkommunikation. XII, 254 S., 75 Abb. 1986

R. L. Baber: Softwarereflexionen. Ideen und Konzepte für die Praxis. XII, 158 S., 10 Abb. 1986

J. Hansel, G. Lomnitz: Projektleiter-Praxis. Erfolgreiche Projektabwicklung durch verbesserte Kommunikation und Kooperation. Ein Arbeitsbuch. XII, 224 S., 23 Abb. 1987

G. Goos, G. Persch, J. Uhl: Programmiermethodik mit Ada. VIII, 160 S., 1987

P. Schnupp. C. T. Nguyen Huu: Expertensystem-Praktikum. X, 360 S., 102 Abb. 1987

Y. Shirota, T. L. Kunii: UNIX für Führungskräfte. Ein umfassender Überblick. XIII, 157 S., 147 überwiegend zweifarbige Abb. 1987

J. Shore: Der Sachertorte-Algorithmus – und andere Mittel gegen die Computerangst. XVIII, 252 S., 7 Abb. 1987

J. Gulbins: UNIX. Eine Einführung in Begriffe und Kommandos von UNIX – Version 7, bis System V.3. Dritte, überarbeitete und erweiterte Auflage. XI, 773 S. 1988

T. Spitta: Software Engineering und Prototyping. Eine Konstruktionslehre für administrative Softwaresysteme. XIII, 229 S., 68 Abb. 1989

D. Hogrefe: Estelle, LOTOS und SDL. Standard-Spezifikationssprachen für verteilte Systeme. XV, 188 S., 71 Abb. 1989

T. Grams: Denkfallen und Programmierfehler. X, 159 S., 17 Abb. 1990